KB184899

삶에 뿌리 내린
평화

삶에 뿌리 내린

평화

초판 1쇄 인쇄 | 2024년 11월 25일
초판 1쇄 발행 | 2024년 12월 5일

엮은이 평화저널《플랜P》
책임편집 손성실
편집 조성우
디자인 권월화
펴낸곳 생각비행
등록일 2010년 3월 29일 | 등록번호 제2010-000092호
주소 서울시 마포구 월드컵북로 132, 402호
전화 02) 3141-0485
팩스 02) 3141-0486
이메일 ideas0419@hanmail.net
블로그 ideas0419.com

ⓒ 평화저널《플랜P》, 2024
ISBN 979-11-92745-36-7 03300

책값은 뒤표지에 있습니다.
잘못된 책은 바꾸어 드립니다.

삶에 뿌리 내린
평화

가깝고 가능한
일상의 평화 이야기

평화저널 《플랜P》 엮음

생각비행

발간사

평화저널 《플랜P》는 평화 담론을 전하는 계간지로서 2020년 9월, 창간호를 발행했습니다. 분단의 역사를 살아온 우리에게 '평화'는 익숙하면서도 낯선 것으로, 간절히 바라지만 손에 잡히지 않는 무엇으로 남아 있습니다. 또 정권이 바뀜에 따라 평화는 달리 해석되고, 달리 적용되어 왔습니다. 그래서 평화란 여전히 모호하고, 모종의 긴장 가운데 놓여 있습니다.

《플랜P》는 이러한 한국적 상황 속에서 주로 국가안보 차원으로 이해해 왔던 '평화'를 보편적 일상에서 자연스럽게 마주하고 향유해야 할 '평화들'로 소개했습니다. 즉, 거대 담론으로서의 관념적 평화를 미시 담론으로의 구체적이고 일상적 평화들로 펼쳐 놓으며, 우리 가까이에서 생동하는 평화를 전하고자 했습니다. 우리는 이 생동하는 평화가 때론 한 번도 상상해 보지 못한 창의적인 얼굴로 다가와 사람들의 고정관념을 깨고, 인류가 더 나은 방식으로 '함께' 살아가

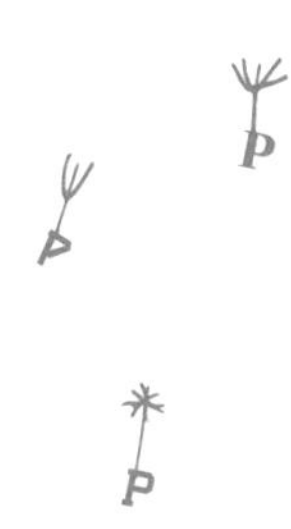

기를 선택하도록 용기를 북돋아 주기를 바랍니다. 전쟁이 없는 세상을 넘어 폭력이 없는 세상으로, 폭력이 없는 세상을 넘어 서로 돌봄의 세상으로 나아갈 수 있도록 '일상적 평화'가 그 길이 되어 주기를 바랍니다.

이 책은 그런 바람을 담아 《플랜P》 1~14호까지의 여러 글 중 더 많은 사람이 읽으면 좋을 글을 엄선하여 단행본으로 엮은 것입니다. 1부에서는 평화가 무엇인지를 묻고, 2부에서는 평화가 우리의 일상에 어떻게 구현되어야 하는지를 돌아봅니다. 마지막 3부에서는 우리 사회 곳곳에서 평화를 살아 내온 개인이나 단체를 인터뷰한 내용을 담았습니다. 평화에 대해 질문하고, 평화와 마주하고, 평화를 살아 내는 일련의 순환적 삶이 우리 안에 녹아들어 혐오, 적대, 차별을 몰아내고 일상의 평화를 지속적으로 확장해 가는 구조를 만들어 내기를 기대합니다.

그동안 《플랜P》는 이 시대의 중요한 이슈들을 평화의 시선으로 바라보고, 평화를 요청하는 다양한 목소리를 날것 그대로 담아내려 큰 노력을 기울여 왔으나, 아쉽게도 2023년 12월, 14호를 마지막으로 완간하였습니다. 그럼에도 끝은 늘 또 다른 시작을 예비하기에, 이미 뿌려진 평화의 씨앗들이 우리가 알지 못하는 사이에 움트고 뿌리 내려, 어디선가 꽃을 피우고 열매를 맺으리라 믿습니다. 반딧불의 미광처럼 사라질 듯, 사라지지 않고 다시 출몰하는 민중의 힘, 평화의 힘, 말과 글의 힘을 믿습니다. 더불어 《플랜P》를 사랑해 주신 독자분들과 이 책을 읽는 독자분들을 통해서도 평화의 미광이 계속되리라 믿습니다.

우리에게 이러한 믿음이 필요한 것은, 평화가 끊임없이 위협받

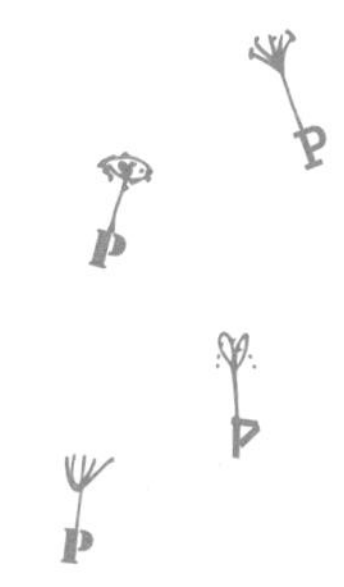

고, 때론 사라진 것처럼 보이기 때문입니다. 다시 한번 시대의 어둠을 밝히는 미광들의 출현을 기다립니다. 이 책에 담긴 '평화들'이 독자 여러분의 삶 속에 생동하며, 변화를 만들어 가는 계기와 동력이 되기를 바랍니다.

2024년 겨울,
《플랜P》 편집장 김유승

차례

PART 3 [인터뷰]
평화 살아내기

PART 1

우리의 평화, 모두의 평화

평화는 사람이다

평화는 모호하고 폭력은 분명하다

평화란 무엇일까? 진정한 평화가 현실 속에 가능한 일인가? 평화란 무지개 너머에 존재하는 막연하고 이상적인 개념과도 같다. 평화에 대한 정의도 구체적인 설명도 쉽지 않다. 누군가 당신에게 가장 최근에 목격한 평화에 대해 묻는다면 어떤 모습이 떠오를까? '비둘기? 한적함? 도대체 평화가 뭐지?'

반면에, 폭력은 우리 주변에 쉽게 발견되고, 구체적이다. 우리의 내면에서, 가족과 이웃에서 발생하는 폭력부터 언론을 통해 목격되는 수많은 폭력의 이야기들이 쉽게 떠오른다. 어쩌면 평화에 대한 갈망이란 폭력에 대한 저항과 비례하는 것일지 모른다. 과거 종교는 평화의 당위와 실천에 대해 주로 관념적인 논의와 개인적 실천에 대해 강조했다. 근대 이후, 특별히 두 차례의 세계 대전 이후부터 시작된 근대 평화학과 평화운동은 평화를 실현하기 위하여 그 시작을 폭력에서부터 찾는다. 폭력이란 우리가 추구해야 하는 평화를 깨뜨리며 사람과 사회 그리고 자연에 해를 가한다. 특별히 '폭력의 부재'로서의 '소극적 평화'가 아닌 모든 폭력의 잠재적 원인을 찾아 해결하는 '적극적 평화'를 추구한다. 이런 맥락에서, 평화란 폭력을 줄여가는 과정으로 이해되며, 폭력에 대한 이해는 물리적 폭력을 넘어 눈에 보이지 않는 구조적·문화적 영역으로 확장된다.

평화에 대한 이해는 모호하고 다양하다. 이찬수는 《평화와 평화들》(모시는사람들, 2016)이란 책에서 보편적이고 이상적인 개념으로서의 '평화'(대문자 Peace)와 개별적이고 실천적인 이해로서의 '평화'(소문자 peace)를 구분한다. 많은 사람이 평화를 원하지만, 개개인의 평화 이해와 실천 방식은 다양하다는 것이다. '다양하다'는 말은 '상이하다'는 뜻을 내포하는데, 우리 사회의 많은 갈등이 '다름'에서 비롯되는 것을 상기할 필요가 있다. 심지어 평화에 대한 인식의 다름이어도 말이다.

'틀린 게 아니라 다른 거야.' 이제는 일종의 클리셰가 되어 버린 이 표현은 진부할 수는 있으나 그 필요성은 여전히 유효하다. '다름'과 '그름'을 구분할 필요성이 여전한 것은 그만큼 우리 사회가 '다름'을 쉽사리 포용하지 못하기 때문인지도 모르겠다. 오늘의 한국 사회를 돌아보면 '다름'을 이해하지 못하고 혐오와 폭력적 갈등으로 이어져 가는 것을 발견한다. 성과 성역할 인식의 간극이 벌어지고, 세대 간의 차이는 좁혀질 기미가 보이지 않는다. 어느 사회나 존재하던 정치적 진보와 보수는 극단적 형태의 표현으로 광장에 난무한다. 성숙한 대화와 토론의 장이어야 할 광장은 어느새 서로를 향해 비난을 쏟아내기 위한 화풀이 장소로 전락했다.

'나와 조금 다를 뿐, 그들도 존엄한 사람이야.' 초등학생들은 알지만 어른이 되면 잊어버린다. 사람됨보다 더 현실적인 이유를 걱정한다. 집값이 떨어지거나 범죄율이 오를 것을 두려워한다. 그렇다고 분명한 근거나 상관관계가 있는 것도 아니다. 막연한 두려움에 기인하여 자신보다 열등하다고 느끼는 대상에게 갖는 부정적이고 폭력적 감정을 일컬어 '혐오'라고 한다. 장애인, 외국인, 다문화, 탈북민, 성소수자, 난민 등에 이르러 '혐오'와 '배제'는 오늘 한국 사회의 가장 중요한 윤리적 이슈가 되었다.

몇 해 전 화제를 모은 KBS 드라마 〈동백꽃 필 무렵〉에서 아직도 잊히지 않는 장면이 있다. 주인공 동백이(공효진)가 첫사랑인 강종렬(김지석)과 어떻게 헤어지게 되었는지를 보여 주는 회상 장면이었다. 동백이는 종렬과 결혼을 약속하고 예비 시어머니를 만나게 되지만, 종렬의 엄마는 동백이가 아들의 결혼 상대로는 부족하다고 생각한다. 촉망받는 야구선수인 '아들'(종렬)에게는 운동에만 전념할 수 있도록 도와줄 소위 '현모양처'가 필요한데, 동백이는 부모도 없고 어딘가 어두워 보이는 구석이 있어 싫다고 한다.

사실 동백이는 친부모에게 한 번 버려진 후, 양부모에게서도 파양되어 다시 버려진다. 동백이가 무엇을 잘못해서가 아니라 동백이가 부모가 없고 그래서인지 왠지 어두워 보인다는 이유로 버려진다. 그런 과거를 가진 동백이를 향해 종렬의 엄마가 말한다. "난 네가 싫어. 그냥 네가 병균 덩어리 같아." 어떤 사람이 상대방을 앞에 두고 '병균' 취급을 할까? 평소에 사람을 향해 '병균 덩어리' 같다는 표현을 쓰는 경우도 드물다. 이 어색한 대사는 작가의 의도로밖에 보이지 않았다. 이는 〈동백꽃 필 무렵〉의 전체 주제와도 일맥상통한다. 동백이가 옹산에 내려가 '카멜리아'라는 식당을 차렸을 때, 그녀를 바라보는 마을 사람들의 시선은 외지인, 미혼모, 술집 여자와 같은 사회적 편견이었다. 누구도 그녀를 있는 모습 그대로 보지 않았다. 옹산의 직진남, 황용식을 제외하고는 말이다. 드라마는 동백이가 사회적 편견과 싸우는 과정에서 사랑, 가족애, 마을 주민들과의 화해를 담고 있다.[1]

1 동백이를 있는 그대로 포용한 사례를 황용식(로맨스)과 친모(모성애)를 중심으로 그려 낸 점은 아쉬운 지점이기도 하다. 동백이가 맞서 싸우는 사회적 편견과 차별은 도리어 '전통적 가족' 바깥에 있는 사람들에게 더 빈번히 일어날지도 모른다.

단절의 역사와 모호한 혐오

앞서 언급한 것처럼, 혐오란 나에게 해를 끼칠 것 같은 막연한 두려움에 기인하여 자신보다 열등한 존재로 상대방을 무시하고 차별하는 심리적 활동을 말한다. 혐오에는 단계가 있다. 두려움과 분노가 집단화되고 구체화되면 끔찍한 폭력으로 발전하기 때문이다.

오늘의 한국 사회를 관통하는 폭력적 갈등의 원인도 혐오의 문제와 깊이 연결되어 있다. 나와 다름을 어떻게 이해할 것인가? 우리는 왜 그렇게 이질적인 것에 대해 거부반응을 일으키게 된 것일까? 결코 단순한 문제가 아님을 알지만, 해결의 실마리 중 하나는 한국 사회가 경험한 '분단의 역사'와 무관하지 않다는 점이다.

6.25 전쟁과 분단의 역사는 한반도를 남과 북으로 갈라놓았다. 수많은 사람이 전쟁으로 인해 목숨을 잃거나 다쳤고 가족을 잃고 고아로 살아가야 했다. 실향민들은 일평생 가족과 생이별을 한 채 기다리거나 미안해하는 마음으로 살게 되었다. 같은 민족이지만 서로를 향해 총부리를 겨눈 채 언제든 일어날 수 있는 군사적 위협과 긴장 속에서 살아간다. 분단으로 인한 경제적 손실도 엄청나다. 막대한 예산이 군사 및 안보를 위해 사용되고 있으며, 전쟁이 일어났을 때 작전 지휘권은 아직도 한미연합사령부에 예속되어 있다. 정말 있어서는 안 될 일이지만, 나라의 운명이 아직도 우리 스스로에게 없다는 사실은 6.25 전쟁 이후 분단된 조국의 설움이다. 이를 빌미

로 미국은 우리 정부에 상당한 금액의 방위비 분담금을 요구하고 있다. 한미 동맹은 처음부터 동등하지 않았다. 전쟁 후 폐허가 된 국가를 일으키는 데 큰 도움이 된 우방국이었지만, 많은 경우 미국의 편의를 따라야 하는 힘없는 국가의 설움도 있었다. 무엇보다 남과 북의 문제를 '우리끼리'의 문제로 해결할 수 없고, '북미' 대화의 중재자 역할 정도의 제한적 현실도 존재한다.

그러나 이 모든 것은 물리적이거나 외형적인 어려움에 불과하다. 분단의 상처는 눈에 보이지 않는 우리 사회 내면에도 영향을 끼쳤다. 트라우마와 같이 말이다. 소위 '분단 트라우마'는 전쟁과 분단의 경험이 과거에 일시적으로 발생하고 끝난 것이 아니라, 현재에도 지속적이고 반복적으로 영향을 끼친다는 데 초점을 두고 있다. 특별히 우리의 의식 형성에 커다란 영향을 끼친다. 적어도 내게는 '국경border'에 대한 개념이 그렇다.

1) 내 안의 분단 트라우마를 마주하다

서른 살쯤 중국 간도 지역을 여행한 적이 있다. 그때 방문한 곳 중 하나가 중국 지린성吉林省 남단에 있는 훈춘琿春이라는 도시다. 조선족 자치주에 속한 이곳은 중국, 북한, 러시아의 세 국경이 모여 있는 접경 지역이자 한족, 조선족, 만주족 및 다양한 소수민족과 북한과 러시아에서 넘어온 사람들로 다양한 문화와 경제 활동이 일어나는 곳이다. 방천 전망대는 이 세 나라의 국경을 한눈에 볼 수 있는 관광지다. 그래서 충격이었다. 삼면이 바다인 한반도에서 유일한 국경이란 서로 총을 겨누며 경계해야 하는 군사적 긴장의 장소여야 했다. 그런데 훈춘에서 만난 국경은 질서와 평온한 일상의 공간, 아니 관광지 중 하나였다. 더구나 중국은 사회주의 국가이지 않은가! 그날의 평화로움이 내게는 30년의 고정관념이 완전히 깨어지는 해체의 경험이었다.

그렇게 나는 분단의 어그러진 기억에서 자유로울 수 있었다. 그것은 분명 경계를 넘어서는 독특한 경험이었지만 모든 사람에게 주어지는 기회는 아니다. 이 왜곡된 기억은 어디서부터 기인한 것일까? 한국의 거의 모든 남자가 군대에 간다. 전 세계 어디에 이 정도로 집단적이고 동일한 문화적 형성의 경험이 있을까? 한국의 '군사문화'가 미치는 영향에 대한 연구가 진지하게 이뤄지고 더 큰 조명을 받아야 하는 이유가 여기 있다. 생각해 보라. 한국의 남성이 나처럼 군대에서 '국경'의 기억을 갖게 되고, 원하든 원하지 않든 '적'과 '허가된 살인'을 교육받고, 군대 안에서는 허가된 통제와 폭력의 문화를 경험하게 된다. 그리고 그 문화적 기억은 군을 제대할 때 같이 제대하지 못하고 사회로 가져온다. 그곳은 더 이상 군대가 아니지만, 그들은 가정에서, 회사에서, 여성에게, 약자에게 일방적으로 '군사문화'를 전수한다.

2) 배제와 차별, 혐오의 문화

분단은 남과 북을 지리적으로 가르고 서로를 적(원수)으로 만들어 놓았다. 이후 한국 사회에서는 '빨갱이', '레드 콤플렉스'와 같은 혐오 집단이 생겨났으며, '반공'의 기치 아래 자행된 잔인한 폭력의 상흔이 역사 속에 고스란히 남아 있다. '남과 북'은 곧 '선과 악'처럼 모든 것을 이분법적 인식으로 나누었고 '아군'과 '적군'으로 구분하고 배제하고 차별하게 만들었다.

이러한 '분단 트라우마'는 시대가 변함에 따라, 새로운 집단 정체성과 혐오의 대상을 찾는 데 전용되기도 한다. 특히 '종북게이'와 같은 표현은 한국의 독특한 역사적 맥락 속에서만 발견되는 '단절의 상처'다. 나와 다름을 이해하거나 포용하기보다 그 차이로 인하여 두려워하거나 분노를 쏟아 내는 일종의 '희생양'이나 '마녀사냥' 문화가 자리한다. 특히 오늘날 청년 실업이나 여성 혐오 범죄 등의 문제는 여러 갈래로 이해관계가 복잡하게 얽힌 구조적 문제이지만, 그것을 해결할 실마리를 찾기는 쉽지 않다. 자신이 처한 어려움이 나의 해결 능력보다 크다고 느낄 때 우리는 종종 좌절하고 그 분노와 책임을 전가할 희생양을 찾게 된다.

최근 혐오와 차별의 문제가 사회적인 현상으로 표출되는 사례가 늘어나는 것은 우리 사회가 구조적으로 병들어 가고 있다는 일종의 병리학적 증상이다. 따라서 한국 사회의 평화는 폭력의 환부를 도려내는 것과 평화의 근력을 회복하는 게 필요하다. '단절'이 아니라

'소통'과 '연결'의 시대가 되었다. 이질적인 집단들 간의 대화가 끊기는 순간, 갈등의 정도는 급속도로 악화된다. '다름'이 혐오의 대상이 아니라 다양성의 일부이며 공존과 상생의 가능성이라는 것을 배워야 한다.

어떻게 하면 우리는 '분단 트라우마'로부터 자유로울 수 있을까? 집합기억collective memory 이론[2]에 따르면, 기억은 한 집단의 정체성을 결정하는 핵심이다. 전쟁과 가난, 분단과 독재 등의 집합기억이 오늘날 한국 사회의 독특한 정체성을 형성한다는 것이다. 미셸 푸코는 한 사회의 고정된 방식의 편견과 선입견이 통제된 방식으로 사용되는 것에는 반대하면서, 사회적 고정관념으로서 '대중기억popular memory'과 이에 맞서 '대항기억counter memory'의 필요성을 강조하기도 한다. 이 말은 우리의 '기억함remembering'이 우리의 새로운 정체성을 재구성할 수도 있다는 뜻이다. 즉, 우리는 분단을 넘어서는 새로운 상상이 필요하다.[3] 그리고 그 상상(기억)은 나의 이야기일 때 큰 힘을 발휘한다.

2 프랑스 사회학자인 모리스 알박스Maurice Halbwachs의 이론으로, 그는 기억 연구의 대표적인 학자다.

3 상상과 기억은 언뜻 미래와 과거를 다루는 다른 이야기 같지만, 결국 본다는 의미에서 같은 행위다.

스펙터클보다 우리의 이야기가 필요해

아직도 기억이 생생하다. 2018년 4월 27일 판문점에서 남북 정상의 역사적 만남이 실제로 일어난 것이다. 모두가 놀랐고 감격했다. 이전까지 냉랭하던 남북 관계가 2018 평창올림픽을 계기로 이렇게 급속도로 달라질 수 있다니, '보고도 믿지 못하겠다'는 말이 적절해 보였다. 어안이 벙벙했다. 그도 그럴 것이 통일 및 남북 관계에 대해서 국민의 대다수는 '관객audience'이거나 '구경꾼spectator'인 경우가 잦다. 특히 북한 관련 정보나 외교 정책 등은 소위 '그들만의 리그'에서 이뤄지는 경우가 많고, '통제'된 정보만이 언론을 통해 전해지기 때문이다.

판문점의 파란색 도보다리를 남북의 정상이 함께 걷는 모습을 보면서 그것이 실제로 일어나고 있는 '현실'이 아니라 마치 영화 속 '상상'처럼 느껴진 것은 나뿐일까? 국내외 언론들이 생중계로 보여 주고 있음에도 '보고도 믿기 힘든' 화면 속 현실은 일종의 스펙터클spectacle이다. '스펙터클'이란 매우 인상적인 '장관'이나 '구경거리'를 뜻한다. 도보다리 위 두 정상의 만남이 마치 한 편의 영화 속 장면처럼 느껴진 이유는 그 순간이 매우 인상적인 장면이기도 하지만, 동시에 내 일상에서는 일어날 수 없는 구경거리였기 때문일지도 모른다.

이러한 나의 (조금은 까칠한) 시선은 통일 및 한반도 평화의 이슈가 내 삶의 영역과는 괴리된 또 다른 세상의 이야기인 경우이기 때문이다. 사실 남북 정상회담이 실현되기 위해서는 수많은 정치적이고 외교적인 노력이 물밑에서 이뤄졌을 것이다. 하지만 그것은 감춰지고 알려지지 않은 세상의 이야기다. 판문점 회담이라는 역사적 순간이 미디어를 통해 목격되고 있지만, 평범한 사람들은 이 이야기의 '과정'은 알지 못한 채 '결론'만 구경하게 된다. 이 스펙터클이 나의 삶에 의미로 다가오려면 나에게 충분한 공감을 주어야 한다. 어떤 영화는 웅장한 스케일에 화려한 시각효과를 자랑해도 관객에게 충분한 공감을 일으키지 못하는 반면, 어떤 영화는 소박하고 평범해 보이지만 커다란 감동을 주기도 한다. 바로 이야기의 힘이다. 영화 속 이야기가 나의 삶에 의미로 다가올 때 관객은 '구경꾼'에서 '참여자'가 된다. 2020년 한반도는 그리고 세계는 여러 의미로 역사적 전환기에 놓여 있다. 4.27 판문점 정상회담은 한반도 평화 체제로의 전환 가능성을 보여준 상징적인 순간이었다. 특히 남북한 두 정상이 손을 잡고 군사분계선을 넘는 사진은 'peace together'라는 분명한 메시지를 보여 주었다. 그리고 이제는 그 상징이 저세상의 이야기가 아닌 우리 '모두의 이야기'가 되어야 한다. 즉, 평화에 대한 거대 담론에서 구체적이고 실천적인 영역으로 나아가야 한다는 뜻이다.

평화의 물은 아래에서 위로도 흐른다

판문점 정상회담이 정부 및 외교적 노력의 중요성을 보여 준 사례라면, 2019 하노이 북미 정상회담은 그 한계를 보여 준 사례다. 오랫동안 실질적인 대립 및 이해 당사자이던 북미 정상이 실제로 만난다는 것은 남북 정상회담의 역사보다 오랜 시간이 필요했다. 미국의 지미 카터 전 대통령이 임기 후에 대북 특사로 북한을 방문한 적이 있으며, 그의 외교적 노력이 양국 간의 군사적 긴장을 완화했다는 이야기는 익히 알려진 사례이기도 하다. 따라서 북미 두 정상의 만남에 큰 기대를 한 것도 당연하다. 두 국가수반이 얼굴을 맞대지 말아야 할 이유는 차고도 넘쳤기 때문이다. 그럼에도 실제로 하노이에서 트럼프 대통령과 김정은 위원장이 만난 장면이 전 세계로 생중계될 때의 놀라움과 흥분은 상당했다.

국내에서는 평창올림픽 이후로 발전되어 온 한반도 평화의 무드가 드디어 결실을 볼지도 모른다는 낙관론이 언론의 큰 관심을 받았다. 양국의 협상이 성공적으로 이뤄지면 남과 북의 오랜 숙원사업인 종전이 선언되고 평화협정이 이어질 수 있다고 믿었기 때문이다. 그러나 현실은 우리 기대와는 달랐다. 오랫동안 적대적 국가였던 양국 간의 조율 과정은 처음부터 끝까지 팽팽한 긴장 속에서 진행되었다. 누구도 먼저 양보하거나 손해 볼 수 없는 게임, 국제무대에서는 신뢰나 양보가 능력이 아니라 무능으로 여겨지게 마련이다.

특히, 미국의 '완전하고 검증가능하며 불가역적인 비핵화CVID' 요구는 끝내 관철되지 못했다.

전통적으로, 국제관계에 있어서 국가 정상 및 외교관을 통한 공식적 외교를 가리켜 '트랙 1 외교Track One Diplomacy'로 지칭한다. 반면, 민간 및 NGO, 다국적 기업 등의 비공식적 외교 통로를 통틀어서 '트랙 2 외교Tract Two Diplomacy'로 분류해 왔다. 한반도 문제에 있어서 정부 주도의 공식적 외교를 중심으로 한 이른바 톱다운topdown 방식이 중요하지만, 그것만으로는 불충분하다. 반대로 '아래에서 위로bottom-up' 평화의 노력이 꾸준히 이뤄져야만 가능하다. 정상회담이 이뤄지고 마침내 종전선언 및 평화협정이 체결된다고 해도 그것만으로는 충분하지 않다. 평화는 거기서부터 시작이다. 단지 '전쟁의 부재'가 아닌 '모든 폭력과 갈등의 잠재적 원인'을 줄여 가는 과정으로서 보다 적극적이고 새로운 현실에 대한 인식과 생활 방식 등의 대전환이 필수적이다.

법과 구조만으로도 한계가 있다. 그 법 자체가 사람의 인식과 행위를 보장해 주는 것은 아니기 때문이다. 아프리카의 많은 국가가 식민 통치와 독재정권으로부터 마침내 자유를 얻고 자유민주주의 제도로 국가를 재건하고자 했지만, 실패로 돌아갔다. 독재자가 심판받고 정의가 이뤄졌으며 새로운 세상이 열렸지만, 그 사회구성원과 시민의식이 따라가지 못했기 때문이었다. 그 정치적 공백이 다시 과거의 권력이나 심지어 더 악한 세력에 넘어가는 경우도 발견된다.

결국은 사람이다. 평화의 이해와 인식의 문제도, 폭력에 대한 감수성과 폭력을 줄여 가는 주체도, 더 나은 세상을 상상하며 '단절'의 기억을 절연히 끊어내고 '소통'의 기억을 선택하고 살아 내는 것도 사람이다. 평화는 결국 사람이며 사람이어야 한다. 평화를 관념이나 당위, 제도나 정책 등으로 접근할 때 우리는 본질을 놓치게 마련이다. 그래서 평화는 사람이 중심이고, 관계가 중심이며, 피해자가 중심이어야 한다.

'당신 주변의 평화는 어떤 모습인가?' 그것은 바로 사람이다. 나와 내 이웃이 행복하면 그것이 바로 평화다. 누군가 폭력이나 위험에 노출된 채 소외와 차별 속에서 살아간다면, 아직 평화의 길이 남아 있다는 뜻이다. 정부나 정책이 모든 것을 해결해 줄 수 없다. 평화는 우리 모두의 이야기여야 한다. 2024년 오늘 우리에게 평화는 여전히 모호하고 멀게 느껴지지만, 폭력은 우리의 일상에 또렷하게 목격된다.

누군가에게 미래였던 2020년은

혹시 만화영화 〈2020년 우주의 원더키디〉(KBS, 1989)를 재밌게 본 기억이 있다면, 당신은 아마도 나와 같은 시대를 살아온 'X세대'(요즘도 이런 말을 쓰는지는 모르겠다)일지도 모른다. 1989년에 방송된 이 만화영화는 '88 서울올림픽' 개최를 기념하며 KBS가 정부의 지원을 받아 야심 차게 제작한 작품이다. 미래 사회에서 인구 증가와 환경오염 등의 문제로 인류가 지구에서 살기 어려워짐에 따라 새로운 터전을 찾아 우주로 여행한다는 내용이 대략적인 줄거리다. 미래가 되면 날아다니는 자동차는 물론, 자유로운 우주여행이 가능할 것이라고 믿었던 만화적 상상이 담겨 있다.[4]

갑자기 웬 만화영화 타령인가 싶겠지만, 30년 전 사회에서는 '2020'이란 숫자가 머나먼 미래 사회를 상징하는 연도였다는 점을 상기해 보고자 한다. 그 먼 미래가 2020년이었다. 그 미래를 우리가 과거로 보내고 그 당시 상상하던 날아다니는 자동차가 아직 상용화되진 않았지만, 그때의 상상보다 다양하고 많은 기술의 발전을 경험하고 있다.

분명 30년 전보다 세상은 바뀌었지만 크게 바뀌지 않은 것들도 있다. 여전히 전쟁과 갈등은 지속되고 있다. 미국 내 인종차별은 과거의 일로만 생각했지만, 아직도 해결되지 않은 채 남아 있다. 폭력과 차별과 혐오의 역사가 다시금 그 흉측한 얼굴을 들이밀고 있다. 세계 평화를 노래하지만 매년 각국마다 군비를 증가시키고 있다. 식량 생산량은 세계 인구를 먹이고도 남지만, 여전히 굶어 죽는 사람

4 비슷한 예를 들면, SF영화의 고전으로 손꼽히는 〈블레이드 러너〉(1982)의 배경은 2019년이고, 한국에서는 〈서기 2019년〉이란 제목으로 번안되어 소개되기도 했다. 〈블레이드 러너〉는 인류의 유전자를 이용하여 만든 복제인간 '레플리칸트'를 통해 인간이란 무엇인가를 되묻는 영화다.

이 많다. 또, 병에 걸려 죽거나 평생 제대로 된 환경에서 교육다운 교육을 받지 못한 채 노동에 치여 사는 어린이들도 있다. 심각한 환경오염과 기후 변화로 인해 생태계가 파괴되면서 최악의 예측 시나리오들이 쏟아져 나오지만 크게 달라지지 않았다. 30년 전의 누군가가 타임머신을 타고 2024년 미래로 온다면, 그에게 한국 사회는 어떤 모습일까? 설마 아직까지 남과 북의 종전 및 평화협정이 이뤄지지 않았을 것이라고 상상했을까? 광주항쟁 이후 44년이 흘렀는데도 여전히 책임자에 대한 진상 조사와 진정한 사죄 그리고 용서가 이뤄지지 않았음을 믿을 수 있을까? 그는 과연 광화문에서 '종북게이'를 외치며 혐오의 표현을 서슴지 않는 오늘의 광장을 상상이나 했을까?

평화의 얼굴은 우리 주변에 있다

만화영화 속 미래로 그려진 2020년은 2024년을 사는 우리에게는 여러모로 역사적인 해로 기억될 것이다. '코로나19COVID-19'라는 초유의 팬데믹 상황이 얼마나 지속될지 예측조차 할 수 없는 어려운 상황이었다. 도쿄올림픽도 1년 연기되었는데, 이는 124년 올림픽 역사 중 전쟁이 아닌 이유로는 취소 혹은 연기된 첫 사례였다. 감염병의 세계 대유행은 환경 및 기후 문제와의 관계를 돌아보게 했다. 비슷한 이유일지 모르겠으나 국내에선 50일 이상 비가 내려 최장最長

의 장마를 기록했으며, 이로 인해 중부 지역에 심각한 비 피해를 입기도 했다. 미래의 우리는 오늘을 어떻게 기억하게 될까?

2024년의 한국 사회는 과거의 역사를 정리하고 기억하는 사회로 접어들었다. 근현대사의 아픔과 상처가 너무도 많지만, 그것을 어떻게 기억할 것인가에 따라 앞으로의 한국 사회 모습이 달라질 것이다. 그 모습에 평화를 상상하려면, 우리는 사람에 집중해야 한다. 역사적 갈등의 주체는 사람이다. 한국 사회는 지나치게 정치화되어 바로 주변의 사람을 보지 못하게 한다. 관념이나 정치색이 아니라, 피해자의 아픔에 귀를 기울여야 한다. 또한 그런 아픔이 반복되지 않으려면 가해자의 회복까지도 고려해야 한다. 평화를 말하고 실천하는 활동가들이 더 많아지길 바란다. 일상에서 모든 사람이 더더욱 자주 평화를 상상하고 목격할 수 있어야 한다. 판문점 도보다리의 환상적 스펙터클도 좋지만, 우리 모두는 관객이 아니라 평화의 부분이다. 우리가 마주하는 일상에서 평화는 모호하고 폭력은 또렷하지만, 사람을 우선으로 하는 사회가 된다면 폭력은 줄어들고 평화는 조금 더 또렷하게 우리 곁으로 다가올 것이다.

《플랜P》 1호 [특집] (2020년 9월호)

김상덕 공공신학, 평화학, 미디어 연구 등 학제 간 연구를 통하여 한국 및 동아시아의 갈등 문제들을 문화적 관점에서 재조명하고, 평화와 화해를 위한 종교의 공적 역할과 다양한 창조적 실천 가능성에 대해 고민하고 있다. 현재 한신대학교 연구교수로 재직 중이며, 연세대, 숭실대 등에서 가르치고 있다. 저서로는 《평화의 신학》, 《더불어 함께 하는 평화교육》, 《평화개념 연구》 등이 있다.

멈추어
귀 기울이는 것이 평화

연말이 다가오고 있으니 한 해 사업을 마무리하기 위해 일이 몰려든다. 며칠 전 내가 공동대표로 일하는 곳인 '평화를만드는여성회'에서 사무국 회의를 하던 중, "이러다가 큰일 나겠다", "일주일에 하루라도 일에서 벗어나야 한다. 멈춰야 한다"는 이야기를 나누었다. 성과나 결과에 얽매이지 않으려 해도 그것이 쉽지가 않다. 이번《플랜P》2호에 실릴 원고 청탁을 받고 '멈춤/pause'을 생각해 보는 계기가 되었다. '멈춤/pause'이 어색한 것 같지만 이미 일상에서 많은 멈춤을 경험하고 있고, 그것을 위해 노력하고 있음을 알았다.

코로나19의 국내 확산이 시작된 시점에 시작하여 50일간 생활단식을 했다. 대면해서 해야 하는 일정들이 취소되어 만남을 하지 않을 때라서 가능했다. 그동안 운동은 하지 않고 피로와 스트레스를 먹는 것으로 푸는 습관으로 인해 몸이 여러 가지 신호를 보내고 있었다. 몸의 신호를 받아들이기 위한 멈춤의 순간이었다. 모든 먹거리를 끊고 무작정 굶는 방식이 아니라, 식욕에 따라 먹는 방식을 멈추고 몸과 마음을 돌아보는 시간이 되었다. 또, 실생활에서 쓰이는 물품들에 주의를 기울였다. 기후 위기의 주범인 탄소 발생을 줄이기 위해서 구조적, 정책적 변화가 필요하고, 일회용품을 덜 쓰며 플라스틱 사용을 줄이기 위해 노력해야 한다는 개인적 실천들이 코로나19 이후에 무색해져 버렸다. 방역을 이유로 다시 일회용품이 늘어나는 상황을 보면서 걱정도 되고 마음이 불편하다. 통합적으로 보는 것과 실천하기가 참 어렵다는 생각이 든다.

마음은 어떤가? 바쁜 일상을 보내다 보면 내가 어떤 감정을 느끼는지도 모른 채로 감정이 쌓여서 체할 때가 있다. 흔히 '강한 감정'을 다루려고 할 때, '화'의 감정이 느껴지면 행동이나 말하지 말고 일단 멈추라고 한다. 이것은 신호등 빨간불 앞에서 멈추는 모습이 연상된다. 그것은 '얼어붙음'과는 다른 것이다. 감정이 더 진행되지 않도록 멈추는 방법은 여러 가지가 있겠다. 그 자리를 잠깐 피하는 것, 물을 마시거나 산책하는 것 등이 있는데, 가장 기억에 남는 것은 '침을 꼴깍 삼켜라!'였다. 침을 꼴깍 삼키는 것은 1초도 걸리지 않지만, 의식적인 그 행동이 멈출 수 있게 한다. 이 짧은 동작으로 전환이 일어난다. 전환의 시작은 멈춤이다.

그리고 정기적으로 시간을 들여 평화 훈련도 하고 있다. 나는 '평화활동가'란 정체성을 가지고 살고 있는데, 10여 년 전 '삶을 변혁시키는 평화훈련 AVPAlternative to violence Project'를 만나면서 그것이 더욱 확고해졌다. 워크숍으로 경험하고 배우는 AVP를 통해, 멈춤을 연습하고 일상을 전환하는 계기가 만들어졌다. AVP는 2007년에 비폭력평화물결이 주관하고 평화 단체들이 공동 주최하여 공개 강연을 하면서 한국에 소개되었다. 이후 2008년 1월에 입문 워크숍이 시작되고, 2009년에 '한국 AVP 활동가 모임'이 구성되었다. AVP를 처음에는 '폭력에 대응하는 새로운 평화훈련 AVP'로 번역하여 사용했다. 그 이후 논의를 거쳐서 '삶을 변혁시키는 평화훈련 AVP'로 명칭이 결정되었고, 아직까지는 그대로 사용되고 있다. AVP는 전 세계 56개 이상의 나라에서 진행되고 있는, 활동가들의 자발적인 헌신의 훈련 공동체다. 단순한 프로그램이 아니라 일상의 삶에서 태도와 방식의 변화를 목표로 하고 있다.

처음엔 '답을 주지 않는 방식'이 너무도 답답했다. 하지만 지금은 그것이 가장 큰 매력이다. 명확함이 중요한 나에게 모호함을 받아들이는 것을 훈련하는 과정이 되었다. 심각하지 않게 재미있는 놀이를 하여 글을 모르는 사람도 참여할 수 있는 단순한 연습의 경험을 통해 서로 배운다. 무엇보다도 워크숍을 통해 다양한 삶의 모습을 가진 사람들, 벗들을 사귈 수 있어서 좋다. 기존에 하던 '평화, 갈등해결 교육'과 '조정 활동'에서 만나는 사람을 대하는 태도가 바뀌어 갔다. 사회적 역할로 주어진 '내게 맞지 않는 옷'을 걸친 것 같은 역할을 하면서 부침이 있을 때는, AVP 워크숍을 통해서 '그대로의 나'로 자신감을 느끼고 '평화의 힘'을 갖게 되었다.

2020년에는 코로나19로 인해 예정되었던 AVP 워크숍이 열리지 못했다. 일 년에 두 번 열리는 상·하반기 활동가 모임도 오프라인과 온라인을 겸해서 진행하였고, 활동가들만 온라인으로 몇 시간의 짧은 워크숍을 진행하기도 했다. 온라인으로도 서로 연결되는 경험을 하긴 했지만 갈증은 해소되지 않았다. 그래서 몇 달 전에 '듣기 동반자Listening Companions' 모임을 시작하였고, 몇 명이 모여서 한 달에 한 번씩 모임을 하고 있다. 듣기 동반자 모임은 AVP 트라우마, 분별discernment 워크숍에서 소개받았는데, 방법을 단순화해서 훈련하고 있다.

순서는 이렇다. 두셋이 마주 앉아서 그간 힘들었던 일을 돌아가며 똑같은 시간 (한 사람당 5분씩이든 30분씩이든 정하기 나름) 동안 이야기 나눈다. 똑같은 시간의 말하기, 듣기가 끝나면 잠깐 침묵하는 시간을 갖는다. 그리고 성찰을 나누는 시간을 갖고 마무리한다. 한 사람이 이야기할 때 다른 사람은 듣는다. 물론 침묵으로 이야기할 수도 있다. 듣는 사람은 정중하게 집중하고, 편안한 관심을 보이며 진심 어린 마음으로 듣는다. 다른 사람의 선의와 능력에 대한 신뢰를 나타낸다. 현재에 중심을 잡고 머물러 있는다. 이야기하는 사람이 현재에 충분히 집중할 수 있도록 환기한다. 과거와 현재 사이와 내면에서 진행되는 것과 외면에서 진행되는 것 사이에서 균형 있게 주의를 집중하기 위해 연결에 주의를 기울인다.

이 과정을 통해 나는 요동치던 감정과 복잡한 생각이 멈추고 현재화되는 것을 경험한다. 나를 그대로 드러내도 되는 안전함을 느낀다. 토닥여 주는 위로를 받고, 용기를 북돋우기도 한다. 그것은 나를 신뢰하고 상대를 신뢰함으로 시작된다. '듣기'를 동반한 '말하기'를 통해 내 중심으로 생각하던 것에서 상대를 바라볼 수 있는 틈이 생긴다. 깨닫지 못하고 있던 감정도 자세히 볼 수 있게 된다. 또한 기여한다는 마음으로 시작된 행위라도 내가 늘 하던 습관에 의한 방식으로 해 나갈 때 그것이 폭력적일 수 있음을 때로는 성찰할 수 있게 된다. 조금 더 근사한 사람이 되어 가는 듯한 느낌이랄까. 또, 모두 똑같은 시간을 할애해서 말하고 듣기를 하는 것만으로도 힘power이 공평하게 분배되는 것을 경험한다. 사회적 경험의 많고 적음이나, 상담 전문가이거나 아니거나, 나이의 많고 적음과 상관없이 힘이 공평하게 나누어질 때 더욱 탄탄하게 연결된 힘이 생겨나는 것을 경험한다. 그것이 평화의 과정이고, 평화다.

만약 트라우마를 다루거나 분별을 위한 깊이 있는 연습이 필요하다면 조금 더 정교한 설계가 있어야 할 것이다. 하지만 일상의 평화 만들기를 위해서는 단순한 과정의 훈련으로도 충분하다고 생각한다. 이 글을 쓰고 있는 오늘, 11월 모임에서 만날 벗들을 생각하고 그 시간을 생각하는 이 순간도 설렘과 기대가 가득하다.

연습만 하고 실제로 해 보지 못한 것, 꼭 훈련하고 싶은 것이 또 하나 있다. 우리는 많은 사회적 이슈를 맞닥뜨린다. 때로는 그것에 대한 성명서를 내거나 의견서로 의사를 표현하기도 한다. 그 표현문이 공격적이지 않고 나와 우리의 감정과 욕구를 드러내고, 그 말을 듣는 상대를 존중하며 우리의 이야기를 잘 들을 수 있는 방법으로 표현하고 싶다. 이 모임도 하나 만들어야 할까 보다.

"자세히 보아야 예쁘다/ 오래 보아야 사랑스럽다/ 너도 그렇다."

나태주의 시를 노랫말로 만든 〈풀꽃〉이란 노래가 있다. 간결한 이 노래가 참 좋다. 자세히 본다는 것은 듣는 것이고 느끼는 것이다. 자세히 보려면 멈춰야 한다. 그러고 보니 평화 과정의 시작은 '멈춤/pause' 그리고 '듣기'로부터 시작되는 것 같다.

《플랜P》 2호 [기고] (2020년 12월호)

여혜숙 삶을 변혁시키는 평화훈련 AVP 활동가. AVP 활동명은 '파란바람'인데 생기를 불어 넣어주는 바람이라는 의미로 받아들이고 있다. 차별에 저항하고 평화를 만드는 일에 관심이 있다. (사)평화를만드는여성회와 부설 갈등해결센터에서 20여 년을 활동하고, 현재 기독여민회 회장의 역할을 하고 있다.

분단된 마음에서 평화정동으로[1]

분단사회에서 구조화된 감정은?

유월이 오면 으레 맴도는 노래가 있다. '아아 잊으랴 우리 어찌 이날을'로 시작하는 6.25 전쟁 노래다. 우리는 어릴 적 학교에서 매년 그 노래를 부르며 성장했다. '원수'라는 노랫말은 분명히 다가오지 않는 추상어였으나 적대감을 자극하기엔 충분했다. 우리는 70여 년 동안 어떤 마음으로 살아왔을까? 남북으로 분단된 사회에서 누군가를 증오하고 적대하며, 불안한 시간을 보냈다. 그 마음은 비단 특정

1 이 글은 〈혐오정동의 분단된 마음 정치학〉(《한국여성학》 37권 1호, 2021)의 내용을 재구성한 것이다.

한 개인이 겪는 정신적 상해가 아니라 오랜 시간 영근 한국 사회의 감정구조다.

우리가 살아온 역사를 떠올려 보자. 미군정 시기, 한국전쟁, 군부 독재 정권, 신자유주의 시대를 거쳐 구성된 남한 사람들의 마음은 어떠할까? 남한과 조선이 군사적으로 대립하면서 전쟁의 공포는 상존했고, 적대감은 우리를 구성하는 일부가 되었으며, 누군가를 감시하고 의심하는 가운데 불안감은 주조됐다. 적을 이롭게 하지 않아야 한다는 자기검열도 우리를 특정한 사유와 행위로 이끌었다. '종북게이'와 '종북페미'와 같은 신조어로 특정한 집단을 옭아매는 호명은 자기검열이 누군가를 타자화하고 낙인찍는 일로 이어지곤 하는 역사를 보여 준다. 적대감은 학교 교육뿐 아니라 반공 궐기대회와 문예활동, 전국 곳곳에 설치된 기념탑과 건축물, 전쟁기념관 그리고 언제든 감상했던 영화와 만화, 포스터, 삐라 등을 경유하면서 남한 사람들이 공유하는 집합적 감정양식이 되었다.[2]

감정은 타자들과 접촉하는 사회적 관계에서 형성되고, 그 사회 규범의 파장 안에서 움직인다. 특정 사회에서 함께 살아가는 구성원들이 공유하고 전달하는 산 경험이자 집단의식 안에서 견고하게 나타나는 사회 역사적 현상이다.[3] 감정연구자인 사라 아메드Sara

2 이를 세밀하게 보여 주는 글로는 전영선, 〈적대의 이미지와 기억으로 본 북한〉, 《문화와 정치》, 제5권 3호, 2018, 77~105쪽; 전진성·이재원 엮음, 《기억과 전쟁》, 휴머니스트, 2009; 김성경, 《갈라진 마음들: 분단의 사회심리학》, 창비, 2020 등이 있다.

Ahmed는 감정을 몸과 대상 사이의 접촉contact을 통해 몸이 특정한 방향으로 움직이도록 하는 힘이며 접촉에 대한 해석의 효과라고 본다. 거기에는 압축된 문화 의미들이 일어나고 사회규범이 작동한다. 감정은 몸들 사이의 근접성을 다르게 배치하는데, 적대감과 혐오라는 감정은 몸들 사이의 거리를 넓히며 다른 감정과는 다른 규범적 사회 공간을 생산한다.[4] 감정이란 이렇게 사회를 특정한 방식으로 조직하고 움직이며 특정한 사회질서를 유지하거나 재생산한다.

무엇보다도 아메드는 감정이 자본처럼 유통되고 교환되고 순환하면서 그 가치를 획득하고 힘을 발현한다면서 이를 정동경제affective economies라는 용어로 설명한다. 정동경제는 감정이 대상에 머무는 것이 아니라 대상을 치환하고 기표들 사이를 순환하면서 감정의 가치가 발생하는 감정의 수행을 말한다.[5] 된장녀, 김치녀, 빨갱이, 종북페미 등 기표는 다양하지만 그들 사이를 순환하는 감정이 유통되는 과정에서 그 힘은 커진다. 그래서 적대의 감정경제는 이방인이라는 특정한 집단이나 이질적인 몸들을, 국가안보를 위협하는 위험한 존재로 몰아가는 힘을 증폭한다. 그리고 이질적인 몸에

3 이명호, 〈문화연구의 감정론적 전환을 위하여: 느낌의 구조와 정동경제론 검토〉, 《비평과이론》, 제20권 1호, 2015, 113~139쪽.

4 Sara Ahmed, *The Cultural Politics of Emotion*, Edinburgh University Press, 2004.

5 Sara Ahmed, "The Organization of Hate," in H. Jennifer and E. Deidre Pribram(eds.), *Emotions* : *A Cultural Studies Reader*, Routledge, 2009.

달라붙어 있는 차별의 역사성과 사회규범을 보이지 않게 하면서 적대의 원인을 그들에게 부과한다.

한국 사회를 조직하고 움직이는 한 부분에는 남북한의 군사적 대치 속에서 역사적으로 구조화된 감정이 있다. 이 구조화된 감정은 남과 북의 분단으로 인해 생성된 마음이면서 반복된 감정 수행을 통해 분단을 지속시킨다. 이 글은 이를 '분단된 마음'이라고 부른다.

분단된 마음: 적대감과 혐오

분단된 마음은 불안감, 공포, 적대감 등 여러 감정이 중복되고 중첩된다. 이 감정들은 서로 연결돼 있고 서로 자극한다. 분단으로 인해 누적되고 형성된 적대성은 분노, 원한, 증오, 혐오의 형태로 분출되는데,[6] 그중 으뜸은 혐오와 분노다.[7] 그러나 각각의 감정은 서로 맞붙어 작동하기도 하고 제휴하기도 하고 모순적으로 나타나기도 한다. 특히 혐오와 적대감은 유사한 원리를 공유한다.

그 하나가 정체성의 정치다. 혐오 발화는 '우리'와 '그들'을 구별하고, 차이를 만들면서 그들의 속성을 부여한다. 그들의 정체성을 규

6 한상효, 〈'분단감정어 사전' 개발 연구〉, 《통일인문학》, 제75집, 2018, 11~14쪽.
7 김종곤, 〈'분단적대성'의 역사적 발원과 감정구조〉, 《통일인문학》, 제75집, 2018, 75~32쪽.

정하며 편견을 퍼뜨린다. 그리고 자신과 국가가 당하는 고통의 원인을 '그들'에게 돌린다. 적대감도 마찬가지다. 적대감을 지속적으로 창출하는 군사주의는 적의 존재를 창출하고 적대감을 만들면서 적과 우리를 대별한다. '적'은 난폭하고 폭력적이며 평화를 파괴하는 반면, '우리'는 평화를 지향하며 질서를 수호하는 의로운 집단으로 특성화된다.[8] 적을 상정하고 규정하는 일은 단순히 적을 말하는 일이 아니라 '우리'는 순수하고 선하고 의로운 존재임을 표명하는, 말하자면 우리를 정체화하는 과정이다. 그래서 '우리'는 적의 존재로부터 자유롭지 못한 불안한 존재다. 특정한 집단을 부정하고 적대하면서 자신을 정체화하기 때문이다. 그뿐 아니라 '우리'는 적을 이롭게 하지 않아야 한다는 지속적인 자기검열의 강박과 불안으로부터도 자유롭지 않다.

또 하나는, 동일성과 동질성, 순수성의 보존이다. 혐오는 '우리'의 순수성과 동질성을 지키기 위해 '그들'을 오염의 근원으로 간주하고 그들을 밀어내는 감정 구조다. 민족이나 국가의 동질성을 수호하고 젠더 질서를 유지하며 문화적 순수성을 보존하기 위해 특정 집단의 문화를 배제한다.[9] 여기서 혐오가 일어나는 지점은 차이를 경계로 바꾸는 경직된 영역에서 정치적 이념이 작용하면서다. 혐오는 안과

8 Sam Keen, *Faces of The Enemy*, Harper & Row, 2004, p. 51.
9 카롤린 엠케, 정지인 옮김, 《혐오사회》, 다산북스, 2017.

밖의 경계를 흩트리면서 기존 질서를 혼란하게 한다고 판단될 때 투사되는 불안감의 발로다. 분단된 마음의 적대감도 유사하다. 특히 군사주의적 적대감은 적을 섬멸하거나 정복하여 '우리' 안으로 포섭하려는 정동이다. 차이를 '우리' 안으로 포섭하여 동질화하고 '우리'의 순수성을 유지하려 한다. 이를 위해, 군사적 방법을 효율적이라며 여기며 사용하는 사유와 태도를 신시아 인로Cynthia Enloe는 '군사주의'라고 말한다.[10]

혐오 발화는 분단된 마음 자장 안에서

'혐오'는 최근 한국 사회를 설명하는 주요한 핵심어다. 여성과 사회적 소수자에 대한 혐오와 적대감이 사회 징후로 주목받을 만큼 혐오라는 말은 주목받았다. 혐오 감정은 자신이 오염될 것이라는 생각에서 출발하여 특정 집단을 구별 짓고 배척하면서 분리와 차별, 폭력을 일으키고 이를 정당화한다는 점에서 여타 감정들의 속성과 구별된다.[11] 사회적 정의를 이루는 확장적 감정의 동력이 아니라 위축시키는 분리와 해악의 감정인 것이다. 그런데 혐오 발화는 단순히

10 신시아 인로, 김엘리·오미영 옮김, 《군사주의는 어떻게 패션이 되었는가?》, 바다출판사, 2015, 25쪽.

11 마사 너스바움, 조계원 옮김, 《혐오와 수치심》, 민음사, 2015, 185~214쪽.

1987년 이후 민주화 체제의 실패와 신자유주의의 경제적 불안과 위기라는 맥락에서만 일어나는 것은 아니다. 분단사회와 냉전체제라는 역사성과도 무관하지 않다. 혐오 발화는 분단된 마음 자장 안에서 일어나고, 동시에 분단을 지속시키는 감정 에너지다.

혐오 발화자들은 여성과 성소수자, 이주자 등에게 각기 개별적으로 혐오 발화하는 듯이 보이나 혐오 대상들에 대한 감정은 서로 엮여 있고, 유사한 의미 계열을 이루며 담론 구조를 공유한다. 일간베스트(일베)는 경제 발전을 이루었던 과거를 소환하며 위대한 조국 재건을 운운하는 한편, 진보 세력을 종북으로 등치한다.[12] 그런데 페미니즘과 여성 이슈가 북한과 직접적으로 관련되지는 않으나 좌빨이나 종북 프레임 안에서 거론되는 것은 특정한 혐오 대상자들과 상관성을 가지며 동일 계열로 취급되기 때문이다. 태극기 집회의 참여 집단들이나 일부 기독교 근본주의자들, 안티페미협회와 같은 단체들과 우익 보수 논객들이 빨갱이 혹은 종북페미, 종북게이를 발화하는 배경은 다를지라도 그들의 정치적 서사구조는 꽤 유사하다. 가족해체와 한국적인 것(민족), 그리고 국가안보라는 요소는 서사의 기본 토대를 이룬다. 이러한 노출은 혐오 발화가 분단사회에서 구조화된 감정에 깊이 착종되어 있음을 뜻한다.

12 석승혜·장안식, 〈극우주의의 프레임과 감정 정치: 언어네트워크방법론을 통한 일베 커뮤니티 분석〉, 《한국사회》, 제18집 1호, 2017, 3~42쪽.

그렇다면, 혐오 발화가 분단을 소환하며 분단된 마음 자장 안에서 일어나는 것은 어떻게 가능할까? 그건 분단권력의 작동에 있다. 분단 자체가 혐오 발화를 촉진하거나 효력을 발현하는 것은 아니다. 분단은 안보 담론으로 프레이밍되고 소비되면서 권력으로 작동한다.[13] 이를테면 일반사회 법체계에는 존재하지 않는 군형법상 추행죄가 존속해야만 하는 근거로서 분단은 소환되고 국가안보의 위해인가 아닌가를 심문하는 중대한 전거가 된다. 분단은 여기서 안보로 번역되어 군형법의 추행죄를 국가안보의 사안으로 등극시킨다. 여성과 동성애자들에게 빨갱이나 종북게이라고 호명할 수 있는 것도 분단권력이 작동하고 있음을 보여 준다. 혐오 발화자는 빨갱이와 종북게이를 반복적으로 인용함으로써 분단권력을 행한다. 그래서 분단은 지속되고 재생산된다.

그리고 분단된 마음은 남한 사람들의 사유와 언행을 특정한 방식으로 조직하고 이끄는 행위 양식으로, 개인이 분단된 마음의 주파수에 자신을 조율하도록 하는 구속력을 지닌다.[14] 빨갱이라고 반복 인용하며 분단된 마음을 수행하는 것은 분단 권력을 행하는 것인데, 이는 곧 반공국가의 국민을 생산하는 효과를 낸다. 분단된 마음은 이를 수행하는 분단사회의 주체를 생산하는 것이다.

13 홍민, 〈분단의 사회-기술적 네트워크와 수행적 분단〉, 동국대학교 분단/탈분단연구센터 엮음, 《분단의 행위자-네트워크와 수행성》, 한울, 2015, 80~121쪽, 83~92쪽.
14 김홍중, 《마음의 사회학》, 문학동네, 2009, 44~45쪽.

신자유주의 시대에 분단된 마음이 특정한 위기와 만나면 불안을 일으키고, 불안은 특정 집단을 끊임없이 타자화하고 공격하는 정서적 기제가 된다. 때로 불안증은 빨갱이와 종북게이, 종북페미로 몰아가는 망상으로 나타난다.

젠더화된 적대감, 죽여도 되는 빨갱이

적대감은 단순히 북한과의 대립에서 파생되는 감정이 아니다. 국가안보와 내부 통합을 위해 적을 상정하고 조성하는 정치적 감정이다. 적대감은 교육과 전시, 박물관, 노래, 글쓰기, 의례 등 다양한 장치를 통해 구성되고 실행된다. 혐오도 마찬가지다. 적대감과 혐오는 갑자기 분출되는 것이 아니라 미리 정해진 양식, 연상과 이미지들, 범주를 나누고 평가하는 인식 틀 안에서 일어난다.[15] 한국 사회에서 적대감이 구체화된 언어인 '빨갱이'도 역사적 사건과 이미지들로 재현된다. 분단사회에서 빨갱이라는 호명은 역사적으로 우리가 아닌 존재들을 적이나 이단으로 만드는 데 사용됐다. 빨갱이는 종북게이, 종북페미와 현재 혼용되지만, 그 담론의 의미를 달리하면서 변용됐다.

15 카롤린 엠케, 정지인 옮김, 《혐오사회》, 다산북스, 2017, 23쪽.

한국 사회에서 빨갱이는 일제강점기의 '아카'라는 말에서 유래되었는데, 초기 빨갱이는 특정한 집단을 배제하고 배격하는 대상으로 타자화하며 정치적 낙인의 의미가 있었다.[16] 그런데 역사적으로 빨갱이가 '죽여도 되는 존재' 혹은 '죽여야 하는 존재'로 그 의미가 변용된 계기는 여순사건이다.[17] 제주 4.3 사건에 투입될 14연대 하사관들이 파병 명령을 거부하며 봉기를 일으켰고 이 봉기는 여수와 순천 지역주민들의 참여로 확대되었는데, 그들은 인간의 존엄성을 박탈당한 채 죽여도 되는 빨갱이가 되었다. 배제의 대상에서 섬멸해야 할 대상으로 전환된 이 인식론적 변화는 빨갱이의 의미가 생성되고 증폭되면서였다. 당시 여순 봉기 사건의 진상을 규명한 문인조사반원들이 남긴 글들은 빨갱이가 무엇인지 그 속성을 규명하는 효과를 낳았고, 반복되고 증폭되면서 빨갱이의 실체를 형상화하는 전거가 됐다.[18] 빨갱이는 여순사건을 경유하면서 속성을 지닌 실체로 가정되었고, 반공주의 국가를 탄생시키는 토대가 된 것이다.

그런데 이를 촉진한 것은 여학생 부대 일화였다.[19] 여학생이 군경을 유인한 뒤 치마 속에 감춘 총을 꺼내 쏜다는 일화는 실제 일어

16 강성현, 〈아카와 빨갱이의 탄생〉, 《사회와 역사》, 제100집, 2013, 65쪽.

17 김득중, 《'빨갱이'의 탄생: 여순사건과 반공 국가의 형성》, 선인, 2009.

18 박찬모, 〈"빨갱이"와 이데올로기적 환상: 여순사건 "반란실정조사반"의 기록과 《수치》를 중심으로〉, 《감성연구》, 제12집, 2016, 61~96쪽.

19 김득중, 《'빨갱이'의 탄생: 여순사건과 반공 국가의 형성》, 선인, 2009, 434~436쪽.

나지 않은 사건이었으나 당시 시민들에게 공포와 두려움을 주었다. 여성의 유혹으로 예기치 않은 죽음에 이를 수 있다는 이야기는 유혹의 위험성을 경고하는 한편 사람들의 불안을 담고 있었다. 그러니 불안에서 벗어나는 길, 유혹당하지 않고 반공주의자로서의 정체성을 유지하는 길은 빨갱이를 섬멸하거나 정복하는 것이었다. 이 과정에서 죽여야 하는 빨갱이는 여성의 몸으로 구체화되었다. 여성화된 빨갱이는 유혹적이지만 치명적인 속성을 지닌다. 불순한 균이 내 몸에 침투하듯 우리는 오염될 수 있고 죽음에 이를 수도 있다.

반공주의를 남성적 성적 환상으로 풀어낸 빨갱이 담론은 여성에 대한 매혹과 혐오를 그대로 드러낸다. 여순사건을 연구한 김득중은 반공주의가 남성성과 결합하여 여성의 몸을 동원함으로써 적대성을 고조시켰다고 분석한다. 당시 빨갱이의 이미지는 유혹하는 요부와 같은 여성화된 형상으로 나타나기 일쑤였는데 여간첩의 일화에도 이어진다. 유혹과 위험 그리고 정복이라는 서사는 남성화된 반공국가의 정화를 뜻한다. 여성화된 빨갱이의 정복은 "사회의 불온한 신체이자 성적 욕망의 대상을 제거하는 것"이고 이는 곧 "반공국가가 남성의 건강한 신체로 재창조되기 위한 의미작용의 순환"인 것이다.[20] 그래서 반공주의적 정체성은 건강한 국가와 남성 국민을 확고하게 세우는 기틀이 된다.

20 강성현, 〈아카(アカ)와 "빨갱이"의 탄생〉, 《사회와 역사》, 제100집, 2013, 88쪽.

빨갱이 담론은 이후 배제와 포섭의 정치를 수행하고 국민과 비국민을 구별하고 위계화하는 장치가 됐다. 그래서 '우리'를 조직하고 통합하면서 사회적 동일성을 구축했다. 그런데 1990년대에 오면서 빨갱이 담론은 점차 시민들 사이에서 발화되고 논박되었다. 반공주의의 직접적인 위력은 약해졌지만, 사회적 낙인과 격리, 박멸의 기능은 지속되었다.

1990년대 이후 여성들이 빨갱이라고 지시된 경우는 어떤 상황일까? 군 가산점 폐지와 관련된 경우다. 1999년 헌법재판소가 군가산점제 폐지를 판결한 이후, 2000년대 초반에 여성단체와 페미니스트에게 부여된 빨갱이라는 호명이다. 두 번째는 2005년 호주제 폐지가 결정되기 전까지, 특히 1998년 이후 2000년대 초반에 호주제 폐지를 주장하는 페미니스트들에게 호명된 경우다. 세 번째는 최근 페미니즘적인 이슈를 주장하는 사람에게 빨갱이라고 지시하는 경우다. 이는 어떤 특정한 사건이 아니라 페미니즘에 달라붙은 감정으로 페미니즘적인 사안을 말한 사람을 지칭한다. 이를테면, 미투 선언을 지지하는 사람에게 빨갱이라고 지시하는 경우다.

호주제 폐지 운동 과정을 잠시 살펴보자. 호주제 옹호자들은 여성들을 '오줌 싸는 빨갱이년'이라고[21] 힐난하며, 호주제를 폐지하면 "북한의 대남 적화(가) 성공하여 대한민국(이) 공산화될 것"이라고[22]

주장했다. 호주제 옹호자들이 호주제 폐지 반대 집회를 열고 여성들을 빨갱이와 결부한 수행은 가부장 감정이라고 말할 수 있다. 호주제는 가부장적 질서를 지탱하는 제도이자 법적 근거로서 가부장의 위치를 단단하게 붙잡아 두는 젠더 체제였다. 그들이 거리에 나오도록 추동한 감정은 가정의 질서가 무너진다는 불안감이다. 이 불안감이 사회질서와 국가가 위태로워진다는 공포와 결합하면서 호주제 폐지를 주장하는 여성에 대한 분노를 야기했고, 그들이 결속하고 연대하는 사회적 감정이 되었다. 불안이 자신의 삶에서 느끼는 모호한 것이라면, 공포는 적이라는 대상을 상정하면서 외부의 정치적 관계 안에서 만들어진다. 호주제 폐지가 얼마나 위험한 것인가를 국가안보 차원에서 발화함으로써 그들의 불안과 공포는 분단된 마음의 자장 안에서 애국적 의미를 담은 공공의 감정으로 승화된다.

호주제 옹호자들의 서사는, '가족문화 파괴-사회 타락-국가안보 위협'이라는 구도를 이룬다. 호주제 폐지는 이성애 가족을 해체하여 사회와 국가를 위험하게 만든다는 것이다. 가족문화 파괴가 도덕성이라는 프레임 안에서 이야기될 때, 그들의 발화는 정치적 올바름을 획득하고 반드시 수호해야 할 가치가 된다. 게다가 가족문화 파괴가 국가를 위험에 빠트리는 안보의 영역이 될 때, 이는 예외 상황을

21 고은광순, 《어느 안티미스코리아의 반란》, 인물과사상사, 1999.
22 정통가족제도범국민연합, 민법중개정법률(안) 입법예고에 대한 의견서, 2003.10.4.

초래하며 전선을 형성한다. 호주제 폐지론자들은 결혼 지연과 이혼, 출산율의 저하를 초래한 책임자일 뿐 아니라 북한을 이롭게 하는 위험한 자이므로 소멸해야 할 적이다. 적에 대한 전선은 호주제 옹호자들을 하나로 결속하여 동질화시킨다.

2012년 이후 발견되는 '종북페미(니즘)'라는 용어는 어떠한가? 여기서 북한을 가난과 열등, 비합리성의 표상으로 재현하는 사람들에게, '종북'은 사고능력이 떨어지는 '후진 행위'라는 의미가 내재해 있다.[23] 그러니까 '종북페미'라는 용어는 합리적으로 사고하지 못하는, 지능 낮은 여성을 뜻하는 것이다. 그런데 종북게이와 종북페미 명명은 현상적으로 진보 정치를 반대하는 프레임에서 소비되지만, 사실상 그 이상의 의미를 지닌다. 혐오 정동은 다양한 대상들 사이를 횡단하면서 남성화된 정상 국가 만들기 기획을 수행하기 때문이다. 좀 더 살펴보자.

평화 페미니즘 관점으로 본다는 것

여성 혐오에는 서사가 있다. 가정은 남성화된 민족주의의 기본 토대라는 인식이 그 안에 있다. 오염으로부터 정화된 건강한 국가는 바

23 정정훈, 〈혐오와 공포 이면의 욕망: 종북 담론의 실체〉, 《우리교육》, 3월호, 2014, 98~99쪽.

로 이 전통적인 젠더 질서를 보존하는 가정을 토대로 세워진다. 근대국가가 생성될 무렵부터 건강함과 아름다움은 조화와 질서, 균형을 뜻하였고, 이는 건강한 남성성 혹은 남성의 몸으로 상징됐다.[24]

여성 혐오나 호주제 옹호론자들의 서사는 젠더화된 정상 국가 만들기 기획과 다름없는 것이다. 오염으로부터 정화되고 무질서와 불균형으로부터 안정적인 국가 만들기 프로젝트는 전통적인 가정 가치가 보존되고 젠더 질서가 잡힌 사회 모델을 지향한다. 더욱이 가정 해체와 젠더 질서의 균열이 국가의 존망을 좌우한다는 서사는 바로 안보 담론으로 번역되어 국가 차원으로 격상된다. 분단사회에서 국가안보는 모든 사안에 대해 우선권을 지니며 예외적 상황으로 국면을 전환한다.

호주제 폐지, 미투운동, 군형법상 추행죄, 차별금지법이 안보 문제로 환원되면 이 사안이 가져오는 무질서와 문란은 시급하고 절박한 국가 위기가 된다. 말하자면, 호주제 폐지가 안보 사안으로 등극하면 국가를 위협하는 위험을 제거해야 하기에 페미니즘과 성소수자에 대한 공격적 전투가 애국적 행위로 의미화되는 것이다. 여성과 성소수자에 대한 빨갱이 혐오 발화는 정상 국가 만들기 실현을 위한 전투인 셈이다. 그런데 안보가 발화의 힘을 획득할 수 있는 것은, 혹은 발화의 알리바이가 될 수 있는 것은 분단과 대적이라는 역사적

24 조지 모스, 서강여성문화연구회 옮김, 《내셔널리즘과 섹슈얼리티》, 소명출판, 2004.

상황의 정치적 해석에서 온다. 이러한 자장 안에서 빨갱이와 종북페미 호명은 혐오가 바로 분단권력에 기대어 작동한다는 것을 보여 준다. 반복적으로 인용하고 공격적으로 전파하는 언행은 분단된 마음을 수행하고 분단을 호출하고 확증하며 지속시키는 효과를 낸다.

페미니즘으로 평화를 읽는다는 것은, 젠더 지형도 변화하고 반공이념도 약해졌으나 여전히 남한 사회를 특정한 방식으로 움직이는 감정구조를 드러내는 일이다. 분단된 마음이라는 이 감정구조는 한국전쟁의 기억과 분단사회에서 오랜 시간 구조화된 감정이다. 그런데 이 감정 구조는 인종화된 젠더에 기대어 움직인다.

전쟁과 군사주의를 움직이는 이 틀에서 벗어나기 위해서는 적대감과 혐오를 주조하는 이원화된 체제에서 탈주하는 것이다. 감정(여성성)과 이성(남성성)을 구별하고 위계화하는 경계를 해체하는 일이다. 감정이 이 사회를 움직인다며 이를 드러내는 움직임, 이것이 평화정동이다.

《플랜P》 4호 [특집] (2021년 6월호)

김엘리 서강대 트랜스내셔널인문학연구소 연구교수. 여성학과 평화학을 강의한다. 최근 논문으로는 〈포스트-페미니즘 시대, 여성 안보 평화: 유엔결의안 1325의 성평등 정치〉(2024), 〈병역의무 동원과 자발적 예속: 신자유주의적 자기통치의 병역경험 분석〉(2024), 〈여성징병제 청원을 통해 본 시민자격과 병역〉(2022) 등이 있다. 《여자도 군대 가라는 말》(2021) 등 주로 군대를 둘러싼 젠더질서의 변동, 남성성, 감정정치, 평화페미니즘 이론 모색에 관해 쓴다.

평화다원주의의 길[1]

평화문맹의 시대

평화라는 말은 넘쳐나지만, 세상은 평화롭지 않다. 많은 이가 평화를 원하며 각종 말을 쏟아 놓는데도 그렇다. 정서적, 기질적, 경제적인 조건 등등이 맞아 일정 기간 평화를 누리는 개인이나 소집단이 있기는 하지만, 전래 동화 속 신화적인 이야기를 제외하면 사회 또는 세계 전체가 평화로웠던 적은 없다. 왜일까.

지면이 제한된 이 글에서는 사람들의 평화에 대한 인식 및 이해

1 《평화와 평화들: 평화다원주의와 평화인문학》(모시는 사람들, 2016)의 요약문인 〈평화개념의 해체와 재구성〉, 《평화와 종교》(제1권, 2016)을 보완하며 재요약한 글이다.

의 다양성과 상이성에서 그 이유를 찾아보고자 한다. 평화에 대한 상이한 이해와 저마다의 숨은 목적에 기반한 실천이 도리어 서로 충돌하고 긴장하며 갈등의 원인이 된다는 사실에 대해 정리해 볼 것이다. 평화의 개념과 작동 방식에 대해 무관심할뿐더러 그조차 자기중심적으로 판단하고 자기를 위해 구체화하려는 이른바 '평화문맹'의 자세가 폭력을 유발하고 정당화하는 모순적 현실에 대해 알아볼 것이다. 그리고 이것을 '평화다원주의pluralism of peaces'와 연결할 것이다. 후반부에 다시 제시하겠지만, 평화다원주의는 평화의 개념, 이유, 이해 등이 다양하다는 사실을 인정하고, 다양한 평화peaces 간 조화를 추구하면서, 다수가 동의할 상위의 가치, '더 큰 평화' 나아가 '대문자 평화Peace'를 상상하며 추구해 가는 과정적 자세다. 평화란 무엇인지 그 기본적인 개념부터 알아보자.

평화라는 말의 심층

흔히 '평화는 폭력이 없는 상태'라고 정의한다. 그러면 폭력은 무엇인가. 폭력의 한자상의 의미는 '사납고 지나친[暴] 힘[力]'이다. 영어 'violence'는 '힘vis의 위반violo'이라는 어원적 의미를 지닌다. 폭력은 정도가 지나쳐 피해를 주거나 파괴를 수반하는 힘이다. 이는 기존 힘의 질서의 위반이다. 이때 정도가 지나치다고 판단하는 주체는 기본적으로 그 사나운 힘이 향하고 있는 대상자다. 성폭력 여부를 판단하는 기준이 성폭력 피해자에게 있듯이, 폭력을 판단하는 기준은 그 지나친 힘이 향하고 있는 대상이다. 그 대상자가 폭력을 폭로하고 다 함께 그런 폭력이 더 벌어지지 않도록 하는 것이 평화를 구체화하기 위한 관건이다.

그런데 그것은 대단히 어렵다. 왜 그런 폭력이 벌어졌는지 그 근본 원인을 따져 들어가다 보면, 저마다 심지어는 가해자로 여겨지는 이들에게도 나름의 이유가 있다. 그들도 나름대로 각종 폭력에 시달려 온 경우가 다반사다. 평화를 설명하고 규정하려면 이러한 근본적이고 입체적인 현실을 두루 볼 수 있어야 한다. 그리고 평화보다 앞서 있는 폭력적 현실을 인정하고 직시하고 맞닥뜨려야 한다. 인류는 평화보다 폭력을 훨씬 더 현실적으로 느끼고 있다. '평화는 전쟁이 없는 상태 혹은 전쟁이 그친 상태'라는 일반적인 규정은 인류가 전쟁의 경험을 더 크게 해 오고 있다는 뜻이다. '평화는 일체의 갈등이 해소되었거나 없는 상태'라는 정의도 그렇다. 인류는 어제도 오늘도 다양한 갈등을 경험해 오고 있는 것이다.

그렇다면 여기서 자연스럽게 알 수 있는 사실이 하나 있다. '평화는 폭력이 없는 상태'라거나 '평화는 전쟁은 물론 일체의 갈등마저 없는 상태'라는 식의 정의는 비현실적이거나 지나치게 이상적이라는 것이다. 평화를 이야기하려는 순간 폭력의 문제와 맞닥뜨릴 수밖에 없는 현실을 직시하면서 평화에 대한 좀 더 현실감 있는 정의를 내려 보자.

평화는 부정성의 축소

평화학자 요한 갈퉁Johan Galtung은 평화를 '전쟁과 같은 물리적 폭력은 물론, 억압적 정치 시스템에 따른 구조적 폭력, 나아가 성차별이나 생태적 차별 같은 문화적 폭력마저 없는 상태'라고 규정한 바 있다. 다른 곳에서는 "평화=공평×조화/상처×갈등"으로 간명하게 도식화하기도 했다. 이 가운데 후자의 도식은 공평과 조화라는 긍정성(분자)이 커질수록, 그리고 상처와 갈등이라는 부정성(분모)이 줄어들수록 평화가 커진다는 간결한 의미를 담고 있다. 긍정적 가치(분자)와 부정적 가치(분모)를 반비례 관계로 설명하는 이러한 도식은 설득력이 있다.

하지만 아주 공정한 도식이라고 할 수는 없다. 현실적 경험의 차원에서는 분자와 분모가 대등하지 않기 때문이다. 공평과 조화(분자)는 그 자체가 독립적인 가치나 상태라기보다는 현실에서 불공평과 부조화(분모)라는 부정적 가치가 축소되는 만큼 경험할 수 있는, 분모에 종속된 상태에 가깝다. 인간이 경험하는 긍정성은 선행하는 부정적 경험을 전제로 하는 경우가 대부분이다. 기쁨도 별반 기쁘지 않았던 기존 상태와의 차이로 인식한다. 마찬가지로 공평은 기존의 불공평을 어느 정도 개선하는 형태로 경험한다. 긍정성의 경험은 기존의 비긍정적이거나 부정적인 상태가 일부 개선된, 그 '차이'를 경험하는 것이기도 하다는 말이다. 갈퉁은 분자와 분모를 다 중시했지만, 이 중에 더 중요한 것은 분모다. 분자와 분모는 등가적이지 않다. 상처와 갈등이라는 부정적 경험치를 축소해 가는 만큼 평화로 드러나는 것이기 때문이다.

이렇게 긍정적 평화를 규명하는 데 부정적 폭력을 가져올 수밖에 없는 현실은 평화연구의 역설을 보여 준다. 평화의 개념이 비평화, 즉 전쟁, 갈등, 상처 등의 개념에 의해 제한되는, 즉 평화를 평화 아닌 것으로 설명해야 하는 모순적 상황에서 평화라는 것을 과연 제대로 드러낼 수 있기나 한 것일까. 과연 평화는 이루어질 수 있는 것일까. 평화 연구는 바로 이런 근본적인 물음에 직면해 있다.

평화는 정의인가

이것은 평화를 긍정적 언어, 가령 '정의'로 설명할 때도 마찬가지다. 아우구스티누스는 세속적 차원의 평화론에 의구심을 품고서 보편적이고 절대적으로 통용되는 새로운 평화 개념을 발전시켰다. 그는 평화pax를 '질서 잡힌 고요함'으로, 질서ordinatio를 '동등한 것과 동등하지 않은 것들을 각각 제자리에 앉히는 배치'로 파악했다. 그리고 세계 질서 내에서 모든 사물에 그에 걸맞은 올바른 자리를 배정하는 능력과 의지를 '정의justitia'로 규정하면서, 평화를 정의와 연결했다. 이런 사상적 흐름은 토마스 아퀴나스에게로 이어지면서, 유럽에서는 파편적이고 일시적인 평화가 아니라, 완전하고 영원한 평화 개념을 상상하는 분위기가 커졌다. 평화를 도덕적이고 우주적 가치의 차원에서 해설하는 흐름이 생긴 것이다. 이러한 분위기는 20세기의 문헌인《제2차 바티칸 공의회 문헌》에서 '평화는 정의正義의 실현'이라는 규정으로 이어졌다. 이 문헌에서는 '완전한 정의를 갈망하는 인간들이 실현해야 할 질서(정의)의 현실화가 바로 평화'라며 지극히 이상적인 언어를 써서 평화에 관해 설명한 바 있다.

그래도 문제는 여전히 남는다. 전술했듯이 서양에서 정의란 올바른 질서의 원칙 혹은 질서의 유지 및 생성을 위한 도덕적인 행동방식이었다. 정의가 개인 간의, 또는 사회의 올바른 질서의 문제라는 것이었다. 그런데 질서가 잡히려면, 다시 말해 비평화적 상황을 조정하고 방지하려면, '법'은 물론 법의 적절한 운용으로서의 '정치'가 필요하다. 이때 법은 그 자체로 존재하는 것이 아니었고, 아래로부터 한 사람 한 사람이 합의해서 만들어 낸 것도 아니었다. 사실상 법의 원천은 거대한 폭력이라 할 만한 어떤 힘과 연결되어 있다. 법이라는 것은 기존의 여러 힘을 제압한 어떤 압도적인 힘이 제안한 뒤, 그 힘을 권력으로 정당화하는 장치이기도 했다는 점에서 그렇다.

그러다 보니 실제로 서양 중세에서는 법의 유효성과 평화가 동일시되었고, 법의 파괴는 평화의 파괴였다. 평화가 확립되는 것과 재판소가 설립되는 것은 궤를 같이했다. 사회적 평화가 위로부터 만들어져 주어진 법을 기준으로 인식되었다는 뜻이다. 그리고 법은 질서 유지를 위해 강제력을 수반하는 사회적 규범이라는 점에서, 가령 '평화는 정의의 실현'이라는 규정은 법이라고 하는 사실상 강제적인 기준으로서의 정의를 요청한다. 결국 비평화적인 어떤 것으로 평화를 규정해야 하는 모순 속으로 들어가게 되는 것이다.

그 자체로서의 평화라는 것은 없다. 평화는 무한할 정도로 다양한 개념에 의해 지시되는 어떤 상태일 뿐만 아니라, 어느 정도 비평화적인 상태에 머물 수밖에 없는, 무한한 모순의 연결고리로 이어지는 것이다.

평화는 술어다

여기서 반복적으로 나타나고 있는 분명한 논리적 사실이 있는데, 그것은 문장의 주어는 술어에 의해 한정되면서 성립된다는 것이다. 주어는 언제나 술어에 의해 한정되고 규정된다. 주어는 무한할 정도의 다양한 술어의 연결고리에 의해 끝없이 지시된다. 만일 평화를 주어로 '평화란 ~이다'라며 평화에 대해 무언가 설명한다고 할 때, 사실상 드러나는 것은 평화가 아니라 평화를 지시하는 술어들의 세계다. 구체적으로 말하자면, 비평화적 현실들이다.

이것은 모든 주어의 운명이다. 주어의 영어식 표현인 'subject'는 '아래에sub 놓인다ject'는 뜻이다. 주어는 술어 아래 놓임으로써만 의미가 발생한다. 주어는 사실상 술어에 대해 종속적이다. 이것이 주어에 해당하는 영어 'subject'가 '~에 종속적인'이라는 의미를 동시에 지니는 이유다. 주어는 한 문장의 주체나 중심이 아니다. 도리어 술어에 의해 지시되어야 살아나는 종속적 존재다.

주어가 술어에 종속적일 수밖에 없는 이유는 누구나 주어를 해명할 때 자신에게 더 익숙한 경험적 언어를 술어로 사용하기 때문이다. 술어가 말하는 이와 듣는 이 모두의 경험에 더 가까운 언어라는 뜻이다. 주어와 술어는 동일하지 않다. 그 사이에는 차이가 있다. '~이다'는 동일률의 형식을 하고 있지만, 주어는 언제나 차이에 의해 규정된다. 그런 점에서 엄밀하게 말하면 '~이다'는 불가능하다. 주어는 끝없는 차이에 도전받고 그에 종속되는 과정으로 존재한다. 주어는 술어에 의해 지시되는 만큼만 주어라는 뜻이다. 마찬가지의 논리로 평화는 폭력 혹은 비평화적인 상태나 개념에 의해 규정되는 만큼만 평화다. 이것이 술어를 중시해야 하는 이유, 더 구체적으로 말하면 주어와 술어의 차이를 중시해야 하는 이유다.

이 술어적 차이를 인식하면서 주어도 인식된다. 이것은 차이의 정도가 다르거나 차이에 대한 인식 혹은 경험치가 다르면, 주어도 달라지거나 다르게 인식된다는 뜻이다. 이것은 평화라는 이름으로 왜 평화 아닌 상황, 즉 비평화적 상황이 발생하는지 그 근본적인 이유를 잘 보여 준다. 저마다 평화에 대해 말하지만, 그렇게 말하는 이의 평화에 대한 술어적 표현이 다양하고, 술어로 해설된 만큼만 주어로서의 평화가 인식되기 때문이다. 그래서 현실에서는 평화도 다양한 양상으로 존재한다.

복수를 인정하며 단수를 찾아간다

가족 간에도 삶의 기억과 경험이 동일하지 않은 것처럼, 평화의 개념도 단수적이기보다 복수적이다. 실제로는 여러 가지 '평화들'이 있는 것이다. 평화가 시각, 청각, 촉각과 같은 감각기관과 연루된 경험의 영역이라면 더욱이나 그렇다. 평화는 복수로 이해해야 하며, '평화'와 '평화들'을 구분해야 한다. 그러면서도 중대한 과제는 '평화들'의 세계에서 결국은 '평화'를 확보해 가는 것이다. 인식적 다양성 속에서 다양함들의 조화를 찾아내는 것이다. 평화를 확보하려면, 인간이 다양하게 경험하는 '평화들'을 긍정하고 이들을 연결시키면서, 대화를 통해 '평화'로 여겨지는 것을 도출해 내야 한다. 합의를 통해 다양한 평화 인식과 경험들 사이에 공유의 지점을 찾아가야 한다.

대화를 시도한다는 것은 다양한 평화 경험들 간에 공감과 공유의 지점이 있다는 사실을 인정하는 것이기도 하다. 부분적일지언정 상대방의 언어에 대한 공감과 저마다 제한된 이해들 간 합의의 가능성을 전제하는 것이다. 이는 공감 혹은 합의의 가능성에 대한 선이해가 작동하고 있다는 뜻이다. 선행적 공감의 영역을 중시할 필요가 있는 것이다. 하버마스J. Habermas가 공론의 장에서 합의를 중시한 것은 이런 맥락에서다. 합의는 제한된 인식이나 이해들이 파편적으로 흩어지지 않고 공통의 영역을 확보해 가는 과정이자, 대화를 시작할 때 전제되었던 선행적 공통 지점을 확인해 가는 사건이다.

물론 합의는 간단한 일이 아니다. 하버마스도 여론이 집결되는 '공론의 장'은 대화, 토론, 합의를 통해 형성된다고 강조한다. 그 과정에 제도적 기득권을 누리는 정치권력의 부당한 개입이나 여론을 수단 삼아 스스로를 부각하려는 압력단체나 언론매체들의 욕구들이 있을 수 있고, 그로 인해 공정한 여론이 형성되기 힘들 수도 있다. 그럼에도 불구하고 억압을 일시적으로 분출하는 폭력적 혁명보다 여러 의견이 오가는 생활세계의 의사소통 과정이 민주주의의 든든한 기반을 만들어 준다고 주장한다. 가시적인 변화를 끌어내려면 오랜 시간이 걸릴 수 있지만, 지속적 합의를 통해 생활세계에서 공감의 영역을 확보해 가는 과정이 가능하며 또 요청된다는 것이다.

평화는 다원주의적이다

마찬가지의 논리로 평화에 대한 인식의 다양성을 긍정하되, 다양한 인식 간에 공감대를 찾는 일은 평화를 구현하려는 이들의 불가피한 과제다. 클래식이나 팝이나 대중가요가 모두 음악이듯이, 음악은 하나의 유형일 뿐 실제로는 다양한 장르로 구성되고 존재한다. 마찬가지로 '평화들'이 '평화'인 이유도 평화들의 공감대가 있기 때문이다. 현실에서는 '평화들'의 형태로 나타나기에, 다양한 맥락에 처한 인간의 평화 경험과 기대 사이에 대화를 통한 합의의 과정을 견지해야 하는 것이다.

그렇다면 특정한 평화 경험을 전체의 평화를 위한 유일한 기준으로 삼는 것은 위험하다. 그렇게 하다 보면 평화가 다른 이에게는 폭력으로 작용할 수 있게 된다. '클래식'만 음악인 것이 아니라 '록'도 '랩'도 음악이듯이, 특정한 평화 경험을 객관화하는 것은 위험하다. 이러한 위험은 평화를 정의의 구현으로 간주하고서 정의를 추구하려 할 때도 개입될 수 있다. 가령 정의를 판단하는 기준으로 법이 개입하는 경우, 법의 영역 '안'에 있는 이들에게는 정의가 평화일 수 있지만, 영역 '밖'에 있는 이들에게는 평화가 소외와 배제일 수 있다. 역설적이게도 평화의 이름으로 평화들이 갈등의 진원지가 되는 것은 이런 맥락에서다. 평화들 간의 거리가 '문'이 아니라 '벽'이 되는 순간, 평화라는 이름의 갈등과 폭력이 발생한다.

평화는 일방적일 수 없다. 평화는 쌍방적, 나아가 복합적이며, 조화롭다. 그 조화의 한복판에 공감대로서의 평화가 있다. 평화의 형태는 다양할 수 있지만, 다양한 형태 간의 공감대 때문에 형태적 다양성이 갈등으로 이어지지 않거나 덜 갈등하게 된다. 평화를 기반으로 다양한 평화들을 긍정하고, 이 '평화들'이 '평화'를 지시하는 다양한 술어들이라고 인정하는 논리가 '평화다원주의pluralism of peaces'다.

평화다원주의는 단순히 평화가 여럿이라는 중립적인 주장이 아니다. 평화다원주의는 복수의 '평화들'이 인식적이든, 도덕적이든, 사회적이든, 정치적이든, '평화'라는 공감대 안에서 유기적 연계와 통합이 가능하다고 여기는 입장이다. '평화'를 설명하는 다양한 술어들에서 '평화들'의 세계를 보면서 평화의 유기적 통합력organic integrative power of peace까지 읽어 낼 줄 아는 자세다. '평화들'이 서로에게 갈등의 원인을 제공할 가능성도 있지만, 이 평화들도 결국 '평화'의 유기적 통합력 안에 있기에 공감의 영역을 떠나지 않게 되리라고 보는 긍정적 입장이다. 그 공감대로서의 평화를 전제하고 상상하면서, 평화에 대한 다양한 논의와 평화의 다양한 형태가 정당성을 얻어 간다고 보기 때문이다.

평화는 감폭력이다

물론 평화다원주의도 하나의 인식론적인 개념으로서, 인식이 다양한 만큼 평화를 다원주의적 시각에서 판단하는 입장 역시 상대성을 면치 못한다. 평화에 대한 객관적이고 절대적인 기준이 없듯이 평화다원주의를 그 자체로 절대적 기준으로 삼는 행위는 위험하다. '~주의'는 언제나 상대적이며 절대적 기준을 내포하지 않고 내포할 수도 없다.

이때 평화다원주의가 인식론적 상대주의에 갇히지 않고 실제로 평화의 구체화에 공헌할 수 있으려면, 평화가 여럿이라고 주장하는 단계를 넘어, 실제로 평화들의 다양성을 수용해야 한다. 평화들에 대한 인식적 다양성을 머리로 인정하는 단계로부터 마음으로 수용하는 단계로까지 나아가야 하는 것이다. 자기중심적 인식의 우월성을 내려놓고, 그 안에 타자의 세계관을 긍정하고 받아들이는 것이다. 그럴 때 갈등이 해소되고, 평화에 관한 다양한 입장들이 살아 있는 평화가 된다. 평화는 어떤 하나의 주장이나 입장 속에 있는 것이 아니라, 여러 입장들의 조화와 상호 공유를 통해서만 존재하는 과정인 것이다.

나아가 동의하고 수용하는 그 지점의 성격과 내용도 살펴야 한다. 무엇보다 그 지점이 폭력을 줄이는 지점인지 성찰해야 한다. 평화가 다원주의적이라지만 무작정 상대주의적이기만 한 것은 아니다. 동의하고 수용하되, 그 동의와 수용이 누군가의 원치 않는 고통을 줄이고 그로 인해 미소를 되살려 낼 수 있는 것이어야 한다. 물론 그 지점은 단순히 특정 개인의 자기희생적 결단만으로 성립되는 것이 아니다. 그 지점의 성격에 대한 공감과 합의가 요청된다. 평화는 특정 입장이나 사건에 제한되지 않으며, 인류의 영원한 과제라는 사실에 대한 공감적 인식이다. 그런 점에서 평화는 어느 정도 목적론적이다. 평화는 현재 완료형이기보다는, 폭력이 사라지기를 꿈꾸는 기대와 실천만큼 현재 안에 구현되는 과정적 실재라는 것이다.

평화를 추구하는 이들에게 평화는 긴급한 연구 주제이자, 내면화하고 구체화시켜야 할 지속적 과제다. 평화는 평화들을 수용하는 행위를 통해 살아난다. 그 수용이 상대적 '평화들'을 공통적 '평화'로 생생하게 재구성하는 근거다. 그 공통적 평화조차 더 큰 상위의 혹은 심층의 평화, 나아가 '대문자 평화Peace'에 개방적이어야 한다. 이렇게 평화는 서로에 대해 공감하고 합의하고 수용해 가는 과정이지, 제삼의 영역에 자리 잡고 있는 공상적 유토피아가 아니다.

평화는 현재 완료형이 아니라는 개방적이고 겸손한 입장을 견지하지 못하거나 평화들이 만나는 공통의 지점 내지 공감대를 확보하지 못한다면, 평화의 이름으로 폭력이 발생한다. 칸트가 인간성을 수단으로 간주해서는 안 된다고 말했듯이, 상대의 평화를 수단화하는 과정이 폭력이다. 평화는 평화들의 다양성과 상대성을 인정하고 수용하는 행위를 통해서 드러난다. 나의 평화 경험을 너의 경험과 교류하고, 평화연구를 학제적으로 융합시켜야 하는 이유도 여기에 있다. 교류하고 공유하지 않는 평화는 없다.

이러한 기대와 희망에 근거해 폭력을 줄여 나갈 때, 그 폭력의 축소가 바로 평화의 과정적 모습이다. 평화보다 폭력의 경험이 더 큰 인류에게 평화라는 것은 언제나 폭력이 축소되는 형태로 드러난다. 한마디로 '평화는 감폭력減暴力의 과정'이다. 평화는 완성된 하나의 상태가 아니라, '폭력이 줄어드는 과정 혹은 폭력을 줄이는 과정'이다. 그렇다면 왜 폭력을 줄여야 하는 것일까. 그것은 폭력에 의한 아픔과 희생에 대한 공감 때문이다.

공감이 동력이다

폭력을 줄여가는 그 비폭력적 동력 중 하나는 '공감(共感)'이다. 공감은 사람들이 사회를 이루며 함께 살아가기 위한 근본적인 능력 가운데 하나다. 평화의 가능성에 대한 탐구에서 제외할 수 없는 영역이다. '함께[共] 느낌[感]' 혹은 '느낌[感]의 공유[共]'라 요약할 수 있다. 누군가와 무엇인가를 함께 느끼고 있는 상태가 공감이다. 이때 핵심은 '함께'에 있다. '함께 느낀다'지만, 여기에도 타자의 형편을 먼저 떠올리며 타자에게 나아가는 타자지향적 공감empathy과 타자가 자신의 느낌에 맞추어 주기를 바라는 자기중심적 공감sympathy이 있다. 자기중심적 공감은 타자를 배제하고 결국 폭력에 공헌할 가능성이 있다. 타자지향적 공감, 가령 붓다의 자비, 맹자의 측은지심, 예수의 긍휼 같은 공감력이 평화의 기초이자 동력이다. "중생이 아프니 내가 아프다"(〈문수사리문질품文殊師利問疾品〉, 《유마경維摩經》)라고 한 유마거사의 일성은 타자의 아픔에 대한 공감의 전형적인 사례다. 이러한 공감이 폭력을 축소하고 평화를 구축하는 근간이 된다. 공감으로 인해 나와 너, 사회 전체가 생명력을 얻어 가고 그만큼 평화로워진다.

물론 평화가 폭력을 줄여 가는 과정이라고 할 때, 그 폭력이 줄어드는 경험을 하는 주체는 자기 자신이다. 그래서 평화의 근간은 개인의 평화, 특히 내면의 평화다. 그렇지만 폭력이 구조적이고 복합적인 성격을 띠며 타자가 그 누구라도 폭력으로 고통당하고 있다면, 개인만의 평화라는 것은 있을 수 없다. 사회적 평화 없는 개인의 평화란 불가능하다. 사회성이 결여된 개인의 평화는 결국 부메랑이 되어 개인의 평화를 침식한다. 그리고 개인의 평화를 희생시킨 사회적 평화란 모래 위의 집보다 위태롭다. 아니 언어도단이자 사실상 폭력이다. 평화학에서 말하는 평화는 개인을 살리면서 공적 영역을 열어 주는 평화, 공공철학자 김태창의 언어로 하면 '활사개공活私開公'의 평화여야 한다.

평화는 '타자지향적 공감'으로 인해 확보되고 확장된다. 공적 기구의 개입이나 당사자들의 합의 과정을 법으로 강제하기 이전에 어떤 상황이나 사태에 대한 공감적 인식을 더 중시해야 한다. 그것이 근본적이다. 공감적 인식, 특히 타자지향적 공감에서만 개입과 합의가 인간의 얼굴을 하게 되고, 다름의 공존, 타자와의 공생이 확보된다. 평화가 집단과 국가 간 조약에 근거하고 법적 통제에 기반하고 있는 것이 여전한 현실이고, 그것이 평화조성peace-making의 긴요한 과정이지만, 인간이 조약에 종속되는 한, 인간은 평화의 주체라 할 수 없다. 그곳에 인간의 얼굴은 없거나 희미하다. 법적 견제나 법적 조항문의 강제성을 넘어 인간의 기초적인 능력과 가치인 '공감의 네트워크'를 형성해 가야 한다. 그럴 때 평화가 구축peace-building되어 간다. 이것이 바로 평화다원주의의 길이다.

《플랜P》 8호 [특집] (2022년 6월호)

이찬수 서강대 화학과를 거쳐 종교학과에서 불교-기독교 비교 연구로 박사학위를 받았다. 강남대 교수, 서울대 통일평화연구원 HK연구교수, 보훈교육연구원장 등을 지냈다. 《평화와 평화들》, 《메이지의 그늘》, 《한국인의 평화사상 1, 2》(공편저), 《세계평화개념사》(공저), 《폭력개념연구》(공저) 등 90여 권의 단행본과 100여 편의 논문을 출판했다. 현재 아시아종교평화학회 부회장 및 연세대 교양교육연구소 전문연구원으로 있으면서 '종교평화학'을 정립하기 위한 연구를 하고 있다.

일상적 평화: 갈등 사회를 살아가는 평범한 사람들이 만드는 평화

평화, 통일을 넘어

한국에서 평화는 곧 통일로 받아들여진다. 오랜 분단의 탓일 것이다. 하지만, 과연 통일이 된다면 한반도에 평화는 자연스럽게 도래하는 것일까? 오랜 분단 동안 상이한 정치·경제 체제 속에 살아온 남북한 주민의 삶이 하나의 공동체로 통합되고 갈등 없이 영위될 수 있을 것인가? 평화는 통일 또는 국가건설state-building 차원을 넘어서는 폭 넓고 다양한 의미를 담고 있는 개념이다. 흔히 갈등이 전혀 없는 상태를 평화라고 생각할 수 있지만, 평화학에서 논의되는 갈등전환conflict transformation 이론은 인간 사회에서 근본적으로 갈등이 소멸될 수 없다는 전제를 토대로 갈등이나 분열이 비폭력적이고 파괴적이지 않은 방법으로 해소되는 상태를 평화라고 본다(Kreisberg, 2011). 즉, 개인과 공동체 간 분쟁과 갈등의 발생 자체를 막는 것은 불가능하며, 평화는 갈등을 평화적인 방식으로 해결하는 상태라고 할 수 있다. 국가 차원에서는 국가 간 갈등이 발생하더라도 무력이 아닌 외교나 협상을 통해 해결하는 상태라고 할 수 있다.

전쟁이나 폭력 갈등을 경험한 이후 평화로 전환된 여러 사례에서 분쟁의 공식적 종식 이후 사회통합, 사회재건, 평화구축 과정에서 전혀 다른 갈등 요인이 등장해 혼란을 겪거나 다시 폭력 분쟁으로 회귀하는 일이 다수 발생했다(이성용, 2022). 통일정책이나 대북정책을 둘러싸고 2000년대 초반 시작된 남남갈등이 여전히 해결되지 못한 채 지역·성·세대와 같은 다른 요인과 중첩되며 깊은 혐오와 분열 현상으로 나타나는 한국 사회 현실을 고려한다면, 한반도 평화구축 논의에도 정치적으로 남북한이 통일에 합의한 이후 주민 간의 화해와 통합의 과정까지 포함될 필요가 있다. 특히 남북한과 같이 오랜 분쟁을 경험한 국가 간에는 평화의 지속성을 유지하기가 어려운데, 평화적 관계를 제도화할 뿐만 아니라 상호 적대와 혐오의 감정과 정동이 변화되고 공존과 화해의 관계로 전환되며 공통의 정체성을 발전시키는 과정이 필수다. 이를 위해서는 국가뿐만 아니라 지방정부, 시민사회, 교육계, 종교계, 일반 시민을 아우르는 다양한 행위자가 갈등을 전환하고 평화를 구축하는 과정에 주체적이고 적극적으로 참여하는 것이 중요하다. 하지만, 한국 사회에서는 여전히 평화가 통일, 즉 남북한 '통일된 국가건설 프로젝트'라는 제한적인 인식이 보편적이다. 이에 대한 반성적 시각을 바탕으로 본 글은 갈등과 분쟁으로 심각하게 분열된 사회를 살아가는 평범한 사람들이 일상에서 주체적으로 만들어 가는 평화의 중요성에 주목하는 '일상적 평화everyday peace' 개념을 살펴보고 한반도의 평화구축에 대한 함의를 발견하고자 한다.

지속 가능한 평화와 로컬의 참여

과거 평화구축은 주로 북미와 유럽 국가 중심으로 구성된 국제기구나 비정부기구NGO가 서구에서 발전된 정치·경제 시스템을 탈분쟁 지역에 일률적으로 적용하는 방식으로 진행됐으며, 이를 자유주의 평화구축liberal peacebuilding이라고 한다(Richmond, 2011). 자유주의 평화구축의 한계를 극복하고자 발전된 대안적 개념이 포스트자유주의post-liberal peace로 평화구축에 있어 지역을 가장 잘 이해하는 로컬 행위자들의 참여를 강조한다. 탈분쟁 사회에서 평화가 지속되기 위해서는 애초에 전쟁이나 폭력 분쟁이 발생한 역사적 배경이나 해당 사회의 정치, 문화, 구조적 맥락을 이해하는 것이 중요하며, 따라서 로컬을 잘 이해하는 지역정부, 지역기반 시민사회, 지역의 평범한 개인들의 주체적이고 적극적인 참여를 강조하는 것이 이 개념이다.

일상적 평화는 포스트자유주의 담론 중에서도 개인적이고 미시적인 차원에서 이루어지는 평화로 분열이 심각하고 갈등이 만성화된 사회를 살아가는 평범한 개인들이 일상에서 갈등을 회피하고 평화로운 삶을 영위하기 위해 활용하는 일련의 사회적이고 평화적인 행동양식과 사고방식을 의미한다(Mac Ginty, 2021). 국제기구와 같은 외부행위자에 의해 일방적으로 이식되는 평화구축과는 달리 일상적 평화는 해당 지역에 이미 존재하는 규범이나 관행에서 비롯된다. 자유주의 평화구축에서는 평범한 개인들이 원조나 평화구축의 수동적인 수혜자, 또는 분쟁의 피해자로서만 인식되었다면, 일상적 평화 평범한 개인을 평화구축에 있어 주체성을 가진 행위자로 인식하게 되면서 평화 연구에 중요한 인식의 전환이 이루어졌다. 또한, 거시적이고 정치적인 사건이 발생하는 '배경'으로서 일상에 대한 인식을 넘어 '사회적 세계'로서 일상을 인식하게 되었고, 평범한 개인들의 평화적 사고방식과 관행이 거시적 차원의 평화구축에 지니는 의미에 주목하는 계기가 되었다(Mac Ginty, 2014). 일상의 사소해 보이는 모든 장소와 사건에는 실상 정치적인 의미가 담겨 있다. 일상의 미시적인 활동이나 사고방식은 얼핏 보기에는 전혀 관련이 없어 보이는 거시적인 체제의 일부이자, 체제를 구성하는 중요 요소다. 다시 말해 일상은 사회체제, 규범, 질서와 같은 구조적 차원과 개인의 일상적인 행동양식과 담론이 교차하며 상호작용이 이루어지는 사회적 공간이다.

분쟁종식과 평화구축을 위한 외교나 협상이 이루어지는 거시적 차원과 일상을 결합하려는 시도는 평화가 풀뿌리 차원에서 구축되어야 함을 주장하거나 거시적 차원의 평화구축의 중요성을 무시하는 것은 아니다. 다만 평화구축 과정에서 일상이라는 사회적 공간과 당연하게 여겨지는 소소한 평화적 관행, 그리고 평화를 만들어 나가는 데 기여하는 평범한 개인의 주체성의 중요성을 강조하기 위함이다. 일상적 평화는 탈분쟁 사회에서 평화구축이 새로운 '국가건설statebuilding' 프로젝트로 인식되는 자유주의 평화 모델을 넘어 평화의 지속성을 확보하기 위해 지역적이고 미시적인 차원에서 형성되는 평화의 중요성에 주목하려는 시도로 이해되어야 할 것이다. 일상의 사소한 관행과 사고방식은 해당 사회의 독특한 정치, 문화, 역사적 맥락을 이해해야 정확한 의미를 파악할 수 있다. 예를 들어, 갈등과 분열이 심한 사회의 일상에서 지극히 당연하고 정상적으로 받아들여지는 행동이나 사고방식은 그렇지 않은 사회에서는 비정상적인 것으로 받아들여질 수 있다. 또한, 상대 집단의 사람에게 베푸는 개인 차원의 매우 사소한 행동일지라도 해당 사회를 지배하는 분열과 대립의 경계를 넘어서기 위해 상당한 용기와 결단을 필요로 한다.

일상적 평화

일상적 평화는 심각하게 분열되어 갈등이 만연한 사회를 살아가는 개인들이 일상에서 마주하는 사회적 긴장이 폭력 분쟁으로 확산하지 않도록 상대 집단의 개인이나 공동체와 사회적 관계를 형성하고 갈등을 회피하며 평화를 유지하는 능력, 곧 일상에서 이루어지는 '작은 평화small peace'다(Mac Ginty, 2021). 협소하게는 갈등 사회를 살아가는 개인의 일상에 내면화된 대응기제나 생존전략을 의미한다. 평범한 이들이 자신을 표현하고 일상의 삶을 살아내는 방식에 담겨 있는 일종의 전략적 행동으로 인간의 성장에서 가장 중요한 역할을 하는 가족이나 또래 집단을 통해 사회적으로 학습된 행동방식이다. 대표적으로 '회피avoidance', '모호함 유지ambiguity', '의례적 예절ritualized politeness', '식별telling' 또는 '책임회피blame deferring' 등이 있다. 회피는 가장 흔하게 발견되는 대응기제로 논란이나 갈등을 야기할 수 있는 예민한 주제와 관련한 대화를 피하여 갈등 상황에서 벗어나거나, 또는 자신의 신념이나 정체성을 드러냄으로써 직면할 수 있는 위험한 상황을 회피한다. 혹은 상대 집단과의 접촉이나 교류 자체를 거부하거나 내집단의 급진주의자와의 만남을 회피하는 방식으로도 나타난다. 갈등 현상 자체에 무관심한 태도나 폭력과 갈등의 기억을 억누르고 현재의 삶에만 집중하는 태도로 나타나기도 한다.

한편 모호함 유지는 특정 집단과의 유대관계나 정체성을 드러내는 의상이나 억양을 감추거나 상대의 정체성을 의도적으로 인지하지 못한 척하며 갈등 상황에서 벗어나는 전략으로 일반적으로 의례적 예절 전략과 함께 활용된다. 상대의 기분을 상하게 하거나 위협을 증가시킬 만한 행동이나 언어 사용을 피하고, 이미 형성된 예절 체계에 맞게 행동하여 갈등이 발생할 만한 상황을 예방하고 평화를 유지한다. 식별은 상대의 외모나 이름, 습관, 언어 습관이나 억양 등의 특징을 직관적으로 파악하고 상대의 정체성을 구별하는 것으로, 상대의 정체성에 따라 분쟁이 발생하지 않도록 행동을 적절히 조절하는 대응기제다. 대표적으로 같은 민족이면서도 종교적 정체성에 따라 신교와 구교 공동체로 나뉘어 오래 갈등한 북아일랜드 사회에서는 억양이나 이름과 같은 특징으로 상대방의 소속을 직관적으로 파악하고, 반대 진영 시민으로 식별되는 경우 갈등을 야기할 만한 주제나 언행을 피하고 예민한 경계심을 바탕으로 적절하게 행동을 조절한다.

이처럼 사소하게 보이는 일상적 평화의 행동양식은 위험으로부터 자신을 보호하기 위한 목적에서 비롯된 일시적 방안에 불과하거나 갈등이 존재하지 않는 것처럼 보이도록 허울을 유지하는 수단처럼 보이기도 한다. 하지만, 갈등과 대립이 심해 사회적 긴장 상태가 높은 지역에서는 적대적 공동체나 개인 간 이루어지는 소소한 친사교적 언행도 갈등 사회를 지배하는 갈등구조나 갈등 내러티브에 저항해야 하거나 때로는 평화적 행동으로 인해 개인적 손해나 위험까지 감수해야 한다는 점에서 상당히 적극적인 평화 행위라고 할 수 있다. 적대적 집단 간 긴장으로 인해 언제라도 폭력 사태가 촉발될 가능성이 존재하는 갈등 사회에서는 지극히 평범한 일상에서의 사소한 언행도 평화를 지향하는 개인의 창의성과 즉흥성 그리고 행위 주체성을 요구한다. 이런 맥락에서 일상적 평화는 단순한 대응기제 넘어 갈등을 와해시키고 평화를 구축하는 데 상당한 기여를 할 수 있다(허지영, 2022).

타자 수용성과 일상적 평화

국가나 민족의 자기정체성은 세계 체제 안에서 자신과 타자를 구분하며 자신에게 적합한 역할과 행동을 판단하는 기준이다(Wendt, 1992). 정체성은 내집단과 타자를 구분하는 데 상당한 영향을 주기 때문에 타자 수용성과 일상적 평화에 중요한 의미를 갖는다. 이런 맥락에서 여성가족부에서 실시해 온 다문화 수용성 조사에도 국민정체성 항목이 포함된다(여성가족부, 2022). 국민정체성 조사를 통해 국민이 중요하다고 인식하는 '우리' 범주의 기준은 무엇인지, 동시에 우리 집단에 속하지 않는다고 인식되는 '타자'를 어떻게 인식하고 평가하는지를 확인할 수 있으며, 국민정체성에 대한 기준과 인식은 이주민이나 외국인 근로자와 같은 타자에 대한 수용성에 대한 인

[그림 1] 이웃으로서 이민자 혹은 외국인 노동자에 대한 거부 비율 추이 국제비교

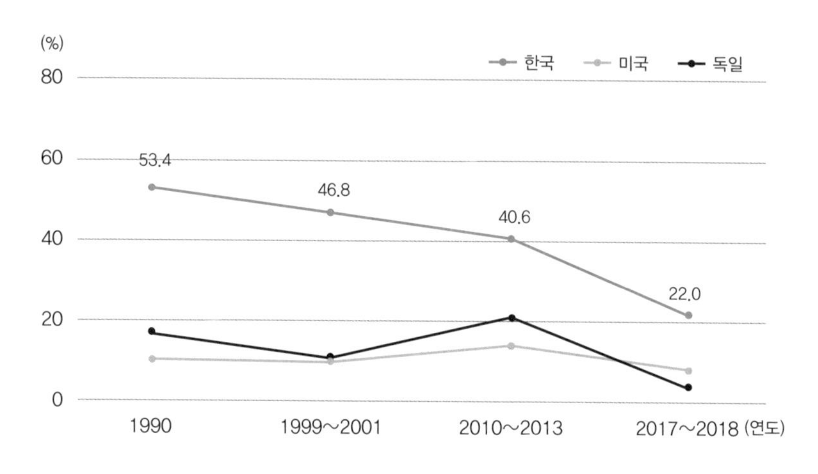

출처: 여성가족부, 2021년 국민 다문화수용성 조사, 2022, p. 208

식을 간접적으로 확인할 수 있다. [그림 1]은 2021년 여성가족부에서 실시한 다문화 수용성 조사에서 실시한 '이민자·외국인 노동자를 이웃으로 삼고 싶지 않다'라는 질문에 대한 응답 변화 추세를 보여 준다. 한국의 경우 이민자나 외국인 노동자에 대한 부정적 태도가 빠른 속도로 감소하고 있으나, 미국이나 독일에 비해 여전히 상당히 부정적 태도를 지니고 있는 것으로 나타난다.

[그림 2]는 이민자를 제외한 소수자와 사회에서 문제시되는 특징을 가진 부류의 사람들에 대한 이웃 수용도를 비교한 것이다. 이민자에 대해서는 미국, 독일, 한국 모두에서 다른 집단에 비해 높은 수용도를 보이지만, 에이즈 환자나 동성애자에 대한 한국의 수용도는

[그림 2] 이웃으로 삼고 싶지 않은 사람 비교

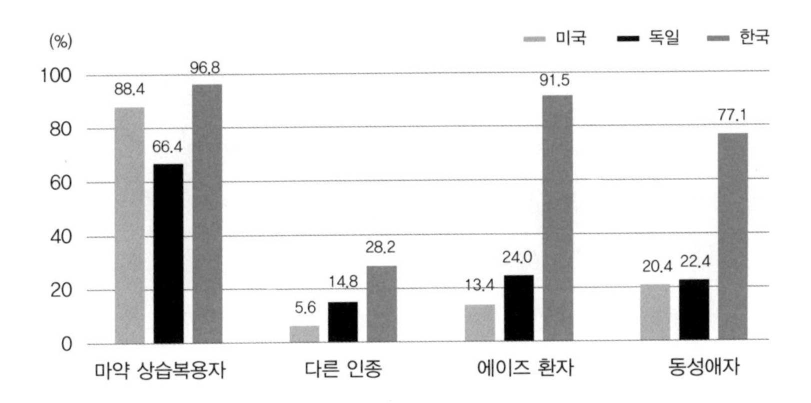

출처: 여성가족부, 2021년 국민 다문화수용성 조사, 2022, P. 210

미국, 독일에 비해 상당히 높은 거부 반응을 보이는 것으로 조사되었다.

타자에 대한 수용성은 '타자'로 규정된 여러 집단의 사람들이 한국 사회를 살아가면서 경험하는 편견, 배제, 혐오를 포함한 직간접적 차별이나 폭력과 연결된다. 에이즈 환자나 동성애자에 대해 국민의 높은 거부 반응은 에이즈 환자나 동성애자가 일상에서 물리적·비물리적 폭력을 경험할 가능성이 높아진다는 것을 의미한다. 탈북민에 대한 한국의 수용성에 대한 여러 조사에서도 탈북민의 한국 정착 과정에서 다수의 차별과 무시를 경험한 것으로 보고되며, 탈북민의 60~70%가 억양, 생활방식이나 태도 등의 문화적 소통방식으로 인해 차별로 어려움을 겪는다(김영권, 2019).

장기분쟁을 경험한 사회에 형성되는 사회심리적 결과들은 분쟁 해소와 평화구축에 상당한 영향을 미친다. 특히, 분쟁이 평화적으로 해결되지 못한 채 오래 지속되어 해결이 매우 까다로운 분쟁을 고질분쟁intractable conflict이라고 하는데, 고질분쟁에 노출된 사회에 형성되는 갈등문화와 혐오와 배제의 정동은 분쟁의 대상인 북한을 향해 표출될 뿐만 아니라 사회구성원들의 심리와 감정에 영향을 주고 이분법적 세계관을 형성한다(Bar-Tal, 2013). 한반도의 고질분쟁은 한국인들에게 '적'과 '우리'를 명확히 구분하고, 늘 전쟁과 같은 긴장 상태를 유지하는 집단적 심리기제를 고착화했다. 이는 분쟁이 장기화되면서 북한에 대해서만이 아니라 자신과 의견을 달리하는 집단에 대한 적대와 혐오의 일상화된 폭력으로 표출되는 현상을 낳고 있다(허지영, 2021). 통일을 준비하기 위해서는 북한과의 정치적 협상과 경제적 협력도 중요하지만, 남북한 주민 상호 간, 그리고 한국 사회의 여러 집단 간 상호 다름을 인정하지 않으며 대화를 단절하고 자기 집단과만 소통하려는 갈등문화의 변화가 절실하다.

대표적인 고질분쟁 지역인 이스라엘과 팔레스타인에서 다시 전쟁이 발발했다. 이처럼 고질분쟁은 집단 간 작은 충돌이 전면적 전쟁으로 확산하기 쉽기 때문에 정치적 차원에서의 평화구축이 매우 중요하지만, 또한 정치적으로 평화구축의 모멘텀이 마련된 이후 분열된 마음을 하나로 모으고 다시 분쟁으로 회귀하는 것을 방지하기 위해서는 일상적 평화 이론이 제시하듯이 일상을 살아가는 평범한 사람들의 사소한 평화적 언행과 관습이 중요하다. 팔레스타인 이웃을 향한 유대인 주민의 사소한 친절과 도움, 또는 유대인을 향한 팔레스타인의 평화적 말과 행위가 모이고 쌓여 적대와 혐오는 공존의 관계로 변화될 수 있으며, 작은 충돌이 전쟁으로 비화하는 것을 예방하는 데 기여할 수 있다.

참고문헌

김영권, 〈[특파원 리포트] "탈북민들, 남북 문화적 소통방식에 차이 많지만 적응력 높아져"〉, VOAKOREA, 2019.3.19.

이성용, 〈포스트 자유주의 평화〉, 《평화개념 연구》(서보혁·강혁민 엮음), 모시는사람들, 137～156쪽.

허지영, 〈일상적 평화〉, 《평화개념 연구》(서보혁·강혁민 엮음), 모시는사람들, 179～204쪽.

허지영, 〈고질갈등 이론을 통해 살펴본 한반도 갈등과 갈등의 평화적 전환 접근 방안 연구〉, 《평화학연구》 제22권 1호, 75～99쪽.

Bar-Tal, D., *Intractable Conflicts: Socio-Psychological Foundations and Dynamics*, Cambridge: Cambridge University Press, 2013.

Kreisberg, L., The State of the Art in Conflict Transformation. In Austin B., Fischer, M. and Giessmann H.(Eds.), *Advancing Conflict Transformation: The Berghof Handbook II*, Barbara Budrich Publishers, 2011, pp. 49～73.

Mac Ginty, R., *Everyday Peace: How So-called Ordinary People Can Disrupt Violent Conflict*, Oxford University Press, 2021.

Mac Ginty, R., Everyday Peace: Bottom-up and Local Agency in Conflict-affected Societies, *Security Dialogue*, 46(5), 2014, pp. 548~564.

Richmond, O. P., *A Post-Liberal Peace*. Routledge, 2011.

《플랜P》 14호 [특집] (2023년 12월호)

허지영 더블린 트리니티 대학교에서 국제평화학으로 석사학위, 베를린 자유대학교에서 정치학(국제정치) 박사학위를 취득했다. 현재 강원대학교 통일강원연구원 연구교수다. 분쟁과 분쟁의 평화적 전환, 폭력과 평화 개념, 유럽정치 및 정책, 일상적 평화와 다양성 사회 등을 연구하고 있다.

PART 2

평화 마주하기

아시안 혐오, 우리+그들의 이야기

《플랜P》와 한국기독교사회문제연구원(이하 기사연)이 공동으로 포럼을 진행했다. '아시안 혐오, 우리+그들의 이야기'를 주제로 《플랜P》의 김상덕 편집위원이 사회를 맡았고, 김신야(일본), 수 박허(Sue Park-Hur, 미국), 박진숙(한국), 박재윤(한국) 네 분의 패널을 모셨다. 최근 불거지고 있는 아시아계 혐오와 관련하여, 한국, 일본, 미국의 혐오 사례와 그 맥락, 전환점을 골고루 들어볼 수 있었다.

진행자(김상덕) 오늘 패널로 함께하시는 네 분은 각각 그 자신이 이주의 경험을 갖고 계시거나, 한국에서 이주민을 대하는 일을 하고 계십니다. 자신이 직접 경험하거나, 나눠 주실 수 있는 이주의 이야기를 듣고 싶습니다. 김신야 선생님, 자신의 이야기를 포함해서 재

김신야 선생을 안고 계신 어머니, 뒤편에 북으로 가신 외삼촌이 보인다. 이 동네는 1963년 동경올림픽 준비 개발로 지도에서 사라진 재일 한국인 거주 지역이다.

일 한국인/조선인의 이주와 현실에 대해 간략하게 말씀해 주실 수 있을까요?

김신야 저는 일본에 거주하고 있는 재일한국인 3세입니다. 비영리 단체 '마이너리티 센터' 운영위원을 맡고 있고, 릿쿄대학교 특임준교수이자 재일대한기독교회 목사입니다.

10년 전부터 재일한국인들은 '재일조선인' 대신 '재일코리안'이라는 표현을 씁니다. 분단국가인 한반도를 인정하는 것 같아서 그렇습니다. 1947년 5월 2일에 〈외국인등록령〉이 공포·시행되면서 이전까지 모두 일본인이었던 한국 이주민들이 외국인이 되었습니다. 그다음 날인 5월 3일에는 〈일본국헌법〉이 공포됩니다. 이 헌법이 수호하는 존재는 국민입니다. 외국인으로 등록된 재일코리안들은 이 헌법에서 버림받았다고 봅니다. 이후 한반도가 두 개로 갈라지면서, 동포도 두 편으로 갈라졌습니다.

김상덕 한국기독교사회문제연구원

재일코리안으로 등록된 사람은 46만 3000명으로, 한동안 일본에서 가장 많은 비율을 차지했습니다. 하지만, 2007년부터 중국인(77만 명)이 일본 내 이주민 중 가장 많은 수를 차지하고 있습니다. 재일코리안도 뉴커머Newcomer라고 해서, IMF 사태 이후 일본으로 이주한 사람이 다수이고, 체류 방식도 영주권이나 정주권 등 다양합니다. 한국인 중 일본에 귀화한 사람은 28만 명이고, 일본인과 한국인 사이에 태어난 아이가 13만 명에 이릅니다. 일본 국적을 갖고 있지만 한반도에 뿌리를 갖고 있는 재일코리안들을 모두 포함하면 80만 명이 넘습니다.

김상덕(진행자) 수Sue 선생님께도 비슷한 질문입니다. 자신의 이야기를 포함해서 이민자 국가로서의 미국에 대해 간략하게 말씀해 주실 수 있을까요?

수 박허Sue Park-Hur 미국에 41년째 살고 있고, 남편과 함께 비영리단체 '리컨실리에이시안ReconciliAsian'을 운영하고 있습니다. 미국 메노나이트 교회에서 '변혁을 일으키는 평화사역Transformative Peacemaking'을 담당하고 있습니다.

미국에 대한 이야기를 먼저 해야 할 것 같습니다. 많은 분이 아메리카 대륙은 '콜럼버스가 발견한 땅, 이민자들의 땅'이라고 알고 있습니다. 필그림pilgrim으로 알려진 사람들이 지금의 메사추세츠의 플리머스에 상륙했고, 종교적인 박해를 받던 사람들도 사람이 거주하지 않는 땅으로 왔다는 것이죠. 하지만 이민자들이 미국을 세웠다는 국가의 기원에 관한 이야기는 누가 말하느냐에 따라 달라집니다. 사실에 더 가까운 이야기는, 원주민들로부터 훔친 땅 위에 훔쳐온 사람들 즉, 노예를 토대로 미국이라는 국가가 시작되었다는 것입니다. 우리가 익숙하게 듣던 이야기를 뒤집고 그 중심을 바꾸어 놓으면, 비로소 왜 지금 미국에서 혐오와 관련된 사건들이 일어나는지 알 수 있습니다.

저는 전라도 광주에서 민주화를 요구하는 시민들을 진압해 9일 동안 수천 명의 사상자가 발생한, 1980년 5월에 미국으로 이민을 왔습니다. 정치적으로 불안한 때였고, 내적인 불안 역시 자라고 있었습니다. 우리 가족은 가난했습니다. 아버지는 17세 때 겪은 한국전쟁으로 외상 후 스트레스 장애PTSD를 얻었고, 이 때문에 일자리를 갖기 어려웠습니다. 때마침 미국에 살던 작은 고모 덕분에 가족 초청 비자로 미국에 오게 되었습니다. 이는 작은 고모부의 누나가

수 박허 'ReconciliAsian' 공동대표

백인 미군과 결혼했기 때문에 가능했다는 사실을 나중에 알게 되었습니다.

아시아계 미국인들은 자라면서 '너희 나라로 돌아가'라는 말을 듣습니다. 그러나 우리가 여기 있는 것은, 미국이 우리에게 왔고 우리의 땅과 삶을 통제했기 때문이었습니다. 1950년에 시작된 한국전쟁은 아직 공식적으로 끝나지 않았으며, 한국에는 여전히 미군이 주둔하고 있습니다. 한국에만 약 80개의 미군기지가 있고, 약 2만 8000명의 미군이 주둔하고 있으며, 세계에서 가장 큰 미군기지가 평택에 있습니다.

우리는 새로운 시작을 위해서 미국에 왔지만, 한국전쟁과 베트남전쟁이 우리 몸에 남긴 트라우마도 함께 국경을 넘었습니다. 미국에서 비백인 이민자로 살면서 이런 트라우마는 더욱 악화됩니다. 미국에서 살기 위해 우리가 지불해야 하는 대가는 백인 우월주의라는 체계를 받아들이고, 우리 역사를 지우고, 모습을 드러내거나 소리 내지 않고 동화되는 것입니다. 작가이자 예술가인 캐시 박 홍

Cathy Park Hong은 에세이집 《사소한 감정Minor Feelings: An Asian American Reckoning, 2020》에서 역사의 결핍을 이야기합니다. 우리 자신을 역사 안에서 발견할 수 없기 때문이죠. 어렸을 때 학교에서 역사나 사회 교과서를 받게 되면 한국과 관련된 내용이 어디에 있는지 찾아보았습니다. 한국 사람과 관련된 문단은 한 군데 정도 실려 있었습니다. 한국전쟁 당시 미국이 어떻게 한국을 공산주의에서 구했는지를 쓴 것이 전부였습니다. 아시아계 이민자로서 역사가 결핍된 채 거시적인 이슈와 연결성을 갖지 못하고, 그저 생존에 집중하며 살았습니다. 그러다 보니 우리는 세상을 아주 편협하게 이해하게 되었습니다.

김상덕(진행자) 박진숙, 박재윤 선생님께는 한국의 상황을 여쭙는 것이 좋을 것 같습니다. 박재윤 선생님께 국내 이주민의 전반적인 상황을 부탁드리고 싶습니다. 이주 여성과 관련된 일을 하신 박진숙 선생님께는 특별히 한국으로 오게 된 이주 여성들에 관한 이야기를 부탁드리겠습니다.

박재윤 비영리단체 '호모인테르'의 공동대표로 일하고 있습니다. 호모인테르는 '소통하는 인간' 혹은 '관계하는 인간'이라는 뜻으로, 이주민 대상의 통역, 교육 워크숍, 심리 지원을 하고 있습니다.

저는 어렸을 때부터 국내 이주를 많이 했습니다. 그러다가 프랑스에서 유학하면서 완전히 새로운 환경을 경험했고, 그 이후로 이주

박재윤 '호모인테르' 공동대표

민에게 관심이 생겼습니다. 한국은 1980년대부터 이민을 오는 사람이 가는 사람보다 많은 '이민 유입국'이 되었습니다. 2000년대 이전에는 다문화가 '차 마시는 문화'라는 의미였는데, 그 이후로는 우리가 떠올리는 '다문화多文化'로 사용됩니다.

법무부 통계에 따르면, 2019년에 한국에 체류하는 외국인이 250만 명으로, 전년도 대비 6.6% 증가한 것으로 나타납니다. 코로나19가 휩쓴 2020년에는 2019년 대비 -19.4%로 많이 감소한 것으로 보이지만, 앞으로 이주민 숫자는 늘어날 것이라고 예상합니다. 한국의 이주민 비율은 전체 인구의 4.9%를 차지합니다. 학계에서는 5%를 넘어서면 '다문화 국가'라고 하는데요. 따라서 한국은 이미 다문화 사회로 봐도 과언이 아닙니다. 이주민이 거주하는 지역은 수도권이 60% 이상, 경기권에 약 30%, 영남권 18%, 충청권 10% 정도입니다.

행정안전부는 이주의 종류를 '한국 국적을 가지지 않은 자', '한국 국적 취득자', '외국인 주민 자녀', '외국인 근로자', '결혼이민자', '유학생', '외국 국적 동포', '기타 외국인'으로 나눕니다. 결혼이민자

이야기를 많이 듣다 보니, 결혼이민자가 다수를 차지할 것으로 생각하기 쉽습니다. 그러나 실제로 외국인 근로자가 50만 명(29%)으로 가장 많은 수를 차지합니다. 이주민을 일컫는 용어도 '결혼이민자', '외국인 근로자', '불법체류자' 등 주로 지원 정책의 대상이나 호혜의 대상으로 인식하는 용어를 사용합니다. 이런 용어도 통합적인 관점에서 바꾸어야 합니다. 호주의 경우, 토착 호주민과 다양한 배경을 지닌 이주민 모두를 통칭하는 용어로 '칼드CALD, Culturally And Linguistically Diverse'라는 단어를 쓰는데, 이것이 좋은 사례라고 봅니다.

이방인의 개념을 처음 제시한 게오르크 짐멜Georg Simmel은 이방인의 존재를 '오늘 와서 (떠나지 않고) 내일도 머무는 사람'으로 정의합니다. 한국 사회에서 이주민들을 이방인으로 생각한 시절이 있다면, 이제는 함께 사회를 구성하며 살아가는 대상으로 인식해야 할 때입니다.

박진숙 비영리단체 '에코팜므Ecofemme'를 2009년에 설립해서 대표로 활동했습니다. 2020년부터 콩고 난민 여성에게 대표 자리를 넘겨주고, '에트랑제'라는 1인 조직으로 독립하고 혼자 활동하고 있습니다.

앞서 박재윤 대표가 '국내 이주'라는 표현을 쓰셨습니다. 사전적인 정의를 보면 이주에 '이사'도 포함되어 있습니다. 여기 계신 분 중

박진숙 '에트랑제' 대표

에 이사를 해 보지 않은 사람은 아무도 없을 것입니다. 이주를 멀리 생각하지만, 누구나 경험한 일입니다. 이주 유형을 목적으로 나눈다면, '결혼이주(결혼)', '노동이주(일)', '난민(보호)'으로 나눕니다. 그런데 일상에서는 이런 목적의 다양성이 구분되지 않고 결국 피부색 때문에 차별을 겪습니다. 저는 결혼이주 여성과 난민 여성 모두와 일을 해 본 경험이 있습니다. 한국은 저출산 국가라서 결혼이주 여성은 정부에서 가장 많이 신경을 쓰고 보도도 많이 됩니다. 이들도 어려움을 겪고 있지만, 복지 정책은 결혼이주 여성 중심으로 되어 있어서, 비교적 혜택을 잘 받고 있습니다.

난민 여성들은 출입국에서 가장 많이 차별받습니다. 난민인 것도 힘든데, 여성이면서 피부색이 검은 아프리카 출신이면 더 많이 차별받습니다. 차별에 교차성이 더해져서 그렇습니다. 아프리카 난민 여성들과 15년 가까이 친구로 동료로 지내면서, 이들이 피부색 때문에 일상적으로 차별당하는 모습을 많이 보았습니다. 차별에 너무 익숙해져서 차별을 덤덤하게 받아들이는 모습에 더욱 마음이 아픕

나 이 사건이 인종 혐오 범죄라는 사실을 몸으로 느낄 수 있었습니다. 아시아인이라는 정체성은 물론 여성이라는 정체성은 분리될 수 없습니다. 아시아계 여성을 타깃으로 벌어진 이 폭력은 우리를 아프게 합니다. 이 사건은 트라우마를 남겼습니다.

이외에도 여러분과 나누고 싶은 개인적인 사례가 있습니다. 저와 함께 일하는 혜윤의 아버지는 샌프란시스코 거리에서 세게 밀쳐졌습니다. 젊은 흑인들이 아시아계 노인들에게 폭력을 행사하는 사건이 많아지고 있습니다. 왜 이런 일이 일어나는지 이야기해야 합니다. 다른 이야기를 하나 더 나누고 싶습니다. 얼마 전 샌프란시스코에서 84세의 비카 라타나팍디Vichar Ratanapakdee라는 태국 노인이 안토니 왓슨Antoine Watson이라는 19세 흑인 청년의 공격으로 사망한 사건입니다. 샌프란시스코에 사는 제 친구의 딸이 라타나팍디 할아버지의 아들이 일하는 고등학교에 다니고 있습니다. 이렇게 아시아인에 대한 혐오 폭력은 우리의 삶과 밀접한 곳에서 일어나고 있습니다.

김신야 일본 헌법은 비교적 좋은 헌법입니다만, 이 헌법이 재일코리안을 법의 보호 밖으로 내몰았습니다. 한 예로, 재일코리안은 아동수당을 못 받습니다. 이전에는 집을 빌리거나 은행에서 돈을 빌리려고 해도 한국 이름을 말하면 거부당하기도 했습니다. 또한 한국 이름을 갖고 있으면 사회적으로 차별을 받았기 때문에, 일본 이름(통명)을 갖고 있는 사람들이 많았습니다. 이들은 일본 이름으로 취업했다가 호적이 없어서 취소되는 경우도 많았습니다. 외국인은 호적이 없기 때문입니다.

1980년대 이후 한일시민단체가 협력하여 취직 차별 반대 운동, 외국인 지문 채취 반대 운동(일본에서는 범죄자만 지문을 채취함) 등이 있었습니다. 당시 조금씩 차별적인 상황이 개선되면서, 그것을 안 좋게 생각한 일본인들이 지금 혐한 운동을 하는 것 같습니다. 사회적으로 차별받는 재일코리안들의 지위를 마이너스(-)에서 제로(0)로 가져가는 운동이었는데, 극우 그룹은 외국인이 특권을 취하려 한다고 비판합니다. 이 모임의 이름은 '재일 특권을 허용하지 않는 시민 모임(재특회, 在日特権を許さない市民の会)'입니다. 혐오 시위는 2014년과 2015년에 정점을 찍었습니다. 당시 1년에 500건 정도 발생했습니다. 특히 교토 조선학교 사건은 10년 전의 일이지만, 그때 학생들은 여전히 PTSD로 외부 활동을 못 하는 상황입니다.

2016년에는 일본 국회가 〈혐오 발언 해소법〉을 제정했습니다. 긍정적인 움직임이었지만, 처벌이 가능한 법이 아닌 '이념법'이라는 한계가 있습니다. 한국인이 많이 사는 일본의 가와사키시에서는 2019년에 〈혐오 금지 조례〉도 세웠습니다. 덕분에 혐오 시위는 못하게 되었지만, '가이센街宣(가두선전)'으로 바뀌었습니다. 이들은 일본제일당Japan First Party을 만들어서, 당의 이념을 선전하는 방식으로 혐오 발언을 일삼고 있습니다.

2020년 1월에는 가와사키 다문화 아동시설인 '후레아이관(ふれあい館, 더불어 사는 아이들)'을 폭파하겠다고 협박 편지를 보낸 사건이 있었습니다. 이 사건의 가해자가 가와사키시 시청 직원으로 밝혀져 큰 충격을 주었습니다. 혐오 금지 조례를 세운 시의 직원이 이런 혐오 사건을 주도했다는 것이 믿기지 않았습니다. 후레아이관 관장은 혐오 발언을 하지 말라고 용감하게 발언을 이어 가는 여성입니다. 그런데 올해 초에는 해당 관장에게 "코로나바이러스를 먹고 죽어라"라는 혐오 발언이 담긴 편지가 도착했습니다. 이 관장은 5년간 100만 건의 혐오 문자와 편지를 받았다고 합니다.

'가해자는 소수자에 불과하다'는 격려 섞인 의견도 있는데, 저는 생각이 다릅니다. 이런 범죄를 용납한다면 '이 정도 행위는 사회가 허용한다'라는, 눈에 보이지 않는 기준이 만들어지는 것이기 때문입니다. 특히 SNS는 막을 수가 없습니다. 따라서 법적인 억제와 행정 정책만이 아니라, 원인에 대한 분석이 필요하다고 봅니다.

박진숙 코로나 때문에 난민들의 불안감이 커졌습니다. 중국이 아니라 아프리카 여러 나라에서 온 난민인데도 불구하고 '내가 코로나에 걸리면 한국 정부가 제대로 치료해 줄까?'라는 불안감이 높아졌습니다. 사회 전반의 불안감이 커지면 소수자 차별이 심해지는 경향이 있습니다. 2020년에 실행한 '공적 마스크 제도'가 그 예입니다. 당시 공적 마스크를 받으려면 신분증이 필요했습니다. 보통 난민 신청자나 미등록 이주민은 자신을 증명할 신분증이 따로 없다 보니 마스크를 살 수 없었습니다. 마스크를 쓰지 못해 마스크를 사러 나갈 수 없는 상황 자체가 불안감을 증폭시켰습니다. 그래서 NGO들이 긴급하게 마스크를 모아서 가정별로 나누어 주었습니다. 이런 맥락에서 작년에 '멀지만 가까운Far but Close'이라는 캠페인을 진행했습니다. 난민들은 우리와 전혀 상관없는 사람들 같지만, 그들을 제대로 배려하지 않으면, 결국 그 영향이 나에게로 돌아온다는 점을 일깨우고자 했습니다.

코로나로 일자리도 많이 없어졌습니다. 난민들은 다른 이주민과 비교하여 학력이 높은 편이지만, 피부색 차이와 언어의 한계로 공장에서 가장 힘들고 안 좋은 일을 합니다. 경기가 안 좋아지면 난민이나 이주민을 가장 먼저 해고하고, 이런 현상은 난민 가정에 영향을 줍니다. 여러 심리 치료와 생활비 지원에도 불구하고 회복이 어려운 상황입니다.

2018년, 제주에 예멘 난민이 유입되었을 때, '난민 사태'라고 일컬을 만큼 전국적으로 폭풍이 몰아쳤습니다. 561명이 왔을 뿐인데, 미디어에서 보도가 수십만 건 쏟아졌고, 가짜뉴스도 판을 쳤습니다. 아주 일부의 진실을 과대 해석한 경우가 많았습니다. 결국 561명 중 519명이 난민 신청을 했는데, 3명 정도만 난민 인정을 받았습니다. 나머지는 인도적 체류 지위를 받았지요. 근거가 약한 혐오는 굉장히 쉽게 발발할 수 있고, 공포심도 과장되는 경향이 있다는 것도 깨달았습니다. 예멘은 조혼 풍습을 가진, 비교적 조금 더 보수적인 이슬람 국가라고 합니다. 그렇다고 해서, 우리나라 15세 미만 여자 아이들에게 결혼하자고 하지는 않습니다. 당시 20-30대 여성들이 난민 수용 반대 청원과 의견을 가장 많이 냈습니다. 이들은 실제로 인권 의식이 가장 높고 후원이나 자원 활동도 제일 많이 하는 세대인데, 무슬림 남성들에 대한 근거 없는 과장된 공포 때문에, 한 사회가 휘청하고 말았습니다.

박재윤 혐오나 차별에 대한 표현이 누적되어 한계를 넘어서면 싸움이 되고 전쟁이 됩니다. 2005년 프랑스에서 방화 사건이 일어났습니다. 사건은 단순합니다. 이민자 청소년이 철길을 걸어가다가 뒤에서 경찰이 오니까 뛰었습니다. 경찰이 멈추라고 우발적으로 쏜 총알 때문에 그 청년이 죽었습니다. 그러자 '이제 더 이상 못 참겠다'며 프랑스 전역에서 우후죽순으로 방화가 일어나면서 국가 비상사태까지 갔습니다. 우리는 이런 큰 사건이 일어나기 전에 예방하고 준비해야 합니다. 이 포럼이 예방의 초석이 되길 기대합니다.

사실 '다문화'란 말을 한국에서만 씁니다. 학교 선생님들도 학생에게 "너 다문화냐?"라고 묻습니다. '다문화'는 말 그대로 '멀티 컬쳐 Multi-Culture'입니다. 우리 모두가 사실 다문화 속에 있습니다. 똑같은 한국인이지만 김치를 좋아하는 사람도 있고 싫어하는 사람도 있습니다. 그냥 '다양한 문화가 있다'로 이해하면 되는데, 그것이 대상화가 되어 용어로 사용되는 상황이 전환되어야 합니다. '다문화 가족을 지원하면 역차별 아니냐'는 프레임, '한국에 온 너희가 한국을 배워야지' 수준의 다문화 교육에서 벗어나야 합니다.

저희 단체 활동을 소개하겠습니다. 인도계 독일인 철학자 람 말Mall, Ram Adhar은 '오버래핑overlapping(겹침)'을 말합니다. '한 사람과 다른 사람이 만나면 분명 그 사이에는 겹침이 있다. 차이에 시선을 주기보다 공통부분에서 시작하고, 서서히 겹침의 정도를 늘려 가면, 낯선 것과의 거리는 좁아지고 나 자신으로부터 거리를 두게 된다'라는 이야기입니다. 한국 사람과 이주민이 함께 참여하는 프로그램을 진행하면서, '자장가'에 대한 이야기를 한 적이 있습니다. 그때, 한국 참여자는 "이주 여성을 난민으로만 생각했는데 저희처럼 아이에게 마사지를 해 주고 자장가를 불러 주는 어머니네요"라고 말했습니다. 개인의 이야기를 나누는 만남이 얼마나 중요한지 알게 되었습니다.

'Hi 상호문화도시 서울!'이라는 프로그램도 진행했습니다. 유럽평의회와 유럽연합은 2008년부터 다양한 문화와 국적을 가진 주민들이 소통과 협력을 바탕으로 사회 통합을 이루는 도시를 '상호문화도시'로 인증하고 있습니다. 올해는 안산시가 한국에서 처음, 아시아에서 두 번째로 상호문화도시로 등록되었습니다. 해당 프로젝트의 일환으로 호모인테르는 마포구에 거주하는 유학생들을 대상으로 여러 대화의 장을 마련하는 '옹기종기 상생마을' 프로젝트를 진행했습니다. 아래로부터의 통합을 시작해 보자는 취지였습니다.

김상덕(진행자) 혐오 폭력은 어떠한 조건과 상황이 맞을 때 쉽게 일어난다고 보시는지요? 우리가 갇혀있는 패러다임이 있다면 무엇을 꼽아 볼 수 있겠습니까?

수 박허 내가 이해하기 어려운 사람들, 반대로 나를 이해하지 못하는 사람들을 비인간화하고 표적으로 삼는 것은 어려운 일이 아닙니다. 앞서 '겹침'을 언급해 주셔서 감사드립니다. 우리가 서로에게서 멀어질수록 서로를 비인간화하고 폭력의 표적으로 만들어 버리기 쉽습니다.

미국은 인종차별화된 요소가 있다는 점에서 다른 국가들과 차이가 납니다. 인종차별주의racialism를 일본이나 한국의 상황에서 어떻게 설명할 수 있을지 모르겠습니다. 미국의 경우 백인 우월주의라는 구조가 모든 것을 장악하고 있습니다. 미국의 인종차별 역사를 보면 인종차별주의는 여러 인종 집단에 각기 다른 방식으로 영향을 미칩니다. 아시아인들은 전쟁과 군사주의를 정당화하기 위해서 악마화되고 동양화orientalized되었습니다. '황색 위험[黃禍], Yellow Peril', 혹은 '황색 문제'로 불렸지요. 1890년대에 중국 이민이 시작되면서 노동시장의 빈자리를 채우기 시작했고, 미국 사람들은 중국 이민자들의 성장을 보면서 '우리 일자리를 뺏고 있다'고 생각하기 시작했습니다. 그러나 다른 극단에는 아시아인들을 '모범적인 소수 인종Model Minority'으로 보는 시각이 있습니다. 그래서 우리는 다른 이민자들이 따라야 할 '모범'부터 '정말 위험한 사람'까지 넓은 스펙트럼을 오가게 됩니다.

제가 대학에 다니던 1992년에 LA 폭동이 일어났습니다. 이 사건은 로드니 킹Rodney King이라는 흑인에 대한 경찰의 무자비한 폭력이 원인이었습니다. 그러나 미디어는 경찰의 폭력에 집중하지 않고 흑인과 한국인 사이의 긴장을 부각했습니다. '분열시키고 통치하라Divide and Conquer'라는 전략이 작동한 것이죠. 그래서 우리는 경찰의 폭력, 백인 우월주의와 같은 구조적 문제를 다룰 수 없었습니다. 여전히 같은 패러다임이 작동하고 있습니다. '아시아계 노인을 공격하는 젊은 흑인'이라는 패러다임이 그렇습니다. 물론 소수 인종 집단 사이의 긴장과 갈등을 다뤄야 마땅합니다. 또한 우리에게 내재화된 인종차별주의를 다루어야 합니다. 그러나 진짜 싸움은 백인 우월주의를 해체하는 것입니다. 그렇다면 어떻게 이 복잡한 상황을 다룰 수 있을까요?

우리 단체를 포함하여 많은 아시아계 미국인 단체들이 아프리카계 미국인들과 대화를 나누며 '지금 어떤 일이 벌어지고 있는지, 이 폭력의 순환을 어떻게 끊을 수 있는지' 고민합니다. 어떻게 하면 '분열시키고 통치하라'는 게임에 더 이상 참여하지 않을지 이야기하고 있습니다. 아주 고통스럽지만, 깊은 대화를 시작하고 있습니다.

김신야 미국에서 일어나는 백인 우월주의처럼 일본도 구조와 연결된 혐오가 있습니다. 다양한 경향을 살펴보면서 혐오의 원인을 두 가지로 꼽아 보았습니다. 하나는 '불안'입니다. 세계화의 움직임 속에서 일어난 '이민' 현상이 일본에서는 일자리 경쟁으로 발화했습니다. 경쟁에서 지면 '자기 책임'이라고 생각합니다. 이런 맥락에서 언제 일자리를 잃을지 모른다는 불안이 발생했습니다. 특히 코로나 상황에서 비정규직 해고가 급증하면서 불안도 커졌습니다. 또 하나는 보수 언론의 영향으로 봅니다. 1990년 이탈리아 월드컵에서 한국은 결선에 진출했지만, 일본은 예선에서 탈락했습니다. 혐한 현상이 그때를 계기로 조금씩 드러났다고 분석하는 사회학자들이 있습니다. 1990년대에는 한국과 중국을 혐오하는 보수 잡지가 많이 팔렸습니다. 혹자는 일본이 자기 정체성을 잃는 과정과 보수 잡지 판매율이 비례한다고 분석합니다.

'응보적 정의', 즉 법적인 억제로만 혐오를 해결하기는 어렵습니다. 법학계에서 많이 등장하는 개념인 '회복적 정의'를 제안합니다. '회복'에는 그리스어로 '방향을 바꾼다'라는 뜻이 있습니다. 이 시각에서 혐오하는 사람들을 변화시키는 데 무엇이 필요한지 관심을 기울여야 합니다. 미국의 유명 신학자 스탠리 하우어워스Stanley Hauerwas는 '이야기의 부재'를 말합니다. '우리는 자기 이야기가 없다. 자기가 선택한 이야기 외에는 이야기가 존재하지 않는다고 믿는다'라고 말합니다. 이는 일본에도 적용됩니다. 일본 청년들은 자유를

'소니 제품을 선택하느냐? 파나소닉 제품을 선택하느냐?' 정도의 문제로 받아들입니다. 이야기는 주로 말하는 쪽을 조명하지만, 이야기가 성립되기 위해서는 듣는 자가 있어야 합니다. '듣는다'는 행위가 일본에서는 거의 없어지고 있습니다. 말하고 싶은 사람은 많지만, 듣는 사람은 거의 없어 보입니다.

혐오의 가장 깊은 원인은 듣고 말하는 상호 행위가 이뤄지지 않기 때문입니다. SNS도 그렇죠. '만남'이 없습니다. 그냥 물리적 만남이 아니라, '아픔과의 만남' 즉, 아픔을 만진다는 경험이 없어지고 있습니다. 이것이 일본 위기의 핵심이라고 봅니다. 한국전쟁은 가장 큰 아픔입니다. 일본에서는 한국전쟁이 특수수요를 가져왔다고만 가르칩니다. 1950년에 발생한 특수수요 덕분에 황폐화된 일본이 1960년대에 고도성장을 이룰 조건이 형성되었다고 가르칩니다. 한쪽의 아픔을 이렇게 가르치고 있습니다.

인간에는 두 가지 종류가 있습니다. '안트로포스Anthropos'와 '후마니타스Humanitas'입니다. 대학의 인류학과Faculty of Anthropology에서는 둘을 완전히 구별해서 씁니다. 이 개념들은 백인 우월주의와 연결되어 있다고 봅니다. 안트로폴로지는 미개하고 뒤떨어진 사람을 연구하는 것에서 시작되었습니다. 이 시선이 여전히 남아 있습니다. 권리를 쟁취하자 혹은 마이너스를 제로로 변화시키자는 움직임을 특권이라고 봅니다. 일본인은 후마니타스고 외국인은 안트로포스라는 시각이 일본에 존재한다고 봅니다. 이것도 혐오를 낳는 또 하나의 근본 원인입니다.

박진숙 혐오의 원인을 세 가지로 꼽아 보았습니다. 첫째, 단일민족주의의 폐해입니다. 민족주의는 어디나 존재하지만 '단일민족주의'는 한국이 유일합니다. 일제강점기 이후 민족 정체성을 강화하기 위해 역사학자들이 만들어 낸 개념입니다. 지금은 시대착오적인 개념이지만 '뼛속에 새겨진' 느낌입니다. 그 영향 때문인지 한국인들은 차이를 별로 좋아하지 않는 민족이라는 생각이 듭니다. 둘째, 피해자 의식입니다. '나도 살기 힘들다'는 생각이 지배적입니다. '각자도생'이라는 말이 유행합니다. 나도 살기 어려운데 어떻게 남을 챙길 여유가 있겠냐는 것입니다. '이생망(이번 생은 망했다), 헬조선, 벼락거지' 등의 유행어도 비슷한 맥락에 있습니다. 상대적 박탈감을 돈으로 해결하려는 마음이 광범위하게 퍼져 있습니다. 김누리 교수는《우리의 불행은 당연하지 않습니다》라는 책에서 한국의 자본주의를 '야수 자본주의'라고 칭합니다. '돈이면 다 된다'는 생각이 지배적이라는 의미입니다. 셋째, SNS로 인한 자극적인 언어 습관도 한몫합니다. 인스타그램, 유튜브, 틱톡이 대세를 이루면서 젊은 층을 중심으로 언어와 행동이 자극적으로 바뀌고 있습니다. 극단적이어야 눈에 띄기 때문입니다. '핵노잼, 핵꿀잼, 개좋아, 개싫어, 극혐' 등 감정을 필요 이상으로 강조하는 표현이 아무렇지도 않게 사용됩니다. '극혐'은 굉장히 강한 감정입니다. 그렇게까지 싫어할 이유가 없는데도 그런 표현이 습관이 되었습니다. 가정에서 아이들과 좋아하는 예능 프로그램이나 드라마를 같이 보면서, 서로의 언어 습관을 점검할 필요가 있습니다.

김상덕(진행자) 혐오 폭력의 고리를 끊기 위해 필요한 것은 무엇일까요? 혐오가 폭력화되는 문화를 사라지게 하는, 또는 평화로 전환할 수 있는 정책적, 문화적, 개인적 시도에는 무엇이 있을까요?

수 박허 회복적 연대restorative solidarity라는 개념이 있습니다. 제 좋은 친구이자, 학자이며 실천가인 엘레인 엔즈Elaine Enns와 채드 마이어Chad Meyer가 사용한 개념입니다. 잘못된 것을 바로잡는 '회복적 정의'와 서로의 다름을 넘어선 공통 관심의 '연대'를 통해서 서로를 해방하자는 것입니다. 나의 해방이 당신의 해방과 연결되어 있다는 것이죠. "이 역사는 너의 잘못은 아니다. 너의 책임이다"라는 니키 산체스Nikki Sanchez의 말도 소개하고 싶습니다. 더 구체적으로 '땅의 연결, 피의 연결, 노래의 연결'에 대해서 말씀드리려 합니다.

'땅의 연결'은 우리가 어디를 걷고 있는지, 어디에서 왔고 어디로 향하는지에 주목합니다. 개인적으로는 한국의 역사를 이해하고, 지금 살고 있는 LA와 미국에서 어떤 일이 일어나고 있는지를 알아야 합니다. '피의 연결'은 '내가 누구와 함께 걷고 있는가', '내 가족은 누구인가'라는 질문입니다. 물론 여기서 가족은 생물학적인 가족만을 뜻하지 않습니다. '누가 나의 사람들인가? 누가 '우리'인가? 나는 어떤 사람들과 공동체를 이루고 싶은가?' 여기에는 내가 무엇을 물려받았는지에 대한 질문도 포함됩니다. 예를 들어서, 목회자인 저의 경우 아나뱁티스트라 신학, 여성신학Womanist Theology, 특히 흑인 여성신학이 중요합니다. 이런 신학의 지평이 제가 연결되고 싶은 피의 연결입니다.

'노래의 연결'은 단순히 노래를 의미하지 않습니다. 무엇이 우리에게 힘을 주는지, 어떤 실천이 우리에게 영감을 주는지에 대한 것입니다. 앞서 발제자께서 트라우마에 대해 말씀하셨습니다. 우리를 트라우마에서 자유롭게 하는 전통을 발견하려면 무엇이 필요할까요? 어떤 노래를 부를 수 있을까요? 어떤 시와 노래가 회복적 연대를 유지하는 데 도움이 되나요?

이 모든 연결이 탈식민화를 위한 과정입니다. 미국에 사는 이민자라서 미국의 식민지 역사뿐만 아니라 한국의 식민지 역사도 잘 모릅니다. '누가 나의 원수인가? 누가 나의 사람들인가?' 이런 질문을 통해서 우리는 함께 걸어야 할 새로운 길을 모색할 수 있을 것입니다.

김신야 혐오 발언과 행동을 하는 사람들을 보면, 무리crowd는 있지만 서로 간의 연결은 없습니다. 서로를 이해하지 않은 채로 SNS를 통한 '각자 연결'만 있습니다. 공동체를 이루었다고 말하기 어려운 연결은 고립을 만듭니다. 철학자 한나 아렌트Hannah Arendt는 "고립은 피해야 하지만, 고독은 중요하다"라고 했습니다. '고독'은 다른 말로 '재산'입니다. 자신과 타인이 만날 때 어느 쪽이 듣고 말하는지 감각하는 조용하고 멈춘 공간과 시간 속에서 제대로 된 연결이 일어난다고 생각합니다. 그런 공간과 시간이 일본에서 사라지고 있는 것 같습니다. '질문한다는 것'은 '듣는 것'입니다. 이것이 혐오와 반대되는 자세입니다.

박진숙 공적 영역과 사적 영역에서 할 수 있는 시도가 있습니다. 먼저 공적 영역에서는 교육이 가능합니다. 한국 교과서에도 '이슬람'이나 '난민'을 다루지 않습니다. 모르는데도 알고 싶어 하지 않습니다. 모르는 것을 알려고 할 때 에너지가 필요한데, 그에 필요한 에너지를 혐오하는 것에 사용합니다. 따라서 공교육에 이슬람, 난민, 동성애 등 쉽게 접하기 어려우면서도 불필요한 오해를 많이 만들어 내는 주제를 포함해야 합니다. 중립적인 관점에서 이 주제에 대한 충분한 정보를 제공한다면 국민들이 기본적인 지식을 얻을 수 있을 것입니다. 미디어의 경우, 조회수를 올리기 위해 자극적이고 선정적인 기사를 받아쓰기 하듯 보도하기보다, 올바르고 균형 잡힌 정보에 기반한 기사를 통해 국민들에게 합리적으로 판단할 기회를 주어야 합니다.

사적 영역에서는 판단을 유보해야 합니다. 개인적으로 잘 모르는 이슈에 대해 무조건 '싫다'고 이야기하기보다, 잠시 판단을 미룰 필요가 있습니다. 싫은 감정, 특히 혐오 감정은 개인이나 사회에도 결국 부정적으로 작용합니다. 어떠한 이슈를 더 알아볼 의지가 없다면 최소한 판단을 멈추고 '싫어하는 감정'으로 흐르지 않게 노력해야 합니다.

박재윤 애매모호함을 견디는 능력이 한국에서 굉장히 부족합니다. 정답을 강요하고, 정답을 찾지 못하면 틀렸다고 하는 교육 자체가 문제입니다. 이런 경쟁 사회도 평화의 걸림돌이 됩니다. 혐오를 정서적으로도 봐야 한다고 생각합니다. 혐오는 고정관념과 편견에서 시작합니다. 어떤 대상의 한 면만 보는 거죠. 그것이 구체화하고 행동으로 표출되면 차별, 혐오, 증오 범죄, 학살로 이어진다는 것이 '혐오 피라미드'입니다. '나는 편견이나 고정관념이 없다'라고 단정 짓는 것이 더 위험합니다. 우리는 고정관념 없이 살 수 없습니다. 정보가 과다한 사회에서 고정관념은 당연한 뇌의 매커니즘입니다. 우리가 해야 할 일은 '나에게 어떤 고정관념이나 편견이 있지?'라고 스스로 질문하는 것입니다. 순간 멈추고 자신에게 질문해야 합니다.

다른 하나는 '정서지능'입니다. 플루치크Robert Plutchik의 '감정의 수레바퀴'라는 개념이 있습니다. 감정은 작은 것에서 시작됩니다. 처음에는 지루함으로 시작된 것이 점점 역겨움이나 혐오로 강도가 세집니다. 그런데 중간에 브레이크가 생기면 감정의 증폭이 멈추거나 처음으로 돌아갈 수 있게 됩니다. 혐오, 분노, 비탄과 같은 감정

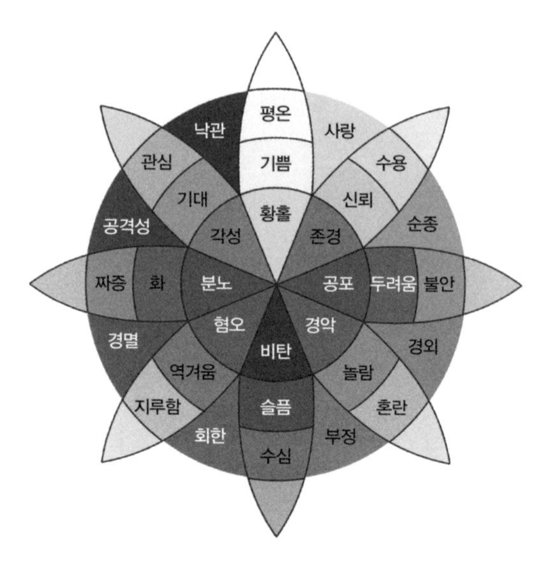

로버트 플루치크의 감정바퀴Emotion Wheel

이 담고 있는 메시지를 들어야 합니다. '느끼고 싶지 않은 감정이 왜 올라오는 거지?'라고 스스로 질문을 던질 수 있어야 합니다. 감정을 소모적인 것이 아닌 정서지능으로 사용할 수 있어야 합니다.

또한, 차이와 다양성은 다릅니다. 차이는 그저 있는 그대로의 '다름'을 나타내는 현상을 뜻하지만, 차이에 존중의 태도가 담기면 다양성이 됩니다. 유네스코는 '문화 다양성'을 '개인이 유일무이한 존재라는 사실을 인정하고, 인간의 존엄성처럼 개인이 다를 권리right to be different를 존중하는 것'으로 정의합니다. 이 개념은 인종, 민족, 성, 성적 성향, 지위, 나이, 능력, 종교, 신념 등에 모두 적용됩니다. 우리가 상호문화대화(서로 다른 문화적 배경의 사람들 사이에서 갈등을 줄이고 더 많은 공통점을 기반으로 이야기해 나가는 대화의 방식)를 통해 각자가 가지고 있는 다름을 존중하며 겹침의 영역을 더 넓혀 나가면, 혐오를 줄이고 평화를 확산할 수 있지 않을까요?

온라인 참여자 질문 1. 한국계 미국인이 인종차별이라는 구조 속에서, 인종차별에 어떻게 대응해야 할까요?

수 박허 우리 자신도 인종차별주의를 내재화했습니다. 백인 우월주의 구조를 학습한 사람 머리에는 '가장 높은 자리에 누가 있는지'를 생각하는 위계가 자리 잡고 있습니다. 많은 아시아계 미국인들은 백인이 가장 높은 단계에 있고 그다음에 자신들이 있다고 생각합니다. 그러나 정치적인 의미에서 미국의 권력 구조를 생각해 보면, 아시아계 미국인들은 가장 밑바닥에 있습니다. 아프리카계와 라틴계 사람들이 훨씬 더 많은 정치권력을 갖고 있지만, 아시아계 사람들은 그렇게 생각하지 않습니다. 흥미롭게도 주변 라틴계 미국인들에게 물으면 그들은 아시아계 사람들이 자기들보다 아래에 있다고 답합니다. 누가 더 '위에 있는가'를 겨루는 방식은 '분리하고 통치하라'는 전략이 어떻게 작동하는지를 거듭 보여 줍니다.

우리는 어떤 사람에 대한 편견을 갖기도 하고 그 사람을 차별하기도 합니다. 저와 친한 흑인 여성 목사님은 이런 이야기를 합니다. "우리는 백인우월주의를 해체하기 위해 함께 일하고 있지. 하지만 내가 한국인이 운영하는 화장품 가게에 가면, 직원이 나를 계속 따라다녀. 내가 목사인데도 물건을 훔칠 수 있다고 생각하는 거지." 이것이 현실입니다. 관계가 없기 때문입니다. 서로를 알지 못하면 함께 지낼 수 없습니다. 물론 한국 사람들의 입장에서도 어려움이 있습니다. 제 부모님은 주류를 파는 작은 슈퍼마켓을 운영하셨는데, 라틴계와 아프리카계 미국인들에게 피해를 보았습니다. 가게에 정신질환이 있거나 덩치가 큰 흑인 손님이 오면 무서웠습니다. 정신적 내상을 남기는 경험을 했던 것이지요. 따라서 먼저 구조를 이해하고, 서로에게 어떤 상처를 주고받았는지, 어떻게 치유할 수 있는지 이해하는 것이 중요합니다. 멈추고 함께 애도해야 합니다. 이것이 우리가 살아온 현실이라는 걸 인정하고 함께 슬퍼해야 합니다. 그럴 때 새로운 길이 만들어집니다.

인종차별주의는 차별에 권력이 더해진 것입니다. 한국 사람들은 다른 사람들을 많이 차별하지만, 그 차별을 사용할 막강한 권력은 없습니다. 그래서 한국 사람들은 다른 피부색을 지닌 사람들에게 못되게 굴 수는 있지만 인종차별주의자가 될 수는 없습니다. 미국에서 인종차별주의자는 그 힘이 강력합니다. 이것은 구조이자 관계입니다. 증오와 인종차별이 만나면 막대한 영향력을 발산합니다. 이러한 영향력에 맞서기 위해 무엇을 할 수 있을까요? 가족에서부터 인종차별에 맞선 영향력을 끼쳐야 합니다. 저는 목회자로서 교회에서 인종차별주의에 관해 이야기합니다. 참된 연대를 이루기 위한 장기적인 관계 맺기도 한 방법입니다. 스펙트럼을 넘어서는 다양한 사람과 진실한 관계를 맺는 것이 중요합니다. 저는 인종의 경계를 넘어선 다양한 친구들이 있습니다. 우리가 함께하는 것만으로도 참된 우정이 무엇인지, 여성들의 연대가 무엇인지를 보여 주는 모범이 됩니다. 이런 노력을 지속하는 것이 중요합니다. 일회적인 행사가 아니라, 매주 혹은 격주로 경계를 넘어서는 만남을 지속하는 것입니다. 예를 들어, 가까운 거리에 있는 한국 식당을 한 번도 와 보지 못했던 흑인 친구들과 한국 음식을 먹습니다. 즐겁게 시간을 보내고 나서 한층 깊은 대화와 활동을 함께 하게 됩니다. 이런 방식을 통해서 오래 지속될 수 있는 관계를 세우고, 인종차별과 증오에 맞설 수 있습니다.

온라인 참여자 질문 2. 한일 양국의 양심적인 시민들 사이의 연대 가능성은 없습니까?

김신야 몇 년 전 한국의 촛불시위와 일본을 비교하며 수치심이 들었습니다. 일본에서는 자기 의견을 내놓는다는 몸짓이 부재한 상황입니다. 일본에서 '연대'라는 말이 어울릴지 의문이 듭니다. 통일운동가 정경모가 창간한 《씨알의 힘》이란 잡지가 있었습니다. '씨알의 힘'이란 것이 일본에서는 사라진 것 같습니다. 일본에서는 몇몇 진보 단체들이 연대를 하고 있기는 합니다. 그런데 '교류회를 개최하자'고 해서 자리를 마련하면 히로시마에서 하자고 합니다. 그들은 일본이 완전히 피해자라고 인식하고 있습니다. 우리 시각에서는 전혀 피해자가 아닌데, 이런 맥락을 이해하기는 쉽지 않습니다.

'연대'를 어느 차원에서 기획해야 할지 어려움이 있습니다. 여러 단체가 학회를 열었다고 그것으로 연대를 한 것인지 의문이 듭니다. 씨알 하나하나가 민중으로서 힘을 갖고 혐오와 다른 언어를 주고받고 듣는 연대를 실현할 수 있을까를 스스로 질문합니다. 저는 거시적 차원보다는 미시적 차원에 관심이 있습니다. 가장 중요한 것은 결과가 아니라 과정이라고 봅니다. 공동성명을 만들 때도 서로 어떤 언어를 주고받았는지 반드시 생각해야 합니다.

진행자(김상덕) 이번 기회로 혐오와 관련된 다양한 감정 및 사고방식과 함께, 그것이 형성된 역사적 사회구조적 배경을 더 깊이 알게 되어 뜻깊었습니다. 이 포럼이 혐오 문화가 평화로 전환되어 가는 디딤돌이 되었기를 바랍니다. 오늘 포럼에 함께 해 주신 모든 분께 감사를 전하며, 이것으로 포럼을 마치겠습니다. 감사합니다.

《플랜P》 4호 [포럼] (2021년 6월호)

진행자 김상덕 《플랜P》 편집위원
패널 김신야 릿쿄대학교 특임준교수, 재일대한기독교회 목사, 일본 마이너리티 센터 운영위원
수 박허 리컨실리에이시안 공동대표, 미국 메노나이트교회 인종·민족 사역 디렉터
박재윤 호모인테르 공동대표
박진숙 에트랑제 대표, 우모자(Umoja) 대표

각자도생의 사회: 공공성과 대화하기

각자도생(各自圖生)의 시대: 공공성(公共性) 상실

2020년 시작된 코로나19 팬데믹은 세계 경제 10위권 국가일 뿐만 아니라 K-POP이나 K-Movie 등을 통해 문화적으로도 주목받고 있는 우리 사회의 '민낯'을 드러냈다. 사회적으로 방치되고 낙후된 시설인 폐쇄병동의 정신질환 장애인들과 열악한 노동 환경인 콜센터 등에서 부당한 처우를 받는 '보이지 않는 존재들'이 가장 먼저 코로나19에 집단 감염되었다. 감염자 역시 피해자인데도 그들에 대한 혐오와 비난이 끊이지 않았고, 성소수자들의 모임과 종교 모임에서 감염이 발생했을 때도 마찬가지였다. 우리 사회가 위기에 함께 대응하기보다는 배제와 비난을 통한 책임 전가에 익숙함을 보여 준 것이다. K-방역이라는 이름으로 정부의 방역이 효과적이라고 홍보했지만, 실제로는 자영업자들을 비롯한 사회적 약자들의 희생이 이룬 효과에 불과했다. 우리 사회가 사회적 약자를 배려하고 돌보는 사회가 아님을 보여 준 것이다. 독일의 사회학자 벡Ulrich Beck이 《위험사회》(Risk Society, 1986)에서 위험과 손해는 사회구성원들에게 고르게 분배되는 것이 아니라 사회적 약자에게 과도하게 집중된다고 말한 통찰이 우리 사회의 '민낯'으로 드러난 것이다. 2021년 5월 한국은행이 발간한 보고서 〈코로나19가 가구소득 불평등에 미친 영향〉에 따르면, 코로나19가 본격적으로 확산하기 시작한 2020년 2분기에 하위 10% 소득 대비 중위소득 배율은 6.4배(전년 동기 4.8배)까지 상승하였고, 동 배율은 3~4분기에도 전년 동기 대비 높은 수준을 보였다. 여기에서 정부 지원금의 영향을 빼고 보면, 2020년 소득 하위 20% 가구의 소득이 17.1% 감소하여 상위 20% 가구 감소율보다 11배나 높았다. 바우만Zygmunt Bauman이 《왜 우리는 불평등을 감수하는가?》(Does The Richness Of The Few Benefit Us All?, 2013)에서 보여 준 것처럼, 경제적 위기의 피해는 모든 사람에게 똑같이 가해지는 것이 아니라 가난한 사람들에게만 가해지고, 오히려 부유한 사람들에게는 부를 증진하는 기회가 되어 불평등이 심화한 것이다. 이런 '민낯'은 우리 사회에서 은폐되고 내재해 있던 불평등과 각자도생各自圖生의 모습이다. 단지 코로나19라는 전대미문의 위기로 인해 드러났을 뿐이다.

코로나19 팬데믹 이전부터 젊은 세대를 중심으로 한국 사회에 유행한 능력주의meritocracy 또는 실력주의 공정 담론이 이러한 '민낯'의 징후였다. 2017년과 2020년 인천국제공항 비정규직 일부의 정규직화 논란, 2017년 기간제 교사의 정규직화 논란, 2018년 여자 아이스하키 단일팀 논란, 2019년 조국 법무부 장관과 관련된 논란, 2020년 공공 의대 건립 논란 등의 다양한 사건이 모두 실력주의 공정 개념과 관련되었다. 실력주의가 각자도생의 경쟁 사회를 지향하고 이것이 초래하는 차별과 경멸, 불평등 심화, 불안과 무기력 등의 폐단이 심각하다는 것은 많은 학자들이 공통적으로 분석하고 지적한다. 그런데 이러한 분석에도 불구하고 젊은 세대가 지속적으로 실력주의 공정을 옹호한다면, 이것은 무지의 소산이 아니라 합리적 숙고의 결과일 수 있다는 생각도 해 봐야 한다. 과거 어떤 세대보다도 열심히 노력해서 높은 스펙을 자랑하지만 자신의 부모 세대보다 가난할 수밖에 없는 불평등의 현실 앞에 선 젊은 세대에게 도박 같은 경쟁만이 현실 극복의 유일한 방안으로 보였을 것이기 때문이다. 젊은 세대가 직면한 경제적·사회적 불평등이라는 견고한 벽 앞에서, 어떻게 해 볼 수 없으니 규칙만 지켜진다면 약육강식弱肉强食의 정글에서 각자도생하자는 절규가 실력주의 공정 옹호일 수 있다. 2021년 11월에 발표된 미국 퓨리서치센터의 '삶을 의미 있게 만드는 것'에 관한 조사 결과를 보면, 17개국의 평균 응답에서는 사람들이 가장 중요하게 여기는 것은 가족이고 사회, 친구 등의 사회적 관계가 5위권 내에 들어가는 반면, 한국만이 1위가 물질적 재화인 돈material well-being이고 타자와의 관계는 뒷전이었다. 이 결과는 우리 사회가 사회구성원들과의 연대나 협력, 상호 돌봄을 중시하는 사회가 아니라 각자도생의 사회임을 보여 준다. 경제적 불평등이라는 약육강식의 정글에서 생존을 위해 필요한 것은 돈이기 때문이다.

2021년 가을 전 세계적인 관심을 끈 넷플릭스의 드라마 〈오징어 게임〉 속 생사를 건 게임에 참여할 수밖에 없는 사람들의 모습에서 우리 사회가 겹쳐 보인다. 드라마에서 오일남이 외친 "이러다가 다 죽어!"라는 외침이 우리 사회에 대한 경고로 들린다. 우리 사회는 왜 각자도생의 정글로 가고 있는가? 공멸을 막기 위해 우리가 주목해야 할 가치는 무엇일까? 각자도생의 사회, 치열한 경쟁 사회, 약육강식의 정글 사회를 어떻게 벗어날 수 있을까? 이러한 물음들에 대해 생각해 볼 수 있는 대안 가치들은 정의, 평등, 자유, 연대 등이 있을 것이다. 그런데 이러한 두터운 의미의 가치들은 왠지 멀게만 보인다. 이러한 가치들로 나아가기 위해서는 좀 더 기초가 되고 토대가 되는 무엇이 필요해 보인다. 이러한 가치들이 확립되기 위해 필요한 조건은 무엇일까? 필자는 이 글에서 이 모든 것의 토대가 바로 '공공성public or publicity'임을 보이고자 한다. 우리가 각자도생의 시대를 종결하고 연대와 협력의 시대로 나아가기 위한 새로운 상상력을 펼치려 한다면, 첫걸음은 공공성 회복으로부터 시작해야 함을, 이 글에서 제시하고자 한다.

공공성의 의미: 공공성이란 무엇인가?

공공성이 도대체 무엇이기에 각자도생의 사회를 벗어나는 첫걸음이란 말인가? 모든 개념이 그렇듯이, 공공성도 고대에서 시작해 현대까지 오랜 기간의 사용 과정에서 다양한 의미로 변천해 왔다. 이러한 개념사概念史를 톺아보는 것을 통해 배우는 것도 많겠지만 적은 분량의 글에서는 적절하지 않다. 이 글에서는 20세기 최고의 정치철학자이자 윤리학자인 롤즈John Rawls가 사용한 중첩적 합의overlapping consensus 방법을 통해 그동안 사용되어 온 의미들을 간략하게 정돈해 보고자 한다. 이 방식에 의하면, 현재 우리가 사용하는 공공성에는 상호 연결된 적어도 세 가지 의미인 공중 또는 인민, 공통의 좋음, 공적 소통이 담겨 있는 것으로 보인다.

첫째, 공공성에는 이 개념을 형성하는 주체와 적용되는 객체인 공중 또는 인민people의 의미가 담겨 있다. 공공성의 어원인 라틴어 '레스 퍼블리카res publica'는 '인민'을 뜻하는 '포플루스populus'와 어원이 같다. 현대 사회에서 공공성의 인민은 논의되는 사안의 관련자 모두를 의미한다. 공공성 논의에서 사안에 관련된 모두를 포함하지 않은 채 특정 집단이나 성원만으로 국한한다면, 그러한 공공성은 정당성을 의심받는다. 모두의 좋음을 정한다고 하면서 관련자를 배제한다면, 그렇게 정해진 것을 배제된 존재에게 적용하는 것이 정당한지 의심스럽기 때문이다. 예를 들어, 난민 문제를 공공성 개념으로 접근한다고 하면서 당사자인 난민들을 논의에서 정당한 근거 없이 배제하는 것은 부당해 보인다. 이러한 현실의 모순은 아렌트Hannah Arendt의 '권리를 가질 권리the right to have rights' 개념에 잘 나타난다. 인간이라면 모두가 갖는다는 보편적 인권이 하위 개념인 개별 국가의 시민권에 의해서 보장된다는 인권의 역설은 공공성 개념에서 논의 주체에 대한 숙고가 필요함을 보여 준다. 또한, 공공성을 구성하는 과정에서 소통과 관련된 특정 능력이 없는 사람을 공공성 논의에서 제외한다면 그 또한 부당해 보인다. 과거 지식인들만이 '공통의 좋음' 논의에 참여했던 것이 이러한 사례가 될 것이다. 이런 의미에서 공공성은 관련자 모두를 포함한다는 의미를 기본적으로 갖고 있다.

둘째, 공공성에는 개념의 내용에 해당하는 '공통의 좋음common good'이라는 의미가 담겨 있다. 사안과 관련된 이질적인 존재들이 논의를 통해 공공성을 형성한다고 할 때, 이들을 묶어 내는 것은 공통의 관심사인 공통의 좋음이다. 이런 점에서 공통의 좋음은 특정한 내용으로 주어지는 것이 아니라 관련 주체들 사이의 소통 논의를 통해 구성해야 하는 것이다. 그런데 이러한 공적 논의 없이 공통의 좋음을 단순히 경제적 이익으로만 환원하는 우愚를 범하는 경우가 현실에서 종종 발견된다. 이명박 정부 시절의 의료 민영화 추진 발상, 2013년 철도 민영화 추진과 공공의료 기관인 진주의료원 폐업 사태가 대표적이다. 이는 공적 논의 없이 공기업이 만년 적자라는 이유로 민영화를 통해 수익을 창출하고 더 좋은 서비스를 공급하겠다는 발상이라는 점에서, 공통의 좋음을 경제적 이익으로만 환원하여 왜곡한 사례다. 공공성과 관련된 이상의 두 의미는 관련자 '모두'라는 의미와 깊은 연관이 있다. 비슷한 맥락에서, 구연상은 〈공공성의 우리말 뜻매김〉(2020)이라는 논문에서 'public'의 한국어 번역어를 '모두-성性'으로 제안한다.

셋째, 공공성의 개념에는 공개성 또는 공지성, 의사소통이라는 성격과 방법의 의미가 담겨있다. 공공성의 어원인 독일어 'Öffentlichkeit'는 열림 또는 공개의 의미를 담고 있다. 이런 성격으로 인해 공공성은 독일어의 동음이의어인 공론장public sphere으로 이해되기도 한다. '열려 있다'는 의미에서 다양한 가치들과 이질적인 것들이 공존하기에 대화하고 논의하는 과정이 필수적임이 나타나기 때문이다. 하버마스Jürgen Habermas가 잘 보여 준 것처럼, 근대 이후의 공공성은 사회구성원 모두의 참여와 심의를 통해 구성된다는 특성이 있다. 물론 하버마스가 초기 논의에서 전제한 이상적 토론이나 합리적 토론 능력과 같은 특정 조건은, 프레이저Nancy Fraser를 비롯한 많은 학자들이 잘 비판한 것처럼 특정 계급이나 집단에게만 유리하여 부당한 배제의 성격을 가질 수 있고 차이를 억압한다는 점에서 수정되고 재조정되어야 한다. 즉, 다양한 의사소통 방식, 예를 들면 논리적인 소통뿐만 아니라 절규나 감정 어린 고백과 같은 이성이 아닌 다양한 것도 소통의 방식으로 인정되어야 한다. 프레이저는 이런 다양한 담론의 형태를 포함하는 공론장을 대항적 공론장

counter publics이나 대안적 공론장alternative publics으로 명명하는데, 이러한 시도는 다양한 관련자들을 정당하게 포함해야 한다는 공공성의 의미를 구현하려는 것이다.

이상에서 살펴본 것처럼, 공공성의 세 가지 의미는 서로 연결되어 있으며, 이런 의미는 우리가 흔히 갖고 있는 공공성에 대한 오해를 해명해 준다. 먼저 공공성을 정부의 활동과 동일하게 이해하는 방식은 오해다. 공공성의 의미에 따르면 공공성의 형성 주체는 정부가 아니라 사안과 관련된 인민, 즉 사회구성원 모두이기 때문이다. 이념적으로 보자면, 정부는 사회구성원의 민의를 반영해야 하기에 정부가 시행하는 일이 공공성을 확보해야 한다. 그러나 실제적으로는 정부가 사회구성원의 민의와 무관하게 자신들의 정파나 소수의 이익을 위해 일할 수 있기 때문에 정부가 하는 것이 그대로 공공성을 확보하는 것은 아니다. 더욱이 정부 이외의 시민사회나 집단에서도 공공성을 추구할 수 있다. 따라서 공립 병원, 국공립 대학, 공기업은 공공성을 갖추고 있는 반면, 민간 병원, 사립대학, 사기업은 공공성을 갖추고 있지 않다고 이분법적으로 생각하는 것은 옳지 못하다. 우리는 최근에 공기업인 LH공사에서 벌어진 부동산 투기 사건을 기억한다. 따라서 정부가 실제로 하는 일들이 공공성을 확보하도록 사회구성원들이 계속 채근해야 한다. 더욱이 인간의 삶은 정부에 의해서 모두 실현될 수 없는 복잡성과 다양성을 띤다. 그러므로 인간 삶의 중요한 양태인 공공성은 국가와 정부를 넘어 다양한 삶의 영역에서 실현되고 보장될 필요가 있다.

또 다른 오해는 공공성을 고정된 정적인 것으로 이해하는 것이다. 이런 오해는 공공성을 공동체와 동일시하는 경향에서 비롯되곤 한다. 공동체는 일치identity에 토대를 두고 있지만, 공공성은 차이difference에 토대를 둔다는 점에서 다르다. 앞서 공공성의 의미에서 본 것처럼, 공공성은 다양하고 이질적인 존재들과 가치들이 소통의 과정을 통해 그 넓이와 깊이가 정해지는 동적인 것이다. 예를 들어, 과거에는 가정 폭력이나 아동 학대와 같은 가정에서의 일들을 사적 영역이라고 당연시했지만, 페미니즘과 다문화주의의 비판을 통해 더는 사적이라고 생각하지 않게 되었다. 최근 들어서는 사적 영역이었던 보육의 영역이나 요양의 영역도 공공성의 대상으로 고려되고 있다. 더욱이 최근에는 세계화로 인해 더 이상 개별 국가 중심주의적인 베스트팔렌 체제가 유효하지 않고 전 지구적 사고와 실천이 강조되고 있다. 왜냐하면, 기후 변화나 지금 우리가 경험하는 코로나19 팬데믹과 같은 문제는 한 사회와 국가만의 문제가 아닌 전 세계 공통의 문제이기 때문이다. 이런 이유로, 센Amartya Sen은 《정의의 아이디어》(The Idea of Justice, 2007)에서 정의를 국내 정의와 전 지구적 정의로 구분하는 것 자체를 반대하고 모든 정의 문제가 서로 연결되어 있음을 강조한다. 비슷한 맥락에서 벤하비브Seyla Benhabib는 《타자의 권리》(The Right of Others, 2000)에서 국가 중심주의와 세계시민주의 사이의 긴장을 해소하기 위해서는 끊임없는 대화를 통해 가치를 재구성하는 민주적인 반추democratic iteration가 필요하다고 주장한다.

공공성의 중요성: 왜 공공성이 중요한가?

공공성은 사안과 관련된 구성원 모두가 주체이자 객체이며, 이들 모두에게 좋은 것(내용)을 자유로운 대화를 통해 정하는 것(방법이나 성격)을 의미한다. 이런 공공성이 왜 중요할까? 공공성이 중요한 첫 번째 이유는, 공공성이 논의 사안의 정당성 확보 조건이기 때문이다. 탈형이상학의 다원주의 시대인 현대 사회에서 어떤 가치나 내용이 정당성을 확보하기 위해서는 관련된 주체들 사이에서 논의가 필수적이다. 따라서 공공성을 확보하지 못하는 가치는 정당화될 수 없다. 칸트Immanuel Kant는 《영구평화론》(Zum ewigen Frieden. Ein philosophischer Entwurf, 1795)에서 모든 규범적 요구는 공개성의 형식을 결여한다면 어떠한 정의도 있을 수 없다고 주장한다. 왜냐하면 공공성을 전제하지 않는 내용은 왜곡되고 오염되기 쉽기 때문이다. 예를 들어 정의justice가 공공성 조건과 무관할 때, 정의는 폭력이 될 수 있다. 정부가 공공성을 전제해야 함에도 그러지 못했을 때, 예를 들어 특정 정파의 이익에서만 내용을 추구할 때 그것은 폭력이 되는 것이다. 우리는 군부독재 정부였던 전두환 정권의 '정의 사회

구현'이라는 모토 아래 얼마나 많은 비민주적인 폭력이 있었는지를 기억한다. 이런 점에서 롤즈는《정의론》(A Theory of Justice, 1971)에서 모두에게 알려져 있다는 공지성을 정의의 중요한 형식적 조건으로 삼고 있다. 비슷한 맥락에서 사이토 준이치는《민주적 공공성》(Publicness, 2000)에서 공공성을 민주적 합당성democratic legitimacy과 민주적 통제democratic control라는 측면에서 민주주의와 관련된다고 분석한다. 공공성이 정당성을 확보해 준다는 의미는 공공성이 각자도생의 사회를 벗어나는 첫걸음이 되는 이유에 해당한다.

둘째, 공공성은 자유의 조건이자 실천을 위한 기제이기 때문에 중요하다. 공공성의 세 번째 의미에서 본 것처럼, 공공성은 다른 사회구성원들과의 대화나 다양한 담론을 포함한다. 이런 것은 인간의 자유로운 사고와 타자와의 소통이라는 자유를 의미한다. 복수의 이질성을 토대로 상호 대화하고 논쟁하면서 내용을 모색하는 공공성은 그 자체로 자유의 조건이 된다. 그런데 타자와의 담론을 통한 구성 방식은 그 내용을 주체가 수용하고 내면화하는 규범성normativity의 과정이 된다. 구성한 가치를 자신의 의무로 받아들이고 실천하려는 동기부여가 자유로운 소통의 과정을 통해 나타나는 것이다. 따라서 공공성은 자유로운 이성 행위의 조건이자 동시에 실천을 위한 동기부여의 기제가 된다. 미국의 민주주의를 심도 깊게 분석한 19세기의 토크빌Alexis de Tocqueville은《미국의 민주주의》(Democracy in America, 1835)에서 민주주의를 합의나 만장일치보다 훨씬 시끌

벅적한 담화의 과정으로 묘사한다. 그리고 이를 형성하고 실천하는 민주주의적 덕성인 '마음의 습관habits of the heart'의 중요성을 강조하는데, 민주주의적 덕성이 마음의 습관이 된다는 표현은 구성한 가치를 내면화하여 실천하려는 동기부여를 의미한다. 그러므로 공공성은 다양한 가치가 정당하게 구성되고 실현되는 토대에 해당한다는 점에서 중요하다.

셋째, 공공성은 자아실현을 위해 필수적이기 때문에 중요하다. 인간 삶의 양태에 대한 논의는 다양하지만, 인간에게는 사적인 영역과 공적인 영역이 있다는 것에는 대부분이 수긍하는 것 같다. 인간에게는 다른 사람들에게 공개하지 않고 자신만이 향유하고 싶어하는 모습과 관련된 사적인 영역이 있다. 이런 부분에 대한 논의가 프라이버시 논의다. 다른 한편, 인간에게는 다른 사람들과 소통하고 공유하는 영역 또한 있다. 이를 사회성이라고 부르든, 정치성이라고 부르든, 타자와의 관계 속에서 살아가는 부분이 존재하는 것은 분명해 보인다. 인간이 사용하는 언어라는 것 자체가 타자를 전제한 것이고, 인간 존재가 부모의 결합과 관계된다는 점에서 사회성, 즉 공공성은 인간 삶의 필수적 영역이다. 따라서 공공성이 왜곡되거나 잘 구현되지 않는다면 인간 삶의 성취, 즉 자아실현은 요원할 것이다. 이러한 의미에서 아렌트는 《인간의 조건》(The Human Condition, 1958)에서 공공성이 부재한 삶인 완전히 사적인 삶에 대해 인간의 본질적인 영역이 박탈되었다고 묘사한다. 이런 점에서 각자도생이 갖는 한계를 엿볼 수 있다. 2018년 한국리서치의 '외로움 경험' 웹 조사에서 상시적 외로움을 느낀다고 응답한 비율이 20대가 40%, 30대가 29%, 40대가 24%, 50대가 20%, 60대가 17%를 보여, 젊은 세대일수록 외로움을 체감하는 비율이 높게 나타났다. 이러한 결과는 앞에서도 언급한 것처럼 각자도생의 삶이 주는 무게를 홀로 버겁게 담당하는 젊은 세대의 삶이 왜곡되고 피폐함을 잘 보여 준다. 이런 점에서 공공성의 회복은 인간의 자아실현을 위해 중요하다.

이상에서 살펴본 것처럼 공공성은 사회의 연대나 정의의 정당성과 실천을 위해, 그리고 자아실현을 위해 중요하다. 공공성이 우리 인간 삶의 중요한 양태 중 하나여서 자아실현을 위해 필요하고, 인간의 자유를 보장하는 조건이며, 사안의 정당성을 확보하는 토대라고 한다면, 공공성은 있으면 좋고, 없어도 상관없는 선택의 대상이 아니라 우리가 반드시 회복하고 가꿔야 할 대상이다. 이런 점에서 공공성의 회복은 우리 시대의 당면 과제다. 각자도생의 정글에서 파괴적인 경쟁을 통해 공멸로 갈 것인지, 아니면 타자와의 연대와 유대 속에서 자아실현을 도모할 것인지, 그 갈림길에서 우리는 후자에 주목해야 한다. 각자도생의 한국 사회 민낯을 드러낸 코로나19는 역설적이게도 이런 각자도생의 사회에서도 그나마 서로를 연결하고 있었던 보이지 않던 존재들의 모습을 드러내었다. 그동안 사회의 관심 밖이었던 공공의료 기관인 보건소 직원들과 의료진들이

방역의 최전선에서 싸우고 있었으며, 택배 노동자들과 배달 노동자들이 고립된 삶을 유지하게 하는 끈이었음이 나타났다. 그리고 코로나19는 우리가 다른 사회와 얼마나 밀접하게 연결되어 있었는지를 보여 주었다. 이제 이러한 영역 가운데 공공의 좋음을 위해 필요한 영역이 무엇인지, 관련 주체들이 논의하면서 공공성 회복을 향해 발걸음을 옮겨야 한다.

공공성과 대화하기: 어떻게 공공성을 회복할 것인가?

공공성이 회복된다는 의미는 무엇일까? 우리가 각자도생과 고립에서 벗어나 사회구성원인 타자와 소통하며 우리 모두의 좋음이 무엇인지를 모색하기 시작한다는 의미다. 공공성을 먼저 회복해야 연대, 돌봄, 정의 등의 구체적이고 두터운 의미의 가치가 싹을 틔울 수 있는 것이다. 그렇다면 우리는 공공성 회복을 위해 무엇을 할 것인가? 공공성 회복과 복원을 위해 우리가 갖춰야 할 것은 무엇인가? 필자는 '공공성과 대화하기'를 대안으로 제안한다.

먼저 시민이 공공성의 주체로서의 의식을 갖추고 공공성과의 대화를 시작해야 한다. 사회적·경제적 불평등 해소가 불가능하다는 절망과 좌절감을 내려놓고, 용기를 내어 공공성이 무엇인지를 되묻고 그 가치를 다시 음미하면서 다른 사회구성원들과 대화를 시작해야 한다. 비록, 지금 상황은 개선될 것 같지 않고 불평등의 장벽이 너무 높아 보이지만, 우리에겐 가족과 이웃, 사랑하는 사람들이 있음을 생각하고 용기를 내야 한다. 그리고 나뿐만 아니라 타자도 나와 동일한 외로움과 고립감에 놓여 있다고 생각해야 한다. 그리고 우리가 서로 계속해서 이렇게 고립할 때, 공멸할 수밖에 없음을 인지해야 한다. 우리의 삶을 위해, 그리고 우리가 사랑하는 사람들을 위해 어렵겠지만 타자와 공공성에 대한 대화를 시작해야 한다. 그리고 이 대화는 일회성의 실천이 아니라 계속되어야 한다. 앞에서 보았던 것처럼, 공공성은 우리가 추구하는 연대, 정의, 평등 등의 가치가 성립하기 위한 조건이자 토대다. 공공성을 통해 정당성과 실천성을 담보하지 못하면, 추구하는 가치가 왜곡되고 타락한다. 촛불집회를 통해 역사상 처음으로 대통령을 탄핵하고 새로운 정부를 탄생시켰을 때, 시민들은 우리의 일이 끝났다고 생각했다. 이제는 정부가 촛불 정신을 잘 성취해 줄 것이라고 믿었다. 그리고 기대처럼 잘되지 않을 때, 국회의원 숫자가 적어서 그랬다고 생각해 180석이라는 압도적인 숫자를 뽑아 주었다. 그런데 어떻게 되었는가? 각자의 평가가 다르겠지만, 공공성 회복에 기여했다고 말하기는 어려울 것이다. 공공성은 정부가 위임받아서 실천하지만, 결국 그 주체는 사회구성원인 시민인 것이다. 따라서 대리인인 정치인에게 위탁하고 물러날 것이 아니라 끊임없는 대화를 통해 공공성을 비판적으로 재구성해야 한다. 우리의 삶을 유지하는 데 필수적이지만 그동안 무관심으로 인해 보이지 않았던 영역들과 존재들에 대한 공공성 가치 부여를 할 필요가 있다.

공공성과의 대화가 그다지 영향력 있는 대안으로 보이지 않을 수 있다. 그러나 공공성과의 대화가 민주주의적 덕성을 함양하도록 돕는다는 점에서 그 파급력은 작지 않다. 토크빌이 잘 지적한 것처럼, 민주주의는 제도가 아니라 마음의 습관이다. 토크빌은 미국에서 민주주의 유지에 시민들의 생활 태도와 관습이 가장 크게 기여했다고 분석한다. 더 나아가 토크빌은 이러한 민주주의적 덕성이 약화되면 민주주의의 발전에 저해되는 민주주의적 독재가 야기될 수 있다고 경고하고 있다. 민주주의적 덕성이 없으면 개인주의는 처음에는 공공생활의 덕성을 침식하다가 다른 모든 것을 파괴한다. 왜냐하면 이기주의는 각 개인을 고립시키고 모든 덕성의 씨앗을 마르게 하기 때문이다. 토크빌은 이러한 위험을 막기 위해, 즉 민주주의에 숨어 있는 필연적인 개인주의가 이기주의로 전락하지 않고 평등을 지향하게 하기 위해 민주주의적 덕성을 함양하고 강화해야 한다고 주장한다. 공공성의 의미와 가치에 대해 다른 사회구성원과 대화하는 것은 민주주의적 덕성인 연대성과 상호 존중을 배우고 실천하는 계기를 마련할 것이다. 그리고 이러한 공공성 아래 돌봄과 정의 등의 두터운 의미의 가치가 싹을 틔우고 자라기 시작할 것이다. 따라서 공공성과의 대화는 용기를 낸 첫걸음으로, 사소해 보이지만 힘찬 도약의 계기가 될 것이다.

공공성과 대화하는 구체적인 실천 방안을 두 가지만 언급하면서 글을 마무리하고자 한다. 첫째는 선거를 통해 경제적 불평등을 해소할 수 있는 후보, 사회의 공공성을 회복할 수 있는 후보를 선출하고 끊임없이 감시하면서 공공성이 성장하도록 가꾸라는 것이다. 둘째는 윤리적 소비를 통해 환경Environment, 사회적 가치Social value, 그리고 지배구조Governance를 기업의 목적으로 두어야 한다는 ESG 경영 논의가 확산되게 하라는 것이다. 최근 들어, 주주 이익 극대화라는 전통적인 의미의 기업 목적이 실상은 논리적 허구이며 신화에 불과할 뿐만 아니라 동시에 문제라는 주장이 경영학 주류에서 제기되고 있다. 경제적 불평등의 원흉으로 보였던 기업이 환경, 사회적 가치, 지배구조를 중시해야 한다는 ESG 경영 논의가 광범위하게 확산하고 있다. 비록 기업이 윤리적 소비자를 끌어들이기 위해 자신의 이미지를 개선하려는 '윤리 세탁'ethics washing으로 이런 논의를 시작했을지 몰라도, 우리의 끊임없는 '공공성과의 대화하기'는 이 논의를 공공성 확장으로 인도할 것이다.

지금은, 공멸을 향해 나아가는 각자도생의 시대를 종결하고 연대와 협력의 시대로 나아가기 위한 첫걸음, 공공성과의 대화를 시작할 때다.

《플랜P》 7호 [특집] (2022년 3월호)

목광수 서울시립대학교 철학과 교수다. 윤리학과 정치철학 관련 연구를 해 오고 있으며, 최근에는 인공지능과 빅데이터의 윤리와 생명 의료윤리를 연구하고 있다. 저서로 《인공지능 개발자 윤리》(2024), 《루치아노 플로리디, 정보 윤리학》(2023), 《정의론과 대화하기》(2021) 등이 있다.

빈곤의 다차원성,
사회적 배제를 넘어

한국에는 '가난'이 없다는 사람들

가난 혹은 빈곤의 사전적 정의는 '인간이 살아가는 데 필요한 최소한의 것을 갖지 못해 몸과 마음이 괴로운 상태'다. 이것은 청빈淸貧과 달라서, 자신이 원해서 그런 상태에 이른 것이 아니니 괴로울 수밖에 없다. 그런데 이 단순한 빈곤의 정의를 온갖 사람들의 상태를 판단하는 기준으로 삼고자 하는 순간, 상황이 복잡해진다. 인간이 살아가는 데 필요한 것이 무엇인지, 그리고 최소한이란 얼마만큼을 가리키는지에 대한 생각이 저마다 다르기 때문이다.

우선 '먹을 것'만 하더라도 무엇을, 어떤 방식으로 먹는가가 각 사회의 관습과 문화에 따라 달리 결정된다. 그래서 유럽연합EU은 '자기가 사는 사회에서 용인되는 생활 수준을 누릴 수 없을 만큼 소득과 자원이 부족한 경우'를 빈곤 상태로 정의한다. 자기가 속한 사회에서 용인되는 무언가를 결여하고 있을 때, 그는 보통 사람들이 누리는 일반적인 삶으로부터 배제되거나 무시당하기 십상이다.

흔히 경제학의 아버지로 일컬어지는 애덤 스미스A. Smith도 이런 상대적 박탈의 문제를 언급한 바 있다. "필수품이라는 말에서 내가 이해하는 것은 생명의 유지에 없어서는 안 되는 상품뿐만 아니라, 그 나라의 습관이 어떠하든, 그것이 없으면 최하층 사람들도 견실한 사람으로서의 체면을 잃게 되는 모든 것을 포함한다. 이를테면 아마[1] 셔츠는 엄밀하게 말해서 생활필수품은 아니다. … 그러나 현대에는 유럽의 대부분에서 견실한 날품팔이 노동자라면 아마셔츠를 입지 않고 남 앞에 나서는 것을 부끄럽게 여길 것이다. 그것이 없다는 것은, 극도의 나쁜 행위를 하지 않는 한 도저히 빠질 리가 없을 것으로 추측되는, 낯이 뜨거울 정도의 가난을 나타내는 것으로 상정될 것이다."[2]

스미스가 살던 18세기 영국에서는 가난한 노동자라도 아마셔츠를 입지 않으면 사람들의 따가운 눈총을 받아야 했다. 사람이 한 사회의 구성원으로서 인정받고 관계 맺으며 행동하는 데 필요한 삶의

1 아마亞麻과의 한해살이 풀로서 껍질의 섬유로 리넨linen 따위의 피륙을 짠다.
2 애덤 스미스, 유인호 옮김, 《국부론》, 동서문화사, 2014, 911쪽.

조건을 갖추지 못했을 때 상대적 박탈이 일어나며, 이것이 가난이다. 이처럼 살아가는 데 필수적인 요소가 사회마다 제각기 다르다는 것, 그리고 박탈이 일어나고 있는지 여부는 다른 사회구성원들과의 관계적 거리에 의해 결정된다는 것, 이 두 가지 사실로 인해서 빈곤의 정의는 상대성을 띠게 된다. 따라서 어떤 사람이 가난한지 아닌지에 대한 판단은 오직 같은 시대, 같은 사회에 사는 다른 사람들과의 비교를 통해서만 가능하다. 이 원칙을 벗어나면 서로 비교할 수 없는 것을 비교하는 오류를 범하게 된다.

하지만 세상 사람들은 타인을 평가하는 데 그리 신중하지 않다. 그냥 눈에 보이는 대로 믿고 말한다. 한때 노동해방을 꿈꾸었던 한 혁명가 시인이 우리나라의 가난을 부정할 때도 그랬다. 아프리카와 중남미의 가난한 주민을 찍은 사진 전시회를 열면서 그는 말했다. "이제 우리 사회에 가난한 사람은 없다. 부자가 되지 못한 사람만 있을 뿐이다. … 중국, 인도 등의 모든 사람이 우리의 최하위 10%처럼 산다면 지구가 열 개라도 모자랄 것이다. 이만하면 넉넉하다고 생각한다." 그는 아프리카의 헐벗고 굶주린 사람들을 기준 삼아 한국에는 더 이상 가난이 없다고 단언했다. 또 과거를 기준으로 현재의 가난을 부정하는 이들도 흔하다. 절대빈곤 시대를 경험한 노인들은 '내가 어릴 때(1950~1960년대)는 하루 한 끼 먹기도 힘들었는데 먹을 게 지천인 요즘 세상에 무슨 가난이냐?'라고 반문한다.

그러나 잊지 말아야 할 것은, 우리 주위에서 힘겹게 살아가고 있는 이들은 인도가 아닌 한국에서, 1960년이 아닌 2024년을 살아가고 있다는 사실이다. 눈앞의 문제를 부정하면 그 해결의 문은 열리지 않는다. 빈곤 현상에 대한 부정은 곧 무관심을 의미하고, 이러한 태도는 빈곤 문제 해결의 진전을 어렵게 한다.

빈곤의 다차원성과 사회적 배제

앞에서 살펴본 것처럼 인간의 필요는 물질적이면서 동시에 심리사회적psychosocial이다.[3] 어떤 생활자원의 결핍은 사회적 참여를 가로막는다. 과거보다 물질적으로 더 풍요로워진 요즘에는 이 같은 상대적 박탈의 위험이 더 크다. 오늘날의 소비사회에서는 청소년들 사이에 유행하는 유명 브랜드 제품을 갖지 못했다는 사실이 낙인이 되고, 빈곤의 표식이 되기도 한다. 따라서 빈곤의 개념은 물질적 결핍뿐 아니라, 그로 인해 '존중받지 못함', '인권 및 시민권을 부정당함', '낙인감과 수치심' 등을 의미하는 관계적, 상징적 측면을 내포하고 있다. 또 빈곤은 단순히 화폐소득의 부족만이 아니라, 열악하고 불안정한 주거생활, 건강을 잃어버린 신체나 정신, 좋은 교육을 받을 기회의 상실, 사회적 관계의 단절과 고립, 정치적 발언권 없음,

3 루스 리스터, 장상미 옮김, 《풍요의 시대, 무엇이 가난인가》, 갈라파고스, 2022, 47쪽.

문화적 소외 등등을 뜻한다. 이렇듯 빈곤은 다차원적이다.

그래서 유럽에서는 '빈곤poverty'이란 단어가 충분히 드러내지 못하는 박탈의 본질을 보완하기 위해서 오래전부터 '사회적 배제social exclusion'라는 용어를 사용하고 있다. 1980년대 후반에 유럽연합EU의 집행부인 유럽위원회European Commission는 '사회적 배제'를 공식 용어로 채택하게 되는데, 유럽연합의 빈곤 해설서는 '사회적 배제'를 다음과 같이 설명하고 있다.

> "사회적 배제는 사람을 사회의 주변부로 몰아가는 과정을 강조하기 위해 사용하는 개념이다. 그 과정에서 사람들은 자원과 기회에 접근하기 어렵고 평범한 사회적·문화적 삶에 참여할 수 없어 소외되고 무력하고 차별받는다고 느끼게 된다."[4]

여기서 '누가 누구를 사회의 주변부로 몰아간다는 것인가?', 즉 '배제의 주체가 누구인가?'라는 질문이 제기될 수 있다. 그러나 사회적 배제의 개념에서 취약한 대중을 주변부로 몰아가는 힘은 인격화된 특정의 사람이나 기관이 아니라 일체의 정치적·경제적·사회적 구조와 제도를 가리킨다. 이는 자원과 기회에 접근할 수 없게 된, 다

4 European Anti-Poverty Network (EAPN), Poverty and Inequality in the EU, EAPN Explainer #1, 2009, p. 3. https://www.eapn.eu/images/docs/poverty%20explainer_web_en.pdf

시 말해서 사회적으로 배제된 상태의 원인이나 책임이 개인에게 있지 않다는 의미다.

또한 사회적 배제 개념은 주변부로 밀려난 결과보다는 밀려나는 과정, 즉 구조의 힘이 작동하는 과정에 초점을 맞추고 있어서, 필연적으로 주변화된 사람들을 다시 사회의 중심부로 돌아오게 만드는 것을 목표로 한다. 빈곤 문제를 해결하려는 각국의 정부가 사회적 배제의 반대 개념으로 사회적 포용social inclusion, 혹은 사회 통합social integration 등을 정책 목표로 내세우는 것도 이와 같은 이유에서다.

가난한 사람들은 왜 가난한가?

이에 관해서는 아주 오래전부터 전해져 오고 있는 미신이 있다. 본인이 '가난을 벗어나고자 충분히 노력하지 않아서'라는 당사자 책임론이다. 물질적으로 가난한 사람들을 못마땅하게 여기는 감정의 역사는 중세 이전까지 거슬러 올라간다. 지배층의 눈에, 가난한 사람들은 언제나 게으르고 노동 의지가 약하며 절제할 줄 모르는, 나쁜 습성을 지닌 집단이었다. 일정한 거처 없이 떠도는 부랑인이나 걸인은, 그들이 보기에는 잠재적 범죄자인 동시에 전염병 보균자였다. 이처럼 빈민을 부정적으로 인식하는 담론은 근대까지 어찌나 도도하게 흘러왔던지, 《빈곤의 역사》를 쓴 게레멕B. Geremek은 이런 현상을 당시 사람들의 '집단 심성'이라고 불렀을 정도다.

소설가 조지 오웰G. Orwell도 가난한 사람들에 대한 세상의 편견을 이렇게 꼬집었다. "부랑인은 '건장한 걸인'이고, '염치없는 사회적 기생충'이라고 여기는 관념은 근거가 전혀 없지는 않지만, 그러한 사례는 불과 몇 퍼센트에게만 적용된다." 그런데도 나태하고 불성실하며 부도덕하다고 비난받아 마땅한 단 몇 퍼센트의 사례는 언제나 가난한 사람들 대부분의 일반적인 특징으로 둔갑했다. 예외적 소수가 전체를 대표하는 역전 현상에 무슨 근거가 있을 리 없었다. 이런 일반화의 오류야말로 인간들이 부지불식간에 범하는 잘못된 사고방식의 하나일 따름이다.

앞서 사회적 배제 개념에서는 사람들이 사회의 주변부로 밀려나는 원인, 즉 빈곤해지는 원인을 전체 사회의 불평등한 구조와 제도에서 찾는다고 했거니와, 이러한 구조적·제도적 관점의 정반대 편에 있는 것이 바로 개인에게서 원인을 찾는 개인 책임론이다. 개인은 감각을 통해 인지할 수 있는 구체적 실체인 반면, 사회구조란 눈에 보이지 않는 추상적 개념이다. 그래서 사람들은 '내가 본 아무개의 어떤 행동이 그를 가난에 빠뜨렸다'는 식으로 말하기를 좋아한다. 빈곤화라는 현상의 원인을 사회구조 혹은 경제체제라는 어렵고 추상적인 지적 건조물에서 찾기보다는, 자신이 직접 경험한 구체적 사건과 인물들에서 찾는 편이 확신의 감정을 훨씬 높여 주기 때문이다. 본인이 직접 경험한 사례의 수가 적다는 사실은 보통 사람들에게는 별문제가 되지 않는다. 개인의 잘못이라고 여겨질 만한 사례들은 열심히 기억하고 그렇게 설명되지 않는 사례는 철저히 무시함으로써 자신의 믿음을 굳건히 지켜 가면 그뿐이다.

사람들은 빈민의 고통보다 그들의 불법 행위를 더 잘 인식한다. 빈민은 다른 사람들처럼 때론 기아와 추위로 죽지만, 부자들은 그들이 구걸하고 훔치고 약탈하는 것만을 본다. 이처럼 일반화의 오류는 확증편향의 오류를 만나서 더욱더 강고해지는 탓에, 가난의 원인을 당사자의 나태함이나 의지박약 등으로 돌리는 개인 책임 담론은 오늘날에도 빈곤을 이슈로 하는 장이라면—사적 대화든 정책 토론회든—어느 곳에서나 예외 없이 발화한다.

이렇게 가난한 사람들은 타자화他者化된다. 중심부의 세력 집단이 자기의 정체성을 '정상적이고 좋은 것'으로 정의하고, 다른 집단에게는 부정적인 속성을 부여함으로써 자신들을 다른 집단과 구별되는 존재로 규정짓는 방식을 '타자화othering'라고 한다면, 빈민이 아닌 계층과 빈민들 사이의 관계를 이 단어보다 더 적확하게 표현하는 말은 없을 것이다. 타자화는 차별과 선 긋기를 병행하는 과정이다. 그러나 "이 선은 중립적이지 않다. 빈민을 도덕적 타락의 근원, 두려워할 만한 위협, '자격 없는' 경제적 짐 덩어리, 연민의 대상, 이국적인 존재, 나아가 인간 이하의 존재로까지 깎아내리는 부정적인 가치 판단을 심어 주기 때문이다."[5]

빈곤이 극도의 결핍이 주는 고통을 의미한다면, 불평등은 정반대 쪽의 과도한 풍요와 빈곤 사이의 격차가 빚어낸 불공정함이다. 그래서 빈곤과 불평등은 언제나 동전의 양면처럼 짝을 이룬다. 빈곤이 상대적 박탈의 개념을 포함한다고 했을 때, 상대적 박탈은 오직 불평등이 있으므로 해서 성립한다. 빈곤이 만연한 사회일수록 빈부격차, 불평등의 정도가 심한 경향이 있다. 우리나라는 미국, 영국 등과 함께 OECD 회원국 가운데, 1인당 국민소득이 높음에도 불구하고 빈곤 인구의 비율, 즉 빈곤율이 가장 높고 불평등이 심한(지니계수가 높은) 나라 군에 속한다.

그렇다면 가난한 사람들은 어떻게 가난에서 벗어날 수 있을까? 개인 책임의 담론은 (태만과 무절제 등의) 자기 파괴적 행동이 우리가 빈곤의 늪에 빠지게 되는 보편적 이유라고 주장한다. 그리하여 빈곤을 벗어나는 비결에 관해서도, 온갖 역경에도 불구하고 빈곤 탈출에 성공한 개인들을 높이 치켜든다. '불우한 환경에서 각고의 노력 끝에 입신양명에 성공한' 예외적 인물의 이야기는 또 한 차례 가난한 사람 모두에게 적용될 수 있는 희망의 처방으로 둔갑한다. 여전

5 E. M. Power, "The Unfreedom of Being Other: Canadian Lone Mothers' Experiences of Poverty and 'Life on the Cheque'", *Sociology* 39(4), pp. 643~660. 루스 리스터(2021), p. 119에서 재인용.

히 한 편에서는 빈민의 삶을 틀 짓는 불평등한 사회구조가 '평균적으로' 빈곤을 재생산하고 있는데도 말이다. 이런 진단하에서는 '환경 탓하지 말고 오직 가열하게 노력할 것', '능력을 길러서 공정한 경쟁에서 승리할 것'을 주문하는 목소리만 정당화된다.

개인의 능력과 공정한 경쟁을 강조하는 능력주의 담론은 흔히 시험 성적으로 나타나는 소위 '능력'이 순수한 진공상태에서 어떤 것의 영향도 받지 않고 오직 개인의 노력으로 성취한 결과인 양 호도한다. 오늘날 잘사는 집 아이의 학업 성취도가 어려운 가정 아이들의 그것에 비해서 높은 경향이 있다는 것은 주지의 사실이다. 그렇다면 잘사는 가정 자녀의 학업성적에는 본인의 노력 외에 부모의 사회경제적 지위라는 요인이 분명 작용한 것이고, 그 아이가 잘사는 부모 밑에 태어난 것은 결코 본인의 성취가 아니라 그냥 운運이 좋았던 것뿐이지 않은가. 학교는 결코 공정한 경쟁의 장이 아니다.

능력주의의 신봉자들은 공정한 절차를 거쳤다는 이유로 일체의 불평등과 차별을 당연한 것으로 간주한다. 다시 말해서, 경쟁이 공정하게만 이루어지면 그 결과가 아무리 불평등하고 차별적이어도 상관없다고 여긴다. 하지만 완벽하게 공정한 경쟁이 일어날 수 있는 조건이란 땅 위에 무중력 상태를 만드는 것처럼 불가능하다. 오직 개인의 노력과 능력의 양을 완벽하게 측정했다고 주장하는 각종 시험이 실은 '이미 기울어져 있는 운동장'의 오차를 무시한, 신뢰할 수 없는 측정 도구인 것이다. 불평등과 차별을 정당화하는 능력주의 이념은 결코 정의로운 세상을 만들 수 없다.

각자도생의 전략은 틀렸다

각자도생의 신앙, 그리고 가열한 경쟁은 지난 20세기부터 세계 경제를 지배해 오고 있는 신자유주의의 가르침이다. 이것은 불평등이 깊어지고 불확실성이 커지는 이 세상에서 내가 살아남는 길은, 오직 공정한 규칙 아래서 치열하게 경쟁하는 것뿐이라는 믿음이다. 그리고 다른 사람의 아픔을 연민하거나 그에 동참하는 것은 어리석은 자의 사치로 치부된다. 그리하여 우리 각자는 점차 외로워지고 고립된다. 경쟁에서의 승리만을 생각하는 사람은 주변을 늘 경계하고, 가상의 적을 의심하며, 스스로 외로움의 울타리를 친다. 고통받는 사람의 관점에서 이해하려고 노력하기보다는 오히려 그런 공감의 자세가 혹시 나를 위험과 손해에 빠뜨리지 않을지 미리 걱정한다. 이러한 자기 고립의 심리학은 때로 자기애自己愛를 극도로 고갈시켜 마침내 타인을 경멸하고 모욕함으로써 존재감을 드러내려는 공격적인 모습을 띠기도 한다.

그렇다면 이처럼 철저히 이기적인 개인주의는 자존의 인성은 희생한다 치더라도, 경제적 성공에서는 현명한 전략일까? 내가 빈곤과 불평등의 늪에 빠지지 않을 확률을 실제로 높여 주는 방안일까?

'의자 놀이musical chairs'라는 게임에서 항상 의자의 수는 사람 수보다 적기 때문에 몸놀림이 굼뜨거나, 판단력이 늦거나, 보행에 문제가 있거나, 남을 밀쳐 낼 만큼 악착같지 못하거나, 혹은 아주 운이 나쁜 사람은 실패하게 되어 있다. 누군가는 실패하게 되어 있는 구조가 거기에 존재한다. 실패자를 생산하는 구조의 문제를 따져 묻지 않고 '그게 나만 아니면 된다'는 식의 사고방식은 실제로 나의 실패 가능성을 단 한 치도 낮춰 주지 못한다.

오늘날과 같은 고립과 불평등의 시대에 각자도생의 전략은 실리의 측면에서도 그다지 권장할 만하지 않다. 오히려 단절된 관계를 다시 잇고 무너져 가는 공동체를 되살리려는 노력 속에서 희망이 보인다. 그리고 덧붙이는 사족 하나. 이처럼 힘든 시대를 살아가는 우리에게 과연 자존의 인성은 포기해도 좋은 것인가? 아니, 어쩌면 그것이야말로 가장 굳건히 지키고 세워야 할 최후의 보루가 아닐까 싶다.

《플랜P》 10호 [특집] (2022년 12월호)

신명호 인류학과 대학원생 시절, 철거민들의 공동체 마을에 들어간 것을 계기로 빈곤과 불평등, 공동체 등을 공부 주제로 삼아 왔다. 가난한 사람들의 일자리 문제에 대한 고민의 연장선에서 일찍이 협동조합, 사회적기업 등을 만났으며, 요즘은 사회적경제와 커먼즈에 관해 글 쓰고 강의하는 일도 한다. 저서로 《빈곤이 오고 있다》(2020), 《왜 잘사는 집 아이들이 공부를 더 잘하나?》(2019)가 있다.

힘의 현상학-
힘과 욕망, 그리고 자유

우리는 아침에 눈을 뜨는 순간부터 잠드는 순간까지, 그리고 잠을 자는 동안에도 계속 움직인다. 모든 생명체는 생명이 있는 한 끊임없이 움직이며, 움직임이 멈추는 순간 그것은 곧바로 죽음을 맞이하게 된다. 이처럼 생명체를 움직이게 하는 것의 정체는 무엇일까? 무엇인가를 움직이도록 추동하는 것을 우리는 '힘'이라고 부른다. 그렇다면 힘은 모든 생명체가 지닌 근원적인 '생명현상'이라는 것을 알 수 있다. 그런데 그런 힘이 나오도록 하는 원천이 무엇인가를 가만히 생각해 보면 욕구라는 것을 알 수 있다. 모든 생명체에게 가장 기본적인 욕구는 살고자 하는 욕구, 즉 '자기보존욕구'다.

자기보존욕구를 자신의 철학의 출발점으로 삼은 대표적인 철학자로 홉스, 스피노자, 헤겔, 니체 등이 있다. 이들은 자기보존욕구를 인간의 모든 행위를 규정짓는 궁극적인 힘으로 보았다. 일상의 경험을 통해 우리 모두가 자기보존을 그 무엇보다 우선시하는 이기적인 존재라는 점을 간파한 홉스는 '만인에 대한 만인의 투쟁'이라는 자연 상태를 벗어나 개인의 안전과 평화를 보장받기 위해서는 자연적 권리를 국가에게 양도하기로 합의하는 사회계약을 맺는 것이 필요하다고 주장했다. 홉스에게 있어서 자기보존욕구가 단순한 생명보존이라는 소극적이고 방어적인 힘에 불과했다면, 스피노자에게는 자기 자신을 확장 발전시키는 적극적이고 능동적인 힘이 된다. 이성이 우리의 감정이나 욕구를 좌우할 수 없다고 본 홉스와 달리, 스피노자는 감정을 제어할 수 있는 힘을 이성 능력에서 찾는다. 스피노자에게 있어서 이성은 진정한 자기보존을 가능하게 하고, 자기존재의 완전성을 추구하게끔 하는 궁극적인 힘이다.

헤겔 역시 인간이 자기 자신에 대한 확실성을 의식하게 되는 첫 번째 계기를 홉스와 마찬가지로 욕망으로 규정한다. 인간은 사유하는 동안에는 자기 자신이 아닌 사유하는 대상을 향하지만, 욕망은 항상 '나의 것'으로 나타나 자기 자신을 상기하게 되기 때문이다. 이처럼 헤겔에게 있어서 인간의 욕망은 일차적으로 자기 자신에 대한 확실성을 의식하게 하는 중요한 계기지만, 동시에 다른 자기의식인 타인과 적대관계를 야기하는 요인이기도 하다. 이로 인해 벌어지는 투쟁은 홉스가 말한 자연 상태와 유사한 점을 지니고 있으나, 헤겔은 스피노자와 마찬가지로 인간에 내재해 있는 이성적 능력을 신뢰하며, 이러한 이성의 원리를 '상호인정'이라는 개념 속에서 발견한다. 홉스에게서는 외부로부터 개인들을 강제하는 강력한 힘에 의해 투쟁이 종식되었던 것과는 달리, 헤겔은 투쟁은 결국 죽음을 불러올 수도 있다는 사실을 깨달은 개인들이 서로를 인정하는 방식을 취하게 된다고 말한다. 즉 타자에게 복종함으로써 자기 존재의 확실성을 포기하는 자(노예)와 자신에게 전적으로 복종하는 존재에 의해 자신에 대한 확실성을 획득하는 자(주인)로 나뉘어져, '인정받는 자'와 '인정하는 자'라는 주인과 노예의 비대칭적인 관계가 형성된다는 것이다. 그러나 이런 비대칭적 관계는 참된 상호인정의 관계가 될 수 없다. 주인은 욕망의 충족을 노예를 통해 향유할 뿐 스스로 만들어 낼 수 없는 반면에, 노예는 욕망을 억제하면서 자신의 노동을 통해 대상을 만들어 낸다. 노동과 극기를 통해 새롭게 자신을 형성하는 노예는 자기 자신에 대한 참된 확실성을 갖게 되며 보편적인 의식으로 고양된다. 보편적 의식으로 고양된 노예는 타인과 부정적으로만 관계하는 주인보다 우월한 의식이며, 대칭적인 인정 관계를 통해 모두가 자유로울 수 있는 평등한 사회를 가능하게 하는 새로운 주체다.[1]

모든 생명체에게 가장 기본적인 욕구는 살고자 하는 욕구, 즉 자기보존욕구라고 했는데, 인간의 경우, 자기보존욕구는 단순히 육체

1 정미라, 《현대성과 자기보존욕망》, 한국문화사, 2020, 104~118쪽.

적/물질적으로 살아남는 문제에만 그치지 않는다. 우리는 남보다 더 잘나기를 원하고, 남보다 더 잘살기를 원하며, 남과의 경쟁에서 이기기를 원한다. 칸트는 그가 말년에 쓴《실용적 관점에서 본 인간학》이라는 저서에서 우리는 다른 사람들을 자기 의도대로 조종하고 자기 통제력 안에 두고자 명예, 권력, 돈이라는 삼중의 힘a threefold power을 추구하는 경향이 있는데, 이러한 경향은 다른 사람들을 자기 의지의 도구로만 소유하는 것이며, 그러한 수단들을 사용하면서 인간은 자기 자신의 경향성의 바보(기만당하는 자)가 되고, 자기의 궁극목적은 놓치고 만다고 말한다.[2] 이처럼 인간이 힘을 추구하는 경향이 생기는 것은 타자에게 지배당하는 것을 원하지 않기 때문이다.

그런데 지배당하지 않기 위해서는 지배해야 한다. 그래서 너나 할 것 없이 모두 권력을 추구한다. 강자만 권력을 가지고 있는 것처럼 보이지만, 실은 약자도 권력을 추구한다. 권력을 추구하는 방식이 다를 뿐이다. 니체는 그것을 주인도덕과 노예도덕으로 설명한다. 힘이 없는 노예들은 행동이 아니라 정신으로 반란을 꾀한다는 것이다. 니체는 이것을 '원한 감정'이라고 부른다. 약자들은 '원수를 사랑하라', '악한 인간이 아닌 선한 인간이 되어라', '가난한 자가 복

2 임마누엘 칸트, 홍우람·이진오 옮김, 《실용적 관점에서 본 인간학》, 한길사, 2021, 217쪽.

이 있다' 등등의 가치를 보편화함으로써 자신들의 권력에의 의지를 드러낸다. 니체가 말하는 권력에의 의지는 이처럼 현재의 것을 극복하고 새로운 가치를 창조하고자 하는 의지다. 하지만 니체는 노예도덕이 말하는 사랑은 힘없는 자들이 스스로를 방어하기 위한 이데올로기에 불과한 것이고, 사랑은 진정으로 힘 있는 자만이 할 수 있다고 말한다. 내면에 진정한 힘을 가지고 있을 때 우리는 비로소 자유롭게 되기 때문이다. 스스로 힘을 갖고 자유롭게 되어야 하는 이유는 남을 지배하기 위해서가 아니다. 힘이 없어서 남을 섬기는 게 아니라, 진정 내 의지로 내 힘으로 남을 섬기기 위해서다.

하이데거는 《형이상학 입문》에서 '그 품위에 있어서 첫 번째 질문을 질문하는 것이 철학이다'라고 말한다. 그 품위에 있어서 첫 번째라고 함은 시간상의 순서로서가 아니라, 가장 광범위하고, 가장 깊이 있고, 가장 원래적인 측면에서 첫 번째라는 뜻이다.[3] 하이데거에게 있어서 가장 근본적인 첫 번째 질문은 진리를 찾아 떠난 수많은 탐구의 여정의 끝에서, 또는 우연히 마주치게 된 삶의 비극 앞에서, 또는 일상의 권태로움 속에서 만나게 되는 '왜 있는 것은 도대체 있고, 차라리 아무것도 아니지 않는가'라는 '있음'에 관한 질문이었다. 이 질문에 답하기 위해서는 '있음'이란 무엇이냐를 먼저 물어야 한다. 파르메니데스는 생성은 없고 존재만 있다고 본 반면, 헤라클

3 마르틴 하이데거, 박휘근 옮김, 《형이상학 입문》, 문예출판사, 1994, 24~25쪽.

레이토스는 운동과 변화만이 실재하는 것이라고 보았다. 파르메니데스에게 존재란 움직이지 않는 것이며 정지해 있는 것인데, 생성은 흐르는 것이요, 가만히 머물러 있는 것이 아니기 때문에 '있지 않은 것'이다. 반면, 헤라클레이토스는 존재자라고 여겨지는 것이 실은 생성과 운동이라고 말한다.[4]

아리스토텔레스는 이러한 어려움을 해결하기 위해, '가능태'와 '현실태'라는 개념을 도입한다. 아리스토텔레스는 《형이상학》에서 '가능태'는 변화할 수 있는 힘 또는 능력을 갖고 있는 상태이고, '현실태'는 그런 변화가 실현된 상태라고 정의하면서, 이 두 개념은 하나의 사물이 가진 두 가지의 다른 상태를 지칭하는 것이라고 말한다. 하지만 아리스토텔레스는 가능태보다는 현실태가 앞선다고 말한다.[5] 그 첫 번째 이유는 우리가 금속을 가지고 조각을 만든다고 할 때, 생성은 금속 자체에 관계하는 것이 아니라 금속 안에 들어 있는 여러 가지 가능성과 관계되는 것이듯이, 생성과 모든 운동의 본질은 이 가능적인 것이 현실적인 것으로 되는 데에 있기 때문이다. 두 번째 이유는 현실에 따라 존재하는 자는 가능성에 따라 존재하는 자보다 인과적으로 항상 이르기 때문이다. 개념적으로도 가능적인 것은 현실적인 것을 전제로 삼을 때에만 생각할 수 있고, 시간적으

4 요한네스 힐쉬베르거, 강성위 옮김, 《서양철학사》, 이문출판사, 2005, 34~43쪽.
5 아리스토텔레스, 조대호 옮김, 《형이상학》, IX 8, 9, 도서출판 길, 2018.

로도—시간적인 발생을 따지자면 늦다고 하더라도—가능적인 것은 항상 미리 있는 현실적인 것의 인과관계에 의해서만 성립한다. 도토리 씨앗이 자라서 도토리나무가 되는 것이지만, 인과 원리에 의해 생각해 볼 때 개념적으로도 시간적으로도 도토리나무가 도토리 씨앗에 앞선다는 것이다.

그러나 하이데거에게 있어서는 현실태보다 가능태가 우위다. 이미 현실화된 것에는 안정성은 있을지 몰라도 고정되고 고착되어 가능성이란 더 이상 존재하지 않으며, 따라서 거기엔 자유가 들어설 여지가 없다. 하이데거에게 자유는 무한한 가능성으로 읽힌다. 그러나 하이데거의 자유는 '불가능성으로서의 가능성'이기에 단순히 능동적인 자유와는 구별된다. 하이데거에게 있어서 자유란 빛을 발견한 자가 그 빛에 스스로를 묶는 것이다. 나는 빛에 스스로 묶인다. 빛에 나 자신을 묶을수록 더 환해지고 더욱더 자유로워지기 때문이다.[6]

우리는 하나의 운동이나 사건이 외부의 강제에 의해 발생한 것이 아닐 때, 즉 그 규정 근거가 밖이 아닌 존재자 안에서 내적으로 작용할 때, 이러한 운동을 자유로운 운동이라고 부른다. 그래서 자유를 '내가 원하는 것을 내 마음대로 할 수 있음'이라고 쉽게 생각한다. 이것은 칸트가 선택 의사의 능력으로서 '자의'라고 부르는 것에 해당한다. 그러나 칸트는 '자의'와 구별되는 '자유' 개념을 말한다. 시

6 마르틴 하이데거, 이기상 옮김, 《진리의 본질에 관하여》, 까치글방, 2004, 67~69쪽.

공간에 한정되어 있는 현상계는 자연 인과성의 원리에 따라 움직인다. 자연 인과성에서는 결과는 반드시 원인을 가지며, 그 인과의 연쇄는 무한 소급되므로 자유란 없다. 칸트의 자유는 이런 무한 소급의 자연 인과성의 사슬을 끊음으로써 나 자신으로부터 새로운 사태를 무조건적으로 시작할 수 있는 힘이다. 이것이 가능한 것은 인간은 자연법칙을 따르는 현상계現象界의 일원이기도 하지만, 자유의 법칙을 따르는 예지계叡智界의 일원이기도 하기 때문이다. 우리에게 '나로부터 시작하는' 자유가 없다면, 우리가 어떤 선한 일을 한다고 하더라도 그것은 외부로부터의 힘이 작용한 결과이므로 타율에 불과하게 될 것이다. 외부의 힘에 의해서 강제되는 것이 아니라, '스스로 제한하는 힘'에 의해 강제되는 것, 이것이 바로 칸트가 말하는 자율이고, 칸트가 말하는 진정한 자유의 개념이다.

《플랜P》 11호 [배움] (2023년 3월호)

이나미 이화여대 영문과 및 동 대학원을 졸업. 칸트의 자율적 주체와 레비나스의 수동적 주체를 중심으로 〈수동적 자유 개념〉에 대한 연구로 박사학위를 받았다. 달도 차면 기울듯, 능동성의 정점에서 '스스로를 제한'하는 자유야말로 신자유주의 시대에 새롭게 정립되어야 할 진정한 자유 개념이라 보고, 자유에 대한 연구에 천착하고 있다. 영화를 좋아해서 20년간 방송외화번역 작가로 활동했으며, 2021년 단편영화 감독으로 데뷔, 철학적 사유를 영화에 담아내려는 노력도 계속하고 있다.

이동할 권리가 보장되기 위해서는 시민의 힘이 필요하다

'이동'은 현대 사회에서 가장 필수적인 영역이다. 그렇기 때문에 대부분 이동을 '권리'라고 생각하지 못할 정도로 당연하게 행사한다. 하지만 장애인에게는 유독 이동이 공기처럼 당연하다는 전제가 보장되지 않는다. 집에서 나와 목적지에 도착하기까지 장애인은 너무나도 많은 차별과 배제를 맞닥뜨려야 비로소 이동할 수 있다. 혹은 장벽으로 인해 이동할 수 없다. 미국의 교통학자인 미미 셸러Mimi Sheller는 "이동 정의Mobility Right"라는 개념을 소개하며, 다음과 같이 질문한다. "누가 이동하고, 무엇을 움직일지 누가 결정하는가?" 단언컨대 장애인은 정의롭지 못한 사회에 살고 있다. 비장애인을 중심으로 설계된 대한민국 사회에서 장애인은 이동하지 못하는 존재로 위치 지워지고 소거당했다. 스스로의 이동부터 친구, 가족 등 누군가와 함께 이동할 권한까지 박탈당하고, 그 당연한 이동은 권리가 아니라 서비스로 치부되었다. 그래서 이 글을 통해 시민들에게 대한민국 사회에서 장애인의 이동권이 어떻게 침해되고 있고, 이를 위해 어떠한 사고와 행동이 필요한지 이야기해 보고자 한다.

이동권, 왜 그리고 어떻게 보장되어야 할까?

이동은 일상의 다양한 영역들을 이어 주는 연결고리다. 그러므로 유엔장애인권리협약을 제정할 때, 일부 조약들은 국가의 상황과 재량에 따라 점진적으로 이행할 수 있지만, 이동권은 비준 즉시 효력

혜화역 지하철 선전전을 취재하기 위해 몰려든 기자들과 장애인 권리예산을 촉구하는 활동가들

을 발휘한다고 명시했다. 왜냐하면 학교, 직장, 여가 공간으로 이동할 수 있어야 노동, 교육 등의 사회권을 보장받을 수 있기 때문이다. 즉, 자립 생활을 위해서 이동은 필수적으로 선결되어야 하는 조건이기 때문이다. 한편 인간이라는 그 자체의 이유만으로도 이동권은 보장받아야 한다. 이동은 자유권에 해당하는 영역이다. 모든 인간은 자신의 신체에 대한 결정권을 가진다. 자기 결정권에는 개인이 신체를 어디로 어떻게 움직일지까지 포괄된다. 따라서 개인이 몸을 움직이고 싶어도 사회가 만들어 낸 장애로 인해 제약당한다면 인간으로서의 자유권을 침해당하는 것이다.

이를 바탕으로 이동권은 다음의 두 가지 관점에서 보장되어야 한다. 첫 번째로, 장애인은 원하는 곳으로 자유롭게 도착할 수 있어야 한다. 장애인 이동권의 핵심은 연결link이다. 이동은 출발지에서 목적지까지 도착하기 위한 사회적·물리적 행위이고 목표이자 수단이다. 교통수단 간의 환승을 통해 거미줄처럼 출발지와 도착지를 촘촘하게 연결한다. 즉, 출발지에서 목적지까지 도착하기 위해서는 환승을 전제로 모든 교통수단이 교통약자도 탑승할 수 있도록 설계되어 있어야 한다. 이동 도중 한 구간이라도 교통수단을 이용할 수 없다면, 출발지에서 목적지에 도달할 권리가 침해된다. 가령, 지하철을 타더라도 버스를 환승하여야 목적지까지 이동할 수 있는데, 탑승해야 하는 버스 노선이 모두 차별 버스(계단버스)라면 목적지에 도착할 수 없다. 따라서 지하철 엘리베이터 설치율이 아무리 높더라도 저상버스를 비롯한 다른 교통수단의 휠체어 접근성이 100%가 되지 않는다면 이동권은 보장될 수 없다.

두 번째, 이동할 권리는 이동 가능 여부를 넘어 정시성, 예측 가능성을 포괄하여 적용되어야 한다. 정시에 정확하게 목적지에 도착하여 역할을 수행한다는 계약으로 사회적 관계는 성립된다. 상상해 보라. 직장도, 학교도, 하다못해 친구와의 약속도 정해진 시간에 도착하지 못한다면 온전히 관계와 목적이 달성될 수 없다. 따라서 모든 이동은 예측 가능성을 수반해야 한다. 하지만 우리나라는 장애인이 이동할 때, 몇 시에 도착할지 가늠하기 어려운 교통체계를 갖추고 있다. 저상버스가 도입된 노선이라도 차별 버스와 혼용하여 운영되고 있어서 장애인은 눈앞에서 타고 싶은 버스를 놓친다. 이에 대한 보전 수단인 '장애인 콜택시'는 부르면 10분 안에 도착하는 카카오택시와 달리 언제 배차될지 모르는 막연함 속에 많게는 2시간까지도 기다려야 한다.

법에 명시되었지만, 왜 이동권은 지켜지지 않을까?

장애인의 이동권은 법으로도 그 보장을 명시하고 있다. '교통약자이동편의증진법'에 말이다.

장애인 등 교통약자는 인간으로서의 존엄과 가치 및 행복을 추구할 권리를 보장받기 위하여 장애인 등 교통약자가 아닌 사람들이 이용하는 모든 교통수단, 여객시설 및 도로를 차별 없이 안전하고 편리하게 이동하여 이동할 수 있는 권리를 가진다.

그러나 의례 그렇듯 법에 한 줄 적혀 있다고 현실이 바뀌는 것은 아니다. 법은 언제나 권력의 편이다. 법은 늘 중립적인 척하지만, 결국 권력에서 배태된 글귀에 불과한지라 효율과 합리성을 운운하며 한 글자 한 글자가 자본과 힘 앞에 무기력하다. 장애인의 이동권 보장을 위해 만들어진 법 조항들도 그러했다. 2005년 교통약자편의증

2023년 2월 13일, 전국장애인차별철폐와 장애인권리예산 투쟁에 연대하는 시민들이 기획재정부의 수용을 촉구하고 있다.

진법을 통해 저상버스와 특별교통수단의 도입 근거가 마련되었다. 하지만 16년이 지난 지금 장애인의 이동권은 완전히 보장되지 않고 있다. 심지어 특별교통수단(장애인 콜택시)의 경우, 법정 보장 대수가 명시되어 있지만, 2021년 기준 충족률은 86%에 불과하다. 저상버스도 교통약자법에 따라 정부가 5년마다 도입계획을 수립하며 목표를 제시하는데, 저상버스 도입 목표는 20년째 단 한 번도 달성되지 못했다. 정부는 2021년까지 전체 버스의 42%로 저상버스 교체 목표를 제시했으나, 저상버스 도입률은 이에 한참 모자란 30%다. 혹자는 이제 교통약자이동편의증진법 개정으로 대폐차[1]시 저상버스 의무 도입, 특별교통수단의 운영비 국고 지원 근거가 마련되었기 때문에 장애인들이 싸우지 말고 잠시 기다려야 하는 것은 아닌가 반문하기도 한다.

그러나 앞서 제시했듯, 법에 적시된다고 해서 그것이 현실로 이어지는 것은 아니다. 저상버스 의무 도입이 법에 보장되어 있으나 버스 운수회사들은 각종 이유를 대며 여전히 저상버스 도입을 유예하려 하고 있다. 이를 승인해 주는 지자체 역시 저상버스가 다닐 수 있는 도로 개선 예산이 아까워 이를 방관하고 있다. 특별교통수단 역시 전국 평균 최대 대기시간이 3시간 가까이 되지만 국토교통부와 기획재정부는 운전원 인건비는 너무 비용이 많이 든다는 이유로

1 "대폐차"는 운수사업에 사용되는 차량을 다른 차량으로 교체하는 것을 말한다.

차량 운행률에 하등 도움이 안 되는 차량 관리비와 유류비 수준의 예산만 지급하고 있다.

장애인 이동권 보장은 모두의 과제, 그리고 모두의 투쟁으로

대한민국이 장애인의 이동을 권리로 고민하는 정의로운 사회인가? 장애인은 비장애인이 당연하게 이용하는 시내버스를 타지 못한다. 이를 보완하기 위해 제도화된 특별교통수단은 법에 명시된 수도 채우지 못했고 언제든, 어디로든, 누구든지, 어디라도 가지 않는다.

미미 셸러의 화두를 질문으로 다시 상기해 보자. 누가 이동하고 무엇을 움직일지 누가 결정할 것인가? 이동이 현대 사회에서 대한민국 국민으로서 시민이라면 당연히 누려야 하는 기본권임에도 불구하고, 장애인은 이동의 모든 영역에서 소외당하고 차별당하고 있다. 이 권리는 누가 보장해 줄 수 있는가? 누가 가로막고 있는가? 누가 결정을 해야 하는가?

'무고한 시민'이란 지칭이 과연 옳은지 생각해 보았으면 한다. 권력자는 자신의 일상을 독점적 지위라고 사고하지 못한다. 비장애인 시민들은 비장애중심주의적 교통체계 안에서 버스를 타고, 택시를 타고, 지하철을 편리하게 이용할 수 있다는 사실 자체가 권력임을 인식해야 한다. 신도시에 지하철이 없어서, 광역버스가 다니지 않아 이슈가 되면, 적어도 그 대안들이 빠르게 만들어지는 것을 우리는 숱하게 경험한다.

장애인들은 22년 동안 외쳤지만, 여전히 이동할 수 없다. 무고한 시민이라 일컬어지는, 일상에서 권력을 향유하는 이들은 장애인의 이동권 보장을 위해 어떤 행동을 시도했는가? 아예 인식조차 하지 않은 것 아닌가? 지하철에서, 차도에서 장애인들이 차별과 혐오 속으로 온몸을 내던지며 '함께 살자'라고 외칠 때, 무엇을 하고 있었는가?

함께 외칩시다, 모두가 이동할 수 있는 시대로!
장애인도 시민으로 이동하는 시대로!

글이 단행본으로 다시 독자들에게 전달된다는 제안을 받고, 지금의 이야기 역시 함께 나누고 싶어서 이렇게 마지막 단락을 추가로 적는다. 위의 글을 작성한 지 2년이 지났지만, 여전히 장애인의 이동권은 보장되지 않고 있다. 앞서 독자들에게 설명했던 개정법들은 역시나, 또다시 돈과 정치의 무관심 속에 무용지물이 되고 있다. 그리고 이에 맞선 중증장애인 당사자 투쟁은 여전히 진행 중이다. 지하철에서, 그리고 전국에서.

한편 장애인들은 지금 더 많은 것들을 이야기하고 있다. 지하철, 버스뿐 아니라 비장애인이 단지 시민이라는 이유로 누리는 비행기,

혜화역 서울역방향 5-3 승강장에서 장애인권리예산을 외치며 지하철 선전전 중인 활동가들

배 등 모든 교통수단에 대해 장애인도 평등하게 탑승하고 싶다고 투쟁하고 있다. 가령 매일 아침 중증장애인당사자들은 지하철 바닥에서 '포체투지'[2]라는 예식을 통해 이동권 보장을 외친다. 22대 국회에서 제1호 법안으로 발의된 교통약자이동권보장법을 국회가 1년 내 반드시 통과시켜줄 것을 시민들에게 호소하며 말이다.

갑작스럽지만 이 글이 시민들에게 연대를 요청하는 손길로 다가

2 불교에서 자기 자신을 무한히 낮추면서 불·법·승 삼보에 최대의 존경을 표하는 방법으로, 양 무릎과 팔꿈치, 이마 등 신체의 다섯 부분이 땅에 닿게 절하는 것을 '오체투지'라고 한다. '포체투지'는 오체투지를 할 수 없는 중증장애인이 기어가는 방식(기어갈 포匍)으로 하는 행동을 뜻한다.

가길 희망한다. 매월 적어도 1회 이상 진행되는 다이인Die-in 행동[3], 그리고 전국의 장애인과 비장애인이 모여 장애인의 권리를 외치는 4번의 전국대회, 그리고 유튜브와 페이스북의 혐오 차별 댓글에 맞서 지지와 연대로 일상적인 연대도 가능하다.

오늘도 장애인은 장애인의 권리를 무정차하며 지나가는 사회를 바로 보며 외치고 있을 것이다. "시민 여러분, 장애인도 시민으로 살아가게 해 주십시오!" 그리고 언제나 그 옆에 함께 할 당신의 자리를 기다리고 있다.

3 비장애중심사회의 억압과 고통을 상징적으로 표현하는 퍼포먼스로 참가자들은 사이렌 소리에 맞춰 거리나 공공장소에서 땅에 누워 죽은 듯이 행동한다. 환경, 인권, 정치 문제 등 다양한 분야에서 사회문제로 인해 억압받고 고통받는 사람들을 상징적으로 표현한다.

《플랜P》 11호 [이슈] (2023년 3월호)

이재민 전국장애인차별철폐연대의 활동가다. 전장연은 어느덧 600일이 넘게 지하철에서 장애인의 권리를 외치고 있다. 장애인도 이동하고, 교육받고, 노동하고, 감옥 같은 거주시설이 아니라 지역사회에서 함께 살자는 그 당연한 외침이, 모두의 외침이 되고 나아가 제도적으로 실현될 수 있도록 활동하고 있다.

생존이 아닌 생활을 할 권리

‘지역’, ‘청년’ 그리고 지방 도시의 현주소

들어가며 – 예견된 재앙, 인구소멸

대통령 직속 저출산·고령사회위원회가 2023년 3월 첫 회의를 열고 ‘저출산·고령사회 정책 과제 및 추진 방안’을 논의했다. 현 정부의 ‘저출산 대책’ 윤곽을 처음 제시한 자리다. 한국의 합계출생률은 지난해 0.78명으로까지 추락했다. 7년여 만에 위원장인 대통령이 직접 회의를 주재한 것도 이런 급박한 상황과 무관치 않을 것이다.

하지만 이 자리에서 제시된 대책은 문제의 심각성을 충분히 반영하기보다 오히려 후퇴하고 있는 게 아니냐는 의문을 일으켰고, 인구위기에 대응하기 위한 사회 구조적 전환을 이끌 뚜렷한 비전이 보이지 않는 것이 가장 큰 문제로 지적되었다. 그리고 불과 한 달 뒤, 정부가 노동시장 개혁안을 발표하며 '주 69시간' 노동시간 개편안이 화두로 올랐다.

지난 대선의 가장 뜨거웠던 키워드는 바로 '청년'이었다. 누가 더 젊은 정치인인가를 겨루며 청년을 만나 살기 좋은 나라를 만들겠다 자만했다. 청바지에 맨투맨을 입고 유쾌한 콘텐츠도 찍으며 청년 표심 잡기에 모든 정치권이 난리였고, 다양한 청년전략들이 등장했다. 그러나 그 전략들은 면접에서 낙방하며 여성 면접자를 힐긋 바라보는 남성 면접자의 모습이거나, 장애인 이동권 시위에 '시민의 이동권'으로 맞수를 두는 언론, 그리고 그들만의 공정리그를 외치는 담론 등이 전부였다. 특정 성별과 계층을 혐오하고 모욕하는 그러한 왜곡된 공정 담론들은 대선 이후 지금의 청년 세대들을 설명하는 주요 담론으로 자리매김했다.

청년을 흉내만 내는 청년전략이 난무하는 가운데, 2021년 청년 체감 경제고통지수는 27%, 사실상 코로나 종식을 선언한 2022년에도 25%로 역대 최고치, 전 연령층에서도 최고치를 기록했다. 청년을 둘러싼 사회지표들은 사실상 우리 세대에게 더 나은 삶을 살 권리의 종말을 선언하는 듯하다. 그래서 냉소가 묻어난 질문을 역으로 던지고 싶다. '새삼스레 뭘 이러세요? 갑니다. 절벽으로.'

2022년은 '대 MZ의 시대'였다. MZ 노조라고 불리는 신생노조들의 설립이 연초 대기업·공기업 중심으로 급격히 확산했다. 기존 노조와의 차별화, 생산직 위주 교섭 탈피, 사무직에 대한 차등 보상 등을 내세워 커뮤니티 가입 직원이 5000명에 달하는 등 세를 불려 갔다. 그러나 여전히 막강한 1 노조의 조직력과 교섭권 확보 실패 등의 사업장 내부의 현실적인 문제에 부딪히게 된다. 동력을 상실한 듯 보였으나, 이들은 각각의 사업장의 담을 너머 MZ 노조들만의 협의체를 만든다. 바로 '새로고침 협의체'의 탄생기다. 언론과 사회는 이들을 '공정을 위해 싸우는 신세대'라고 수식어를 붙이기 시작했다. 양대 노총은 청년 사업에 집중하기 시작했고, 조직의 주요 자리에 청년 비중을 확대하기 위한 노력도 기울였다. 대통령은 후보 시절부터 청년 표심잡기에 앞장섰고, 취임 이후 노동 개혁을 추진하는 과정에서 MZ 노조를 주 소통 파트너로 삼았다. 미디어는 에어팟을 끼고 사원증을 목에 건 사무직으로 MZ세대를 이미지화하고, 온갖 유행어를 탄생시킨다. 10년 전 '20대 개새끼론', '88만 원 세대' 등 청년 세대를 지칭하던 수식어들에 비하면 많이 발전한 것일까? 소위 너나 할 것 없이 한국 사회 전반이 청년 세대에게 집중하는 낯선 풍경이 펼쳐졌다.

앞서 밝힌 바와 같이 노동 개혁을 추진하는 과정에서 청년 세대를 중요 파트너로 삼은 정부는 노동시간 제도 개편안의 반대 여론이 거세지자, 청년 세대 의견 청취에 나선다. 그러나 정부는 비정규직, 파견용역직 등 정규직 울타리 바깥 노동자들은 만나지 않았다. 유일하게 청년유니온을 만났으나 노동부가 만남 전날 일방적으로 비공개 회동을 제안하면서 청년유니온은 면담 전 근로시간 개편안 반대 긴급 기자회견을 열어 면담이 비공개로 진행된 데 대한 고용부에 유감을 전했다. 반면 같은 날 여당 대표는 새로고침 협의체 간부들을 만나 치맥 간담회를 하는 장면을 연출했다. 청년노동의 이중구조, 정부의 의견 청취 대상에 취약계층 노동자들은 없었다. 이 사회가 말하는 청년이라는 단어는 사실 청년 세대의 자격을 말하는 것과 다를 바 없다. 그 바깥에 있는 청년들은 사회 어디서도 찾지 않았다.

지방 청년의 위기 – '살기 싫다'가 아닌 '살 수 없다'

1997년 외환위기의 결과로 비정규직의 문이 열렸다면, 2008년 금융위기의 결과는 비정규직에서 문이 한 번 더 열렸다는 것이다. 일을 해도 가난한 '노동 빈곤층'이 바로 이 시기에 등장한다. 불안정, 시간제, 플랫폼-프리랜서와 같은 비정형 노동자들이 이에 속한다. 한국 노동시장의 가장 큰 문제는 청년과 여성 두 집단의 고용성과가 매우 낮다는 것에 있다. 일단 갈수록 일자리 파이 자체가 줄고 있으며, 갈 수 있는 일자리 중 양질의 일자리를 찾기 어렵다. 이는 지역으로 올수록 더욱 심화한다. 2022년 청년유니온이 실시한 〈지역 일자리 실태조사〉에 따르면 300인 이상 기업체 4131개 중 57%가 수도권에 집중되어 있으며, 광주광역시의 경우 300인 이상 기업의 비율이 2.3%밖에 되지 않는 것으로 확인되었다.

고용률 또한 처참하다. 호남지방 통계청에 따르면 광주의 20대 고용률은 2018년 54.6%에서 해마다 하락했고, 2022년 10월 자로 광주의 청년고용률은 38.5%로 집계된 바 있다. 전년 대비 2만 3000여 명 정도로 취업자 수는 증가했으나 20~30대는 3년 연속 감소 추세다. 이는 전국 평균 청년고용률 47.2%와 비교했을 때 현저히 밑도는 수치다.

고용률과 같이 눈여겨볼 통계가 있다. 지난 2월 호남지방통계청이 발표한 '2021년 4분기 및 연간 지역경제 동향'에 따르면 지난해에만 광주에서 2644명의 20~29살 청년들이 일자리를 위해 이주를 선택했다. 전통적으로 지자체의 일자리 정책은 대기업 유치에 방점이 찍혀 있었다. 그러나 다양한 이유로 기업이 일자리를 만들 거라는 정설은 이제 환상이 된 지 오래다. 특히 코로나19 이후 고용시장이 얼어붙으면서, 기업이 채용의 문을 굳게 닫았다. 특히 일자리의 질이 갈수록 낮아지고 있다는 점도 주목해야 한다. 2022년 10월 기준으로 주 36시간 이상 취업자 수는 약 110만 명으로 전년 대비 18만 명 감소한 수치다. 그러나 주 36시간 미만, 이른바 초단시간

노동자는 약 20만 명이 늘어난 64만 명으로 집계되었다. 더하여 고물가와 금리 상세가 지속되면서, 내수 부진과 경기침체로 인해 취업시장이 더욱 둔화할 것으로 예상된다. 노동이행기가 길어질수록 결국 청년들은 초단시간, 불안정한 일자리들을 선택할 수밖에 없다.

이러한 문제의식의 연장선에서 광주광역시가 야심 차게 추진했던 일자리 사업, 바로 광주형 일자리 사업이다. 지역 주도형 노사 상생 일자리라는 구호로 2020년에 출범했으나, 박광태 전 시장을 모 법인의 초대 이사로 임명하는 등 준비 단계부터 순탄치는 않았다. 노조 혐오, 전문성 부족 등 자질 논란으로 경영진 선임부터 지역사회의 반대에 부딪혔지만, 주주들은 '노사 상생을 통한 원만한 노사관계 유지' '성공적인 공장 건설 완료' '캐스퍼 성공 양산' 등을 현 경영진의 성과로 평가했다. 면피용 행정이라는 비판에도 그들은 여전히 재선임되어 지금까지 대표를 맡고 있다.

광주형 일자리의 가장 큰 특징은 사회적 임금이다. 기존 완성차 기업의 절반 수준으로 연봉을 책정하는 대신 근로자들에게 주거·의료·교육 등의 후생 복지를 지원하기로 한 사회적 임금을 자동차 업계에서 최초로 시행하는 것이다. 그러나 출범 1년째 되는 해인 2022년 광주글로벌모터스에서는 포부와는 다르게 퇴사자가 줄을 이었다. 기존 문제를 해결하기는커녕 저임금-고강도 노동, 낮은 복지 수준 등의 새로운 문제가 불거지면서 노사 갈등이 시작된 것이다. 갈등의 원인은 명확하다. 정부와 지자체가 약속을 지키지 않는다. 업계 평균보다 낮은 임금을 책정하는 대신 약속했던 사회적 임금 제도가 유명무실해진 것이다. 특히나 가장 큰 혜택이었던 주거 지원 정책도 예산 미확보로 지금까지 해결되지 않고 있다. 광주시는 임시방편으로 임대주택을 공급했지만, 공장과는 최소 1시간 이상 떨어진 거리로 노동자들은 긴 통근 시간을 감수하고 있다. 지방에 살아도 안정적인 일자리를 가질 수 있다는 희망은 1년을 가지 못했다.

청년들의 탈지역 현상이 가속화하고 있고 지자체는 마음이 급하다. 그리고 그 대안으로 복합쇼핑몰이 등장한다. 후보 시절 윤석열 대통령은 본선 2주 전 광주 전역에 '복합쇼핑몰을 유치하겠다'라는 현수막을 게첩했다. 당선 이후에도 청년층을 타깃으로 삼으며 복합쇼핑몰 어젠다를 띄웠다. 윤석열 후보의 당선은 광주의 정치 지형을 독점하고 있는 민주당엔 위기였다. 특히 청년 유권자의 이탈에 민주당은 복합쇼핑몰을 시정 과제 전면에 내세우고 있다. 당선 직후부터 강기정 시장은 '국가지원형 복합쇼핑몰'을 내세우며 국가 지원과 민간 자본 투자, 지역 행정 지원을 신속하게 결합하겠다는 의지를 밝혔다.

정주의 요건으로 소비를 내걸며 자본 집약적으로 탈바꿈해야 한다는 소비 중심 관점이 광주 정치권을 지배하고 있는 것이다. 필자는 이로써 정치가 오히려 자신의 영역을 협소하게 만들고 있다고 본다. 지표가 말해주는 명확한 사실은 무시한 채, 유잼도시를 외친다. 탈지역 현상이 말하는 것은 재미없는 촌구석이라 '살기 싫다'가 아니다. '살 수가 없다'다.

획일적인 청년 정책의 시각 – '2030 평균 자산 3억 1849만 원? 아 2030에서 블랙핑크 빼라고요'

2021년 통계청의 '가계금융복지조사 마이크로데이터'에 따르면 2030세대의 평균 자산은 3억 1849만 원으로 전년도 대비 7.4% 증가한 것으로 확인됐다. 그러나 자세히 보면 상황은 다르다. 소득 분위별로 분석했을 때 상위 20%의 평균 자산은 8억 대, 하위 20%의 평균 자산은 2473만 원으로 8배 이상 벌어진다. 이는 전년 대비 35.2%나 악화한 상황이다.

청년층 내 불평등은 이미 오래전부터 문제가 되고 있다. 통계청의 가계금융복지조사(2019년 기준)를 바탕 삼아 청년층(19~34살)의 소득과 자산을 살펴보면 저소득 청년층은 평균소득 84만 9000원, 고소득 청년층은 655만 6000원으로 두 그룹의 격차가 7.7배에 이른다.

그러나 그를 뒷받침할 제도설계는 미비하다. 청년세대가 단일할 거라는 착각에 빠져 있기 때문이다. 청년 정책에는 트렌드가 있다. 2010년대에는 청년수당, 지역 주도형 일자리 사업과 같은 수당정책과 단기 일자리 사업이 전국적으로 확산했다. 문재인 정부 출범 이후 정책의 트렌드는 수당과 일 경험에서 자산 형성으로 전환되었다.

'청년희망적금'이 그 시작이다. 저축 금액 월 최대 50만 원, 은행 이자 저축장려금은 납입액에 따라 이자율로 지급된다. 즉, 정부의 저축장려금이 투여되는데, 돈을 많이 저축한 계층에게 더 많은 장려금이 지급되는 말 그대로 '저축 경쟁'이다. 그렇다면 대상자는 되지만 저축할 여력이 안 되는 저임금 청년들, 혹은 대상조차 안되는 일하지 않는 청년들은 어디로 가야 할까. 사실상 최대치로 저축하지 않으면 일반 적금상품과 다를 바가 없으며, 저축액을 채우느라 생활비가 없어 이른바 '청년절망적금'으로도 불린다. 현장의 반응은 싸늘함에도, 윤석열 정부는 출범 직후 10년간 월 70만 원 저축에 장려금을 보태어 1억을 만들어 주는 '청년장기자산계좌' 출시를 밝혔다.

지역 주도형 일자리 사업의 경우도 마찬가지다. 광주의 경우, 5개월간 하루 5시간 일 경험을 매칭하는 '청년일경험드림사업'을 시행한다. 이 정책은 지자체가 자랑하는 소위 '효자 정책'이다. 그러나 이 사업은 실업급여 수급 가능 개월 수인 180일 이상으로 시간을 늘려 달라는 시민사회의 꾸준한 요구에도, 여전히 5개월로 개월 수를 한정하고 있다. 더하여 사업 참여 청년이 이후 어떤 일자리에서 어떻게 삶을 꾸리고 있는지에 대한 사후 데이터 수집이 되지 않고 있어 단기 일자리 사업 이상의 의미가 있냐는 아쉬운 평가도 받고 있다. 위 두 사례의 공통점은 청년에 대한 본질적인 고민이 없다는 것에 있다.

청년 정책은 어떤 청년에게 무엇을 지원할 것인가라는 질문에서 시작해야 한다. 사회적 안전망의 가장 기본이 되는 일자리 정책에 더하여 청년의 다양한 위치성을 해석하고, 그 결과로 정책이 설계돼야 한다. 더불어 구직 청년, 니트 청년(학교에도 가지 않고 일도 하지 않는 청년) 등 노동시장 안팎의 취약계층 청년들을 지원하는 정책이 필요하다.

'아 2030에서 블랙핑크 빼라고요' 이는 실제로 2030 평균 자산 기사에 달린 댓글이다. 청년층 내부의 격차와 세대 전체를 관통하는 이 불평등을 해결하지 않은 채, 트렌드처럼 남발되는 청년 정책은 탁상행정에 불과하다. 청년 정책의 목표가 지표개선이 아닌, 넘어져도 일어설 수 있는 사회적 안전망을 만드는 데 초점을 맞춰야 한다. 사회적 안전망이 부재한 채, 숫자와 통계로만 청년을 해석하려는 관성을 탈피해야 한다.

마치며

청년 문제는 복잡하다. 주거, 일자리, 젠더 등 사회의 다양한 불평등 문제들이 중첩되어 있기 때문이다. 특히나 지방 청년 문제는 더 단순하지 않다. 일자리뿐 아니라 경제·문화·교통 등 도시를 구성하는 필수적인 인프라들이 수도권에 집중된 상황에서, 한국 사회는 오랜 시간 수도권이 지방 도시를 소위 프랜차이즈화하는 기이한 구조를 지니고 있다.

'성심당 안에 대전 있다', '울산은 지하철 대신 고래 타고 다녀'와 같은 지방 청년들의 자조는, 이제 더 이상 유머가 아니다. 국내 중소도시 77곳 중 18곳이 소멸 위기에 처했다. 인구는 감소해도 여전히 지방 도시에는 사람이 거주한다. 그러나 인구감소로 인해 인프라가 축소되고 떠날 수 없는 이들은 같은 세금을 내고도 삶의 필수적인 인프라들(교통, 의료 등) 없이 살아가야 한다.

한창 유튜브에 '시골 생활 브이로그' 콘텐츠가 유행한 적 있었다. 지역 한달살이가 새로운 관광 콘텐츠로 떠오를 때 유행했다. 그러나 나는 묘하게 그 감성이 불편했다. 여유롭고 느린 지역에서 천천히 사는 모습을 볼 때면, 이것 또한 수도권 시민들의 낭만으로 지역이 해석되는 것 같았기 때문이다.

긴 버스 배차 간격부터, 필요한 곳에는 없는 지하철노선, 응급환자가 갈 병원이 없어 몇 시간을 돌고 돌아 겨우 온 지역거점 병원에는 늘 병상이 부족하고, 300인 이상의 기업이 겨우 2.3%밖에 되지 않는 곳이라는 것들은 그 영상에서 말해지지 않았다. 그나마 광주광역시는 거점광역도시라 전남·전북권 보다는 사정이 낫다. 전남·전북권의 소도시들은 광주에 인구와 인프라를 흡수당한다. 더 큰 도시에 전기를 공급하기 위해 농촌 도시에 세워지는 송전탑들과 위험을 감수하고 가동되는 핵발전소들을 보고 있자면, 수도권과 비수도권의 관계는 물론이거니와 왜 지금 한국의 도시풍경은 큰 도시가 작은 도시를 흡수하거나 경쟁하는 방식이 된 건지 질문이 생긴다. 우리에겐 조금 더 본질적인 논의가 필요하다. '한달살이'라는 어떤 이들의 낭만은 누군가에겐 현실이다.

앞서 밝힌 2022년 합계출생률 0.78%라는 수치는 떠나기를 포기한 청년들의 멈춤이다. 인구감소라는 사회 현상이 아닌, 낳지 않겠다는 사회적 파업과도 같은 이 현실 앞에 지자체들이 인구 위기에 대처하는 모습은 신규 택지개발, 각종 현금성 지원, 소비공간 건립 등과 같은 단기적이고 포퓰리즘적인 대안만을 내놓는다. 청년들이 바라는 것은 영끌과 코인으로 벼락부자가 되는 것이 아니다. 나고 자란 곳에서, 안정적으로 삶을 꾸릴 수 있는 기본권이 보장되는 삶이다. '물러설 곳이 없다'는 독기로 삶을 버티는 청년들은 더욱 옆을 돌아볼 여유가 없다. 우리에게는 생존이 아닌 생활을 할 권리가 필요하다.

《플랜P》 12호 [이슈] (2023년 6월호)

김다정 광주에서 나고 자란 토박이. 광주청년유니온에서 활동하고 있다. 좌우명이 '인생을 손님처럼 살지 않기'일 정도로, 인간에게는 주체성이 가장 중요하다고 생각한다. 삶의 방식은 다양한 데, 제도에 속하지 않으면 최소한의 권리조차 보장받지 못하는 사람이 많다. 모두가 정규직이 될 필요가 없고 모두가 수도권만 바라보고 살 필요도 없다. 이 사회를 구성하는 여러 주인 중 한 명으로, 더 나은 사회를 위해 토론하고 고민한다. 동료들과 함께!

세계 최저 출생률과 노동인권

한국 사회의 '노동'에 대한 시각

2015년 9월 7일 미국의 버락 오바마 대통령은 보스턴에서 열린 행사에 참석해 다음과 같은 연설을 했다.

> "가족의 생계를 보장할 좋은 직업을 원하십니까? 당신이 예기치 못한 어려운 상황에 처했을 때, 누군가 자신의 뒤를 든든하게 봐 주기를 바라십니까? 그렇다면 노동조합에 가입하세요. 여러 나라를 다녀 보니 노조가 없거나 금지한 나라도 많습니다. 그런 곳에서 가혹한 착취가 일어나고, 노동자들은 보호받지 못한 채 산업재해를 당합니다. 그것은 노동조합 운동이 없기 때문입니다."

이것이 흔히 '부자들의 천국'이라고 불리는 미국 사회에서 '리버럴liberal'이라고 표현되는 '자유주의' 민주당 정부가 노동조합을 바라보는 시각이다. 문재인 정부가 최저임금을 지나치게 많이 인상하는 바람에 일자리가 줄었다거나 나라 경제가 어려워졌다고 생각하는 사람이 많다. 보수 언론들은 지금까지도 문재인 정부의 급격한 최저임금 인상이 한국 경제 불황과 일자리 문제의 원인이라고 비난한다. 그 깜짝 놀랄 만한 2018년 최저임금 인상률이 16.4%였다. 그런데 2015년 미국 오바마 대통령이 추진한 최저임금 인상률은 무려 39%였고, 2021년 바이든 대통령은 최저임금을 37% 인상하는 행정명령에 서명했다. '자본주의 원흉'이라는 말을 듣기도 하는 미국 사회에서도 민주당 정부가 그만큼은 한다.

미국이 노동인권을 존중하는 '좋은 나라'라는 뜻이 아니라 한국 사회에서 노동문제를 바라보는 시각이 전형적 자본주의 시장경제 체제인 미국의 주주자본주의보다 훨씬 더 보수적·부정적이라는 뜻이다. 우리는 모두 그러한 사회에서 태어나 지금까지 살아왔다. 한국 사회에서 자신의 정치성향이 "보수도 진보도 아닌 중립"이라고 생각하는 사람들이 노동문제를 바라보는 시각은 국제적 기준으로 보면 거의 대부분 '극우 세력'에 해당한다.

‘노동’에 대한 과도한 혐오

한국처럼 ‘노동’이란 단어를 혐오하는 사회는 찾아보기 어렵다. 모든 한자 사용권 나라들이 달력에 5월 1일을 ‘노동절’로 표기하는데, 우리나라만 ‘근로자의 날’이라고 표현한다. 이렇게 표기한 달력은 전 세계에서 대한민국밖에 없다. 이승만 정부에서도 그 명칭은 ‘노동절’이었다. 1963년 박정희 군사정부 시절에 바뀐 이 명칭을 그 뒤 어떤 정부에서도 바꾸지 못하고 있다. 일본이나 중국의 학자가 쓴 논문에 나오는 ‘노동자 1000명당 노동손실일수’라는 통계를 한국의 정부나 학계에서는 굳이 ‘근로자 1000명당 근로손실일수’로 번역한다. ‘노동’이란 단어를 이토록 회피하는 현상을 다른 나라에서는 찾아보기 어렵다.

‘근로자’라는 단어는 《조선왕조실록》에 23회 나온다. ‘근로’라는 단어는 198회나 등장한다. ‘노동자’란 단어는 한 번도 나오지 않는다. 곧 ‘근로자’는 오랜 옛날부터 사용된 단어인 반면 ‘노동자’는 근대 이후부터 사용된 단어라는 뜻이다. 중세 농경 사회의 노예·노비·농노 등은 모두 ‘근로자’로 표기됐다. 근대 산업사회 이후 새롭게 등장한 피고용자 직장인 곧 임금 생활자 계층을 모든 한자 사용권 나라에서는 ‘노동자’로 표현하기 시작한 것이다.

한국 사회에서도 일제강점기인 1920년대부터 ‘노동’이란 단어를 사용하기 시작했다. ‘근로자’란 단어가 공식적으로 사용된 경우는 조선총독부의 '조선여자근로정신대' 또는 이승만 정부의 '전시근로동원법'처럼 정당한 노동의 대가를 지불하기 어려운 상황에서 노동자성을 희석하는 용도로 사용된 경우가 많았다. 사회과학을 공부한 사람들이나 노동조합 간부들이 '노동이나 '노동자'라는 단어를 주로 사용하는 이유는 그 때문이다.

문재인 정부 들어 서울시·경기도·인천시·창원시·부산시 의회에서는 모든 조례의 '근로'라는 단어를 '노동'으로 바꾸는 조례안을 통과시켜 현재 시행되고 있다. 이러한 현상은 한국 사회가 이제 비로소 '노동'에 대한 과도한 혐오로부터 벗어나는 과정이지 '불순한 변화'로 볼 일은 아니다.

다른 나라에서는 찾아보기 어려운 '노동'이란 단어에 대한 과도한 혐오 현상은 전 세계에서 유일하게 민족 분단이 70년 동안이나 이어지고 있는 특별한 정치적 상황과 무관하지 않다. 이북에 집권한 정당의 명칭이 '노(로)동당'이고 발행하는 신문도 '노(로)동신문'이어서 '노동'을 중시하는 진보적 주장 일체에 대해 혐오감을 갖는 '레드 콤플렉스Red Complex'가 전 세계에서 가장 심각하게 뿌리 내린 사회가 대한민국이다.

사회 양극화와 최저 출생률

우리나라 경제 규모는 세계 10위다. 전 세계에서 열 번째로 돈이 많은 나라라는 뜻이다. 개인소득은 인구 5000만 이상인 나라 중 6위에 올랐다. 그런데 출생률은 세계 최저 수준이다. 2022년 합계출생률은 0.78명으로 경제협력개발기구OECD 국가 중 최하위일 뿐 아니라 〈2022 세계 인구현황보고서〉에 따르면 198개국 중 198위를 기록했다. 북한의 합계출생률은 118위이다.

한국 사회에 이러한 기현상이 나타나는 가장 중요한 이유는 경쟁을 통해 승리한 사람과 그렇지 못한 사람과의 차별이 세계에서 가장 큰 것과 무관하지 않다. 치열한 경쟁을 거쳐 대기업·공기업 정규직, 교사·공무원 등이 되면 그나마 안정적 삶이 가능하지만, 그 '바늘구멍'을 통과하지 못한 사람들의 삶은 지나치게 불안정하다.

한국 중소기업 노동자 임금은 대기업에 비해 57.2%밖에 되지 않는다.[1] 중소기업 비정규직은 30~40%에 머문다. 다시 말해, 공부를 매우 잘한 사람과 그렇지 못한 사람이 사회에 진출했을 때 소득이 서너 배가량이나 차이가 난다. 다른 나라들은 그 차이가 그렇게 크지 않다. 일본 중소기업 노동자 임금은 대기업의 83.3%다.[2]

1 한국 〈고용형태별 근로실태조사〉, 2017년.
2 일본 〈민간급여실태 통계조사〉, 2017년.

한국 사회에서 가장 높은 임금을 받는다는 대기업 청년 직장인들도 “결혼 계획은 있지만, 출생계획은 없다”라고 말하는 경우가 많다. 치열한 생존경쟁의 사회에서 자신의 자녀를 자기처럼 대기업 정규직으로 만들 자신이 없기 때문이라고 한다. 치열한 사교육 경쟁을 거쳐 ‘명문대’에 입학시키고 대기업 정규직으로 키워야 한다는 부담이 자녀 낳기를 두렵게 만들고 있는 것이다. 신규 공무원이나 교사로 임용돼 사회에 첫발을 딛는 직장인들도 대동소이했다. 자신의 자녀를 자기처럼 “뼈 빠지게” 공부시켜 공무원·교사 임용시험이라는 바늘구멍을 통과시킬 자신은 없다고 했다.

사교육 시장에서 대입 ‘족집게 강사’의 한 달 과외비가 1000만 원이 된 것이 10년쯤 전이고, 서울뿐 아니라 지방 중소도시의 학원에도 ‘초등 의대반’이 만들어지고 있다. 이러한 상황에서 어떻게 마음 편히 자녀를 낳아 키울 수 있겠는가? 젊은 부부들이 “자녀 양육에 드는 비용과 노력으로 우리끼리 행복하게 살자”는 생각을 할 수밖에 없는 상황이다. 주말마다 캠핑을 다니며 반려동물을 키울지언정 아기를 낳아 키우는 것은 너무 두려운 일이어서 엄두를 내지 못한다.

출생률 저하는 경제성장률 저하와는 비교할 수 없을 정도로 미래 사회의 재앙이 될 것이라고 한다. 전문가들은 “한국 사회가 소멸할 수도 있다”라고 경고하기도 한다. 도대체 어떻게 해야 할까? 이러한 상황은 대기업과 중소기업, 정규직과 비정규직, 고학력과 저학력, 사무직과 생산직, 남성과 여성 노동자의 차별이 없어져야만 비로소 해소될 수 있다.

그렇게 평등한 사회가 실제로 있을까? 당연히 있다. 유럽의 대학들은 대학교수와 대학 경비나 청소 노동자의 연봉이 우리나라처럼 크게 차이 나지는 않는다. 스웨덴에 유학하고 온 치과의사의 아내가 "스웨덴에서는 경력이 10여 년쯤 된 기능직 노동자가 의사보다 월급이 더 많아"라고 자조적으로 말하는 것을 들은 적이 있다. 용접공으로 10여 년 일한 노동자의 소득이 의사와 맞먹는다는 것이다. 그래서 스웨덴에서는 청소년이나 학부모들이 기꺼이 배관공·목수·용접공 등의 직업을 선택한다는 것이다. 그 치과의사 부부가 살던 동네에는 대학교수 부인과 배관공 남편, 용접공 부인과 의사 남편 부부가 살았다고 한다. "직업에 귀천이 없다"는 것은 이런 모습을 두고 하는 말이다.

이러한 얘기를 들으면 한국의 청년들은 "그 나라 의사들은 너무 억울하지 않을까요?"라는 어리석은 질문을 한다. 이 질문이 어리석은 이유는, 그러한 사회에서는 '돈을 많이 벌고 싶은' 사람이 아니라 '고생을 각오하고 인간의 생명을 구하고 싶은' 사람이 의사가 되기 때문이다. 의과대학 입학생을 선발할 때도 우리나라처럼 '전교 1등' 성적을 중요시하는 것이 아니라, 생명에 대한 존중과 사명감이 있는지, 응급환자 때문에 밤잠을 설치면서도 평생 불평하지 않고 의사 직무를 수행할 수 있는 철학적 토대를 갖췄는지 등에 대해 매우 엄격하게 심사한다.

의사는 생명을 구하는 기능을 수행하고, 건설 노동자는 건물을 짓는 기능을 수행하고, 청소 노동자는 사회를 깨끗하게 유지하는 기능을 수행하는 존재로서 서로 존중한다. 북유럽 사회에서는 노동자를 치료하는 의사가 "나는 청소 노동자와 다른 존재지"라는 생각을 하면 인간 패륜아 취급을 당한다. 그러한 가치관이 '얀테의 법칙'이다.[3]

파업함으로써 사회에 경제적 손실을 발생시키고 시민들을 불편하게 만드는 '노동3권'을 헌법상의 권리로 존중하고, 그러한 손해와 불편을 감수해야만 사회가 발전한다고 믿고, 시민들이 기꺼이 감내하는 '똘레랑스tolerance'라는 정서는 그러한 토대 위에서 만들어졌다. 유럽 시민들은 노동자들의 파업이나 집회로 불편을 겪으면서도 "불편이 클수록 파업 효과가 큰 것"이라고 공감하며, 노동자들로 하여금 그러한 행동에 나설 수밖에 없도록 만든 경영자와 정치인들을 비난하지 노동자들을 비난하지는 않는다. 그렇게 해야 사회가 발전한다는 것을 자본주의 이행 과정에서 검증하며 깨달았기 때문이다.

대학을 졸업하지 않고도 명문대 나온 사람 못지않게 행복하게 살아갈 수 있다면, 우리도 지금처럼 치열한 사교육 경쟁을 하며 쫓기듯 살아가지 않을 수 있다. 사회 지도층이 "손발 노동은 아프리카나 하는 것"이라 말하며, 대기업 정규직은 젊었을 때 열심히 노력한 사

3 스칸디나비아 반도 국가의 10가지 생활 규범으로 겸손한 삶의 태도를 드러낸다.

람이 누리는 '당연한 특권'이고, 비정규직 노동은 노력하지 않은 사람이 받는 '마땅한 형벌'처럼 여기는 사회에서 출생률 저하 문제는 "절대로" 개선되지 않는다. 자녀가 앞으로 어떤 직종에서 일하든 정당한 대우를 받을 수 있는 사회라면, 자녀 낳기가 두렵지 않게 될 것이다. 출생률을 비롯한 거의 모든 사회문제들이 노동자가 정당한 대우를 받는 사회를 만들어 가는 것과 무관하지 않다.

플랜P 12호 [배움] (2023년 6월호)

하종강 성공회대학교 노동아카데미 주임교수. 40여 년 동안 노동자들과 소통하며 활동해 왔고, 한울노동문제연구소 소장, 성공회대학교 노동대학 학장을 거쳤다. 《우리가 몰랐던 노동 이야기》, 《선생님, 노동이 뭐예요?》, 《아직 희망을 버릴 때가 아니다》, 《그래도 희망은 노동운동》, 《울지 말고 당당하게》, 《길에서 만난 사람들》, 《철들지 않는다는 것》 등의 책을 썼다.

PART 3

[인터뷰]

평화 살아내기

홈리스는 그림자가 아니다 [홈리스행동] _강혁민

불편하지만, 아무도 배제되지 않는 평화 [조미수 평화활동가] _박숙영

사회적 대화를 통해 갈등을 전환하다 [한국갈등전환센터] _김복기

누구나 당사자의 목소리를 내는 세상을 위해 [정치하는엄마들] _장인희

마을에 뿌리 내린 평화 [부산어린이어깨동무] _김유승

“ 홈리스는 구조적인 빈곤의
문제라고 생각합니다 ”

홈리스는 그림자가 아니다

빈곤이 상대적이라는 수식어는 적절하다. 현대사회에서 빈곤은 더 이상 특정 영역의 절대적 기준에 의해서만 측정될 수 없기 때문이다. 그럼에도 절대적 빈곤은 시대를 막론하고 비슷한 형태로 유지 및 생산된다. '홈리스Homeless'는 바로 그 절대적 빈곤의 대표적 예다. 홈리스는 내 집 마련에 실패한 무주택자들과 구분되어야 한다. 빈곤에 허덕이는 홈리스들은 자본주의의 확장과 신자유주의적 구조조정에 의해 희생양이 되어 거리로 내몰린 이들을 지칭한다. 빈곤이 일상이 되어 삶의 의지를 위태롭게 할 때, 우리는 어떻게 평화를 주장할 수 있을까? 구조적 모순에 의해 홈리스가 된 이들을 돌보고, 이들의 주체적 행동을 조직하는 '홈리스행동Homeless Action' 소속 이동현, 로즈마리 활동가로부터 절대적 빈곤에 갇힌 이들에 대한 생생한 이야기를 전해 들었다.

> 홈리스행동은 홈리스 상태가 자본주의의 내적 모순에 기인하며, 신자유주의가 확대될수록 홈리스 문제는 점차 심화할 것이라는 관점을 갖고 있습니다. 홈리스행동은 어떤 단체이고 어떤 활동들을 주로 해 오셨나요?

로즈마리 홈리스행동은 홈리스들의 실질적인 필요를 충족시키고 도움을 주는 조직체입니다. 경제적 문제와 주거의 문제가 해결될 수 있도록 돕고, 홈리스들이 기초수급을 받게 해 준다든지, 또는 장애 등록도 해 주고요. 일 년에 한 번씩 (돌아가신 분들을 위한) 추모제를 하기도 해요. 이사 가면 이사를 도와준다거나 나이 먹고 오갈 데 없으면 임시 거처를 마련해 주기도 하고요. 아픈 사람들을 데려가서 치료받게 해 주고, 옷이 없는 사람들에게 옷도 지원해 줍니다. 지금은 코로나 때문에 어려움이 있지만, 상황이 조금 완화되면 더 나아질 거예요.

이동현 홈리스행동은 2001년에 만들어졌어요. 노동자들이 노동조합의 멤버십을 가지고 활동하듯이 저희는 홈리스들의 조직이라고 할 수 있을 것 같아요. 저희는 홈리스 당사자들을 조직하기 위해 만든 단체인데, 당사자들이 그들의 권리 의식을 갖고 그것을 정책에 반영하도록 북돋는 일이 사실 쉽지는 않더라고요. 당장 민생문제를 해결하는 것이 시급하기도 하고요. 또 홈리스라는 정체성이 긍정적인 정체성이 아니기 때문에 스스로 그것을 숨기고 싶어 하기도 해요. 아픈 과거사로 돌리고 싶어 하시고요. 이런 실질적인 어려움 때문에 홈리스들의 권리의식과 조직화는 상당한 어려움이 있습니다. 그렇지만 지난 20여 년을 뒤돌아보면 적어도 후퇴하지는 않았다고 생각합니다. 저희의 활동은 크게 네 가지로 나뉩니다. 현장 활동, 미디어 매체 활동, 야학, 그리고 연대 활동입니다. 그중에서도 가장 중심에 두는 것이 현장과 야학 활동입니다.

지금 하고 계시는 네 가지 활동에 대해서 좀 더 설명 부탁드립니다.

이동현 홈리스는 구조적인 빈곤의 문제라고 생각합니다. 이 문제는 구조적이기 때문에 홈리스 당사자에게만 해당되는 문제가 아닙니다. 그래서 우리 단체가 다루려는 문제는 철거민 조직의 문제고, 기초보장제도와 연관된 문제고, 따라서 당연히 주거와 관련된 문제, 의료와 관련된 문제이기도 하지요. 한국 사회 빈곤 문제들이 다 이렇게 골고루 좀 섞여 있는 문제랄까요? 그렇기 때문에 이런저런 활동을, 연대를 통해 해결하려고 해요. 예를 들어서 '홈리스 인권 지킴이'라고 해서 금요일마다 거리에 나가서 당사자분들 만나는 활동을 하고 있는데, 이것도 사실은 여러 단체에 상근하는 활동가들이 같이 참여하고, 또 홈리스 당사자분들도 같이 참여하는 그런 방식으로 이루어지고 있어요. 그다음에 저희가 정책 대응 활동을 하면서 주거팀, 인권팀, 추모팀을 만들었는데, 그것도 10여 개 단체가 같이 참여해서 활동하는 방식으로 이루어지고 있습니다.

야학 같은 경우는 저희가 2010년에 개교를 했어요. 그 이전에는 맹아적인 형태의 주말 배움터라든지 문화권 증진을 위한 문화 행동 같은 활동도 했지만, 학교 형태로는 저희가 공간을 만들면서 시작되었습니다. 2010년부터 12년째 진행하고 있고요. 저희는 생활 야학이에요. 한글이라든지 영어라든지 이런 학습도 하지만, 홈리스 상태에 대해서 바로 이해하기 위한 권리를 주제로 한 두 가지 수업이 있고, 이건 필수예요. 그리고 그 외에 문화 활동으로 합창이라든지 만들기라든지 컴퓨터 기초 활용, 이런 것들을 진행합니다. 수업은 월요일부터 금요일까지 매일 편성이 되어 있고, 최근에는 코로나 때문에 학생 모집을 적극적으로 하지 않아서 학생이 많지는 않습니다. 학생이 25명 정도 되고, 교사가 한 30명 정도 됩니다. 오히려 교사가 더 많은 구조이고, 전부 다 자원 활동으로 운영됩니다.

미디어 매체 활동은 '홈리스 뉴스'와 영상을 만드는 것이고요. 연대의 경우에는 상설연대체와 시기별 연대체가 있습니다. 상설연대체는 '빈곤사회연대'나 '기초법개정공동 행동' 등이 있고, 시기적으로는 '빈곤 철폐의 날' 또는, 올해 8월 같은 경우는 '폭우참사대응공동행동' 이런 데 같이 참여하는 방식으로 진행하고 있습니다.

홈리스행동이 처음 조직된 계기가 궁금합니다. 처음에 어떤 문제의식을 느끼고 활동을 시작하셨는지요?

이동현 저는 이 단체를 처음 조직한 당사자는 아니지만, 그 당시 문서를 보면 홈리스 당사자가 주체로 거듭나야 한다는 문제의식이 있었어요. 빈곤 문제를 해결함에 있어서 당사자들이 아닌 전문가들을 중심으로 진행되는 것에 대한 문제의식을 가지고 '당사자성'을 강조하고 있습니다. 그렇다고 경험적 당사자만이 이 운동의 주체라는 생각은 배척합니다. 홈리스를 해방하기 위해서는 홈리스 경험 유무를 떠나 사회구성원 모두가 당사자임을 인식하는 것이 중요하고, 각자의 자리에서 맡은 역할을 다해야 한다고 보는 것입니다.

주체 인식이라고 말씀하셨는데, 여기서 주체라는 것은 홈리스만의 권리 의식이 아니란 말씀이시죠?

이동현 네, 기본적으로 홈리스 당사자들을 주체로 일깨우기 위해 노력을 많이 했죠. 홈리스 상태에 대한 객관적인 분해 과정 없이는 권리 인식을 하지 못하니까요. 보통 홈리스들은 현재 상태에 대해서 회개하듯 말합니다. 내가 잘하지 못해서, 선택을 잘못해서, '~하지 말았어야 했는데'라고 말이죠. 하지만 모든 자본주의 국가 인구의 일정 부분은 다 홈리스 상태로 머물고 있잖아요. 완전고용을 실현하지도 못하고요. 그래서 사회적 인식도 중요하다고 보는 것이죠.

자본주의 구조에서 홈리스가 필연적으로 발생한다는 점을 설명해 주세요.

이동현 사실 부유浮游하는 삶을 사는 사람들의 원인과 형태는 다 다르죠. 서구에서도 자본주의가 만들어질 때 시초의 축적은 인클로저 운동이었어요. 지주들은 울타리를 치기 시작했죠. 그 후 공유지에서 재배하고 채집을 하던 사람들은 갑자기 잉여 인력이 되어 결국은 자본주의 구조에 속박된 노동자로 전락하고, 다시 경제에서 퇴출당하죠. 우리나라도 일제 강점기를 거치면서 자본주의가 이식됐고, 그 과정에서 토지 조사를 통해 농촌에서 풀려난 인구들이 도시에 내몰리게 되고, 결국은 홈리스의 상태로 머물게 되었죠. 그리고 군사주의 정권은 이러한 부랑자들을 모아 훈육했던 것이고요. 이들을 국토 건설단으로 보내거나 '형제복지원' 같은 곳으로 보내서 노동력을 착취했던 거예요. 자본주의의 형성 과정에서 잉여 인력들에 대한 배척이 결국 홈리스를 만드는 것이죠. 특히 우리 사회에서 IMF는 자본주의 구조의 맹점을 여실히 보여 주는 사건이기도 합니다.

맞습니다. 말씀하신 대로 한국의 홈리스를 이해하기 위해서는 IMF를 빼놓을 수 없는데요. IMF는 어떻게 홈리스를 더 악화시켰나요?

이동현 이전에는 홈리스가 부모로부터 물려받은 상태라거나 도농都農 간의 인구 조절 실패에 따른 사회 정책의 문제 그래서 절대적 빈곤의 상태였다면, IMF는 우리나라 홈리스 상태에 큰 변화를 가져왔습니다. 경제위기를 겪으면서 신자유주의 정책을 100% 이식하게 되는데요. IMF 떠올려 보면 넥타이 부대가 공원에서 잠을 자고, 집에는 '회사 다녀올게'라고 하고서 하루 종일 지하도에 있다가 다시 집에 들어가고. 한스밴드의 '오락실' 노래를 떠올려 보면 되죠. 이런 상태들이 장기화하면서 자연스럽게 홈리스가 되는 것이죠. 그러니까 거리에서 노숙한다는 사실만으로는 같은 상태지만, 절대적 빈곤과 실직 노숙은 다른 것이에요. 자본주의가 강화된 세대에서의 홈리스와 그렇지 않은 홈리스의 문제는 엄연히 다른 부분입니다.

IMF 이후로 실직 노숙자들은 계속 발생하고 있나요? 그 현황은 어떻습니까?

이동현 '실직'이라는 개념이 중요하죠. IMF 이후로는 사실 고용불안의 시대가 왔죠. 정규직만큼 비정규직 인구가 늘어나고. 그렇기 때문에 실직이 아니더라도 불안정한 고용 환경에 의해서 노숙하게 되는 경우도 있고요. 제가 인상 깊게 본 자료 중 하나는 1998년도에 서울역 광장에 몇 명이 노숙하고 있는지 상세히 보여 주는 자료였어요. 그 자료에 따르면 1998년 4월에 600명 정도가 있었고, 8월에는 2400명으로 늘어나요. IMF에 구제 금융 신청한 것이 1997년 11월 21일이거든요. 1998년 4월과 8월 사이에는 대대적인 구조조정이 있었던 시기란 말이에요. 불과 4달 만에 노숙 인구가 4배가 늘었다는 것은 절대 우연이 아닌 것이죠.

요즘은 어떻습니까요? 홈리스 문제가 IMF 때만큼 심각한가요?

이동현 지금은 체제 내화 됐죠. 그리고 일단 정책이라는 것은 어쨌든 문제를 은폐하려는 속성이 있죠. 거리 노숙은 굉장히 부정적인 지표이기 때문에 숨기려 해요. 밀집하는 것을 막고, 그래서 로즈마리님이 말씀하시겠지만 서울역이나 이런 밀집 지역에 있을 때 엄청나게 퇴거시키고 창피 주고 차별하고 이런 것들이 있어요.

거리보다는 고시원이나 쪽방에 가게 하는 정책들이 한편으로는 긍정적이기도 해요. 거처 없이 한기에 노출되어 있는 것은 굉장히 위험한 것이기 때문이에요. 하지만 비적정 거처로 진입한 이후에

적정 거처로 이전이 잘되어야 하는데 사실 여기에서 막혀 버려요. 그렇기 때문에 정책의 순수성을 의심할 수밖에 없는 것이죠. 사실상 거리의 홈리스 숫자는 늘고 있지 않습니다. 소폭으로 줄어드는 것으로 집계가 되는데, 그것은 비적정 거주 인원이 늘어났기 때문에 그래요. 2010년도 인구주택 총조사 결과를 보면 주택 이외의 비정적 거주지 거주자가 약 13만 가구 정도 되는데, 2020년도에는 약 46만 가구에 이르게 됩니다. 가짜 집들이 늘어난 거예요. 다시 말하면, 굉장히 열악한 곳에 사는 사람이 늘어났다는 거죠. 그렇다면, 홈리스 문제가 해결된 것이냐? 저는 오히려 적신호라고 봐요. 거리의 홈리스들은 조금 줄었지만, 집 같지 않은 곳에서 사는 사람은 왕창 늘었다는 뜻이거든요. 이것은 적신호예요. 하지만 정책적으로는 굉장히 한가한 문제가 돼 버립니다.

정책적으로 한가로운 문제라는 것은 무슨 의미인가요?

이동현 오늘이 마침 4년 전(2018년 11월 9일) '국일 고시원' 화재 사건이 있었던 날이에요. 집 같지 않은 집에서 타죽는 이런 문제가 계속 발생하고 있습니다. 정부는 이런 문제가 생길 때만 반짝 대책을 내놓을 뿐, 급한 불을 꺼 놓고서는 관심을 거둬 버립니다. 거리 홈리스의 존재가 아주 가시적으로 드러나는 반면, 고시원과 같은 비적정 거처의 문제는 참사가 발생하지 않는 한 드러나지 않기 때문이죠. 아직까지 비적정 주거의 질 개선, 주거 상향을 위한 정부의 정책은 굉장히 한가로운 수준에 머물러 있다고 봅니다.

정책에 대해서 좀 더 설명을 듣고 싶습니다. IMF 이후, 빈곤 문제를 해결하기 위해 어떤 정책들이 세워졌고, 현재는 어떤 노력이 진행 중인가요?

이동현 처음에는 생활보호법이 있었는데요, 김대중 정부 시절인 1999년도에 권리로서 사회보장을 제공하겠다고 해서 기초생활보장법을 제정, 2000년도부터 시행이 되었어요. 그것이 가장 두드러진 대책이었고, 노무현 정부 들어서는 홈리스에 대한 대책으로 임대주택이 도입되어서 주거 지원사업으로 진행됐습니다. 일부 지자체에 특정된 것이지만, 2018년도에 서울시 지원 주택 조례가 제정돼서 2019년부터 정규 사업으로 지원 주택이 제공되는데, 지원 주택은 혼자 주거 유지가 불가능한 중증장애인이나 정신질환이나, 알코올·정신질환 노숙인들에게 주거를 제공하고, 코디네이터를 배치해서 주거생활을 지원하는 방식입니다.

그럼에도 불구하고 정책은 늘 한계가 있기 마련인데요, 현재는 홈리스 문제를 질적으로 해결하기 위해 어떤 논의가 되고 있나요?

이동현 질적인 문제를 개선하기 위해서는 무엇보다 시설을 없애야죠. 탈시설이요. 홈리스들을 거리에서 없애고 비적정 거주 형태로 몰아넣으려는 것도, 사실 시설화와 관계되어 있어요. 홈리스들을 시설에 넣고 관리하려는 습성, 시설을 전부 없애야 해요. 단계적으로라도 계획을 만들어서 탈시설을 하고, 그 안에 계신 분들을 지역사회로 나가게 해야 합니다. 정부가 5년마다 실태조사를 하도록 '노숙인 등의 복지 및 자립 지원에 관한 법률'을 제정하고, 2016년에 최초 전국 단위 실태조사를 시행했을 때, 20년 이상 시설에서 산 사람의 비율이 21%였어요. 그리고 2021년에 조사했을 때는 31%가 됐어요. 시설을 옹호하는 자들은 시설이 자립 생활을 도와주는 학교와 같다고 이야기해요. 그런데 데이터를 보면 그냥 시설 생활만 길어지는 겁니다. 실상은 전혀 그렇지 않은 거죠.

20년 동안 시설에 산 사람이 바깥 생활을 기억할까요. 바깥에 나가서 살라고 하면 그게 좋을까요. 저희가 2018년도에 여성보호센터 노숙인 요양 시설에 인권 실태조사를 들어갔어요. 서울시 여성 담당관실 요청으로 그 안에서의 인권침해 실태를 조사하러 갔죠. 전화 사용이 가능한지, 외출이 가능한지 등을 물어요. 하지만 그들은 전화할 곳도 없고, 갈 곳도 없어요. 하고 싶은 말을 물어보면 "그냥 시설에서 오래 살게 해주세요"라고 이야기해요. 인권 실태조사로 밝혀낼 수 있는 게 전혀 없어요. 복지부가 노숙인 자립 지원 종합계획이라는 것을 5년마다 정하게 되는데, 2016년에는 탈시설한다는 계획이 들어갔어요. 시설을 소규모화하고 나중에 없앤다 그랬는데, 2021년 종합계획에서는 이 논의 자체가 사라져 버렸어요. 오히려 시설이 더 고착화가 된 거죠. 시설 해체 계획을 내지 않는 이상 탈시설은 사실상 불가능합니다. 시설이 존재하는 한 시설에 사람이 들어오는 구조는 계속됩니다. 또한 입소 현황 대비 지원금이 나오는 이상 어떤 형태로든 시설 유지를 위해서 입소시키는 것이고, 그래서 이걸 없애지 않으면 방법이 없다고 봅니다.

홈리스들의 탈시설에 대해서 말씀하고 계신데요, 노숙인 요양시설이 따로 있습니까? 그리고 전국에 얼마나 많은 노숙인 요양시설이 있나요?

이동현 네, 많습니다. 노숙인 생활시설, 자활시설, 재활시설, 요양시설 등이 있습니다. 약간 혼합적인 시설이에요. 홈리스들이 재활, 요양, 장애 모든 것을 갖고 있으니까요. 그래서 이런 시설들은 대부분 혼합형태입니다. 이 시설들을 분류해서 적절한 서비스를 제공해야 하는데, 그냥 노숙인 요양·재활 시설에 어디 갈 곳 없는 사람들이 다 들어가 있는 구조라고 보시면 됩니다. 전국적으로는 50~60개 정도 되지 않을까 생각합니다. 근데 숫자가 중요한 게 아니라 규모가 중요합니다.

노숙인 시설들이 왜 그렇게 문제가 되는 건가요?

이동현 사람들은 열이면 열 다 달라요. 개성이라고 할 수도 있고, 그게 사실인 거잖아요. 그런데 이것을 표준화하는 게 시설이란 말이에요. 이런 표준화는 산수에서나 하는 거고, 살아 있는 생명체에게 해서는 안 되는 거죠. 시설에서 싸움이 있다고 해서 들어 보면 선풍기 갖고 싸워요. 누구는 좀 추위를 많이 타는 스타일이고, 누구는 좀 열이 많은 스타일인데, 이 사람들이 같은 방에 있어요. 6, 7명씩 한 방에 있다 보니 왜 선풍기를 켜냐 끄냐, 이거 갖고 싸우는 거예요. 그래서 주먹다짐하거나 하면 그런 걸 가지고 정책에서는 규율에 적응하지 못한다고 얘기하는 거죠. 사람을 이 궤짝 속에 맞추려고 하는 시설 정책의 문제지, 개인의 적응 여부를 따질 문제는 아닌 거잖아요. 개인에게 화살을 쏘는 정책의 문제인 거죠. 지금도 겨울이 되면 정부에서 보도 자료를 여러 번 내는데, 보시면 시설 입소를 싫어하는 이에게 임시 주거를 제공한다는 얘기를 하고 있어요. 기본값으로 시설 입소를 정당화하는 그런 시선은 늘 똑같습니다. 옛날이나 지금이나.

> 현재 하고 계신 활동 중에 추모제도 포함이 되는데요, 이 추모제는 언제 그리고 어떻게 열리고 있나요?

로즈마리 추모제를 정확히 언제부터 시작했는지 저는 알지 못해요. 그냥 1년에 한 번 동짓날에 해요. 춥고 밤이 긴 날, 고생하고 버려진 사람들이 모여서 해요. 1년간 사망자 명단을 적어서 사진이라든가 자료를 조사해서 동짓날 그들을 위해 추모제를 지내요. 그런데 그런 추모제는 우리나라뿐만 아니라 프랑스나 영국에서도 홈리스들을 위해서 기념하잖아요? 세계적인 행위라고 할 수 있죠. 제 경험으로

2021년 12월, 홈리스 추모주간
선포 기자회견

는 추모제가 참 좋더라고요. 홈리스들이 살았는지 죽었는지 관심 두는 사람이 한 명도 없어요. 누구도 관심을 두지 않는데, 홈리스행동에서 죽은 자들을 기억하면서 추모해 주니 너무 좋다고 생각했어요.

추모를 보통 어디에서 하나요?

로즈마리 보통 서울역에서 해요. 아무래도 노숙인 인구가 많아서요. 서울역 중앙 계단에서 2층 역사 올라가는 계단에서 해요. 추모제를 꽤 오랫동안 기획하고 몇몇 단체가 함께 모여서 추모합니다. 대개는 일주일 전부터 전야제처럼 추모를 위한 프로그램이 진행됩니다. 그래서 전시도 하고, 저녁에는 함께 걷고, 서로 팥죽도 쑤어 먹어요. 물론 근래에는 코로나 때문에 도시락을 만들어서 주긴 했지만요.

코로나 감염병은 특히 홈리스들에게 큰 영향을 미쳤을 것 같아요. 어떠셨나요?

로즈마리 네, 그렇죠. 코로나 전에는 종교단체들이나 자원봉사자들이 달걀이나 샌드위치 등을 가져와서 나누어 줬는데, 이제 그런 게 다 중단됐어요. 그분들도 코로나에 두려웠을 것이고, 홈리스들 자체도 코로나에 걸리면 위험하니까요. 그래서 홈리스들도 많이 모여 있는 곳에 가는 것을 꺼리게 됐고요. 지금은 많이 완화됐지만요. 고시원 같은 곳에 살면서 왔다 갔다 하면 바깥에서 무슨 벌레를 가져오는 것처럼 취급하니까 여러 가지로 힘들었어요. 찜질방도 중단하고요. 그래서 '찜질방에 있던 사람들이 다 어디로 갔을까?' 그런 생각이 들더라고요. 아마 전부 다 거리로 다시 나왔을 거예요. 그런데 빨래방은 문을 안 닫더라고요. 유일하게. 거기에도 CCTV가 있지만, 우리한테 참견은 하지 않아요. 예전에는 종합지원센터에서 좀 재워 줬거든요. 1년에 두 차례 폭염이나 혹한기 때요. 얼어 죽지 말라고. 여자들도 재워 주고 남자들도 재워 줬어요. 복도에서 자면 사람이 발에 밟힐 정도였어요. 그런데 코로나 시기에는 다 내보냈잖아요. 코로나가 막 터지고 하니까요.

홈리스들에 대한 의료 지원은 어떻습니까?

이동현 노숙인 의료지원제도가 여러 개 있어요. 하지만 이들을 잘 돌보기 위해서 여러 개가 있는 것이 아니라 그냥 우후죽순으로 무분별하게 만들어진 제도들이에요. 노숙인들이 의료지원을 받기 위해서는 의료급여와 지자체 의료지원, 이 두 개가 주요한 것인데, 이것을 받기 위해서는 지정 병원을 가야 해요. '노숙인 진료시설 지정제도'라고 의료급여법 시행규칙에 규정되어 있어요. 그런데 특정 의료급여 환자에게 지정된 병원만 가라고 하는 제도는 대한민국에 없어요. 노숙인에게만 그런 규정이 있는 거예요. 2000년부터 국민기초생활보장법이 시행되고부터는 의료급여 수급자 중 특정 병원만 가게 되어 있던 것이 다 없어졌어요. 차별적이라는 이유에서요. 하지만 지금까지도 오직 노숙인에게만 진료시설 지정제도가 적용되고 있어요. 그것은 사람을 차별하는 제도인 것이고, 명백히 평등권을 침해하는 문제거든요. 더 큰 문제는 이러한 지정 병원이 대부분 국공립 공공병원이란 말이에요. 코로나 때 공공병원이 어떤 역할을 했는지 아시잖아요. 코로나 전담 병원 역할을 했죠. 코로나 아닌 환자들은 전부 쫓겨났단 말이죠. 그래서 공공병원에서 치료를 받던 분들 같은 경우는 의사를 만나서 새롭게 진단을 받고 약도 바꾸고 검사도 다시 해야 하는데, 그냥 기존 약을 계속 받는 거예요. 그래서 한 1년 이상 똑같은 약만 계속 받으니까 몸 상태를 제대로 체크도 못 하고요.

놀랍네요. 홈리스들만 따로 분리해서 진료를 한다? 이에 대해서 이의 제기를 하셨나요?

이동현 네, 이의를 제기했어요. 그래서 결국 복지부에서 응답을 한 것이 감염병 위기 단계 이상일 경우에는 모든 병원에 갈 수 있게 하겠다고 고시를 하나 만들었어요. 그래서 올해 3월부터 모든 병원에 갈 수 있게 바뀌었어요. 단 1년 동안만. 그런데 이 차별적 제도가 계속 있어 왔기 때문에 기존 병원들에서 홈리스들을 안 받아요. 그래서 노숙인 시설들에 정부나 지자체에서 병원 갈 수 있도록 병원을 뚫어 달라 이렇게 요구하고 있어요. 그래서 시설 실무자들이 병원에 가서 읍소하기도 하고 해서 갈 수 있는 병원을 하나둘씩 지금 늘리는 중인데, 이것도 1년 지나면 또 못 가게 되는 것입니다. 완전 코미디 같은 짓을 하고 있는 거예요. 결국 홈리스들이 갈 수 있는 병원을 몇 개 늘리는 것이 아니라 진료시설 지정제도 자체를 없애라고 요구하고 있는 거죠.

홈리스들이 의료 체계에서 완전히 주변화되었었네요. 애초에 왜 홈리스들에게만 진료시설 지정제도를 설정해 놓았나요?

이동현 생활보호법상 특정 병원만 가도록 한 그 원리가 노숙인복지법과 의료급여법상 노숙인들은 특정 병원만 가도록 한 원리랑 같은 건데, 그게 왜 그렇게 되었느냐는 가난한 이들에 대한 분리, 배제, 차별로밖에 안 보여요. 그러니 정책이 홈리스들에게 자립하라고 채근함과 동시에 차별을 하니까 앞뒤가 맞지 않아요. 그래서 현재 진료시설 지정 제도를 없애는 게 우리 단체의 현안 과제입니다.

현안에 대해서 좀 더 말씀해 주시겠어요? 이 외에 어떤 문제들을 다루고 계시는가요?

이동현 현안은 많아요. 지금 쪽방 문제 같은 경우도 서울역 뒤쪽에 있는 동자동 쪽방촌이 우리나라에서 가장 큰 쪽방촌인데, 작년에 여기를 공공주택 지구로 지정해서 정부와 지자체가 같이 개발해 주민들을 재정착시키겠다고 발표했어요. 그렇게 되면 수익이 굉장히 낮아지기 때문에 건물주들이 반대해서 현재 발이 묶여 있는 상태예요. 국토부는 나 몰라라 하고 있고, 서울시는 민간 개발 계획을 갖고 오면 검토하겠다고 하고 있고요. 그래서 이 건물주들의 민원을 서울시가 수용하는 제스처를 계속 취하고 있어서 주민들은 속이 뒤집어지는 상황인 거죠. 그러는 사이에 쪽방은 계속 낡아가고 주민들의 주거환경은 악화일로일 수밖에 없거든요. 더군다나 건물주들은 쪽방이 허물어질 거로 생각해서 전혀 수리도 안 해 줘요. 예를 들어서, 올해 8월에 비가 엄청 많이 왔잖아요. 거기 벽에서 물이 뿜어져 나오고, 비 온 지 일주일이나 지났는데도 건물 출입구에 물이 뚝뚝 떨어지더라고요. 그리고 정화조 같은 경우도 토관이에요. 정화조 자

체가 벽돌로 쌓아서 만든 정화조이고, 이 배수관도 흙으로 만든 배수관이에요. 그래서 비가 많이 오면 정화조가 넘쳐서 지하 같은 경우는 벽에서 똥물이 스며 나와요. 말도 안 되는 상황이죠. 건물주들은 손 안 대죠. 이런 상황이 지금 방치되고 있는 것이고요.

그다음에 창신동도 올해 5월에 민간 개발 지역으로 지정이 됐어요. 원래 여기가 385가구 살았는데, 지금 100가구 정도밖에 안 남았어요. 다 쫓겨났어요. 그뿐만 아니라 정부 공공주택 사업안을 보면 보통 14~18m²의 임대주택을 공급한다는 계획이에요. 근데 너무 작아요. 4~5평 정도밖에 안 되는 건데, 여기에 주방 넣고 뭐 넣고 하면 그냥 원룸형으로 하더라도 너무 작아요. 하다못해 우리나라에 처음 영구임대주택이 도입된 게 1989년도였는데, 그때 만든 가장 작은 평수가 23m²이에요. 23~29m² 사이로 1, 2인 가구를 공급했거든요. 한 30여 년 전에 만든 임대주택도 이 면적인데, 지금 14~18m²로 공급한다는 게 말이 안 되는 거죠.

공공주택은 어떤가요?

이동현 지금 국회 앞에서 10월 17일부터 여러 단체가 농성하고 있는데요. 현재 비적정 거처에 사시는 분들이 급격히 증가하고 있는데도, 내년 공공임대주택 예산이 5조 7000억 삭감됐어요. 그러면서 분양 지원하는 집 사라는 정책의 예산은 2조 원이 오히려 늘었어요. 하지만 지금이 집 살 시기냐고요. 돈이 없는데 무슨 집을 사냐고요.

그런데 부자들을 위한 법인세 감세, 종부세 감세에 이어서 이제 집 사라고 그러니까 부동산 시장을 계속 부양하겠다는 거죠. 계속 폭탄을 돌리고 더 큰 폭탄을 안기겠다는 정책을 하고 있는 거예요.

저는 공공주택 생각을 하면, 공공병원이랑 유사하다는 생각이 들어요. 코로나 때 공공병원이 왜 중요한지 알았잖아요. 삼성병원, 현대아산병원 이런 데서 코로나 환자 거의 안 받았어요. 결국 좋은 병원이 어디냐는 거죠. 그리고 정부의 정책을 시행할 수 있는 손과 발이 되는 기관이 어디냐는 거예요. 바로 공공이거든요. 그런 점에서 집값 문제 정책을 계속 얘기하는데, 이들은 사실 다 부동산 시장에 부역하는 사람들이죠. 이걸 잡으려면 공공임대주택 재고가 있어야 해요. 그것이 총알이에요. 하지만 지금 공공임대주택 재고가 5%밖에 안 돼요. 20년 이상 장기 공공임대주택 제휴가 5.5%밖에 안 됩니다.

그런데 장기공공임대주택법에 따르면 30년 이상 임대주택을 장기임대주택으로 분류하거든요. 그렇게 따지면 더욱 적어지죠. 이 정도 물량을 가지고 무슨 부동산 시장을 방어할 수 있겠습니까. 전혀 못 하는 거예요. 임대주택을 단지 가난한 이들을 위한 주거 지원으로 협소하게 볼 게 아니에요. 사실 많은 서민이 월급 모아서 집을 거의 못 사잖아요. 서민들이 인간답게 한국 사회를 살게 하기 위해서는 임대주택 공급밖에 답이 없어요.

젊은 홈리스들의 현황이 궁금합니다. 홈리스 중에서 젊은 사람들의 비율은 어느 정도 되나요?

이동현 인구수로 봤을 때는 10대나 20대는 많지 않습니다. 그리고 그들이 눈에 잘 안 보이는 것도 있어요. 특히 여성 홈리스의 숫자가 상당히 가려져 있다고 얘기를 하거든요. 왜냐하면 오픈된 공간이 굉장히 위험하기 때문에 잘 포착이 안 되는 거예요. 실제 존재하는 수보다 포착되는 비율이 아주 적은데, 청소년들도 그럴 것 같고요. 가출팸(가출한 사람들만의 모임)이라든지, 이렇게 지인 집에 얹혀살고 그러니까요. 그래서 거리로 나오는 경우는 그렇게 많지는 않은 것 같아요. 그만큼 위험하고요. 여기저기에 은신해 있는 건데, 그것이 안전하냐면 절대 그렇지 않습니다. 우리나라는 노숙인이라고 하면 '18세 이상인 자여야 한다'고 노숙인복지법 시행규칙에서 정해 놨어요. 청소년들은 노숙인에 포함을 시키지 않는 거죠. 왜냐하면 아동청소년 지원체계가 따로 있기 때문에 그것을 통해서 해결하려고 하는 건데, 노숙인을 나이로 자를 문제는 아닌 거죠. 그들도 거리 노숙인 맞아요. 노숙인 지원체계에서 케어하면서 좀 더 전문적인 체계로 연계하면 되는데, 아예 인구에서 지워 버리는 기계적인 방식을 취하고 있어요. 그러면 노인은 왜 노숙인으로 포함하죠? 노인복지법이 있는데요? 이런 이유로 젊은 홈리스들은 잘 포착이 안 되고 있어요.

노인 같은 경우는 사실은 IMF 당시에 들어온 분들이 거리에서

위 2022년 4월, 동자동 쪽방 공공주택지구지정 촉구 일인시위
아래 2022년 10월 25일, 국회 앞 '내놔라 공공임대' 농성장 앞에서 2023 예산안 규탄 집회

노인이 되기까지 늙어 가기는 쉽지 않습니다. 실제로 설문조사들을 보면 그때부터 지금까지 노숙하시는 분들 거의 많지 않아요. 많이 돌아가세요. 그보다는 높아진 노인 빈곤율이 노인 홈리스의 증가로 나타나는 것 같아요. IMF 직후의 경우 30~40대 홈리스가 가장 많았는데, 노인 빈곤이 심각해진 근래에는 60~70대가 가장 많습니다. 노인 빈곤이 극한으로 치달으면 홈리스 상태까지 올 수밖에 없는 것이죠. 또한 이전의 거처가 어디냐고 했을 때 고시원, 쪽방 같은 비적정 거처의 비율이 계속해서 늘어나고 있습니다. 고시원에서 나왔다는 분들께 왜 나오셨냐고, 그래도 고시원이 거리보다 낫지 않냐고 물어보면 돌아 버릴 것 같아서 나왔다고 하세요. 숨 좀 쉬러 나왔다고. 고시원에 있으면 어느 순간 내가 미쳐 버릴 것 같아서 나왔다고 하시는 분도 있고요. 고시원이 그나마 낫다고 생각하는 건 저희 생각인 거예요. 사실은 고시원을 집처럼 사는 사람의 입장에서는 정말 적절치 않다는 것이죠. 예를 들어서 제가 쪽방촌의 한 주민하고 얼마 전에 얘기했는데, 처음 동자동 쪽방에 올 때 공원에 있는 사람들이 혼자 중얼거리고 있더래요. 왜 저러나 싶었는데, 이제는 자기가 그런대요. 이 불안정하고 비적정한 주거가 사람을 망가뜨린다는 것을 분명히 인식하고, 여기서 빨리 건져 줘야 하는 거예요.

비적정 거주 공간의 환경은 어떻습니까?

이동현 환경도 참 열악해요. 올해 4월에 영등포 굿모닝 고시텔에서 스프링클러는 잘 작동했지만, 사람이 2명이나 죽었어요. 방이 워낙 좁고 창문도 작으니, 유독가스가 못 빠져나가서 아비규환 속에 죽는 거예요. 재수가 좋으면 스프링클러가 사람을 살릴 수 있겠지만, 이런 열악한 주거환경에선 사람을 죽인단 말이에요. 주거환경을 개선해야 합니다. 그러면 고시원에 적용되는 최저 주거기준을 만들고 지키도록 해야 하는데, 그것을 안 하고 있습니다. 국토부는 올해 건축법 시행령을 개정해 각 지자체가 건축 조례를 만들어 고시원 건축기준을 정하도록 했어요. 국토부가 면적과 창문의 기준을 직접 정한 것이 아니라 지자체 더러 정하라고 위임한 거예요. 책임을 안 지겠다는 것이죠. 지자체 중에서 17개 광역 중에서 건축 조례에 고시원 건축기준을 넣은 데는 서울, 경기, 대전밖에 없어요. 근데 그 내용도 다 달라요. 예를 들어 대전은 고시원 방이 $14m^2$ 이상이어야 한다고 하고, 서울시는 $7m^2$가 돼야 한다는 거예요. 합당한 근거가 있나요. 없어요.

방 크기만 중요한 게 아니에요. 예를 들어서 아침에 똥 마려워 죽겠는데, 사람이 여럿 줄을 서 있단 말이에요. 그럼, 화장실을 몇 명이 써야 하는지, 부엌은 몇 명이 써야 하는지, 남녀 간 층간 분리를 어떻게 해야 하는지 기준이 있어야죠. 한 복도를 마주하고 남녀 방의 구분이 없이 그냥 다 혼재된 곳도 있어요. 계속 일어나는 참사를 보면서도, 왜 이런 교훈을 정책적으로 수용하지 못하냐고요. 그건 심각하게 안 보는 거예요. 그러니까 이런 부분에 있어서는 당사자들이 잘 인식하고 싸우는 수밖에 없는 거예요.

평화는 이 땅에 존재하는 여러 가지 불평등과 구조적인 폭력의 문제를 잘 인식하는 것에서 시작한다고 생각해요. 이러한 점에서 빈곤의 문제와 홈리스 문제는 구조적 불평등이 가장 크게 영향을 끼치는 영역 중 하나라고 생각합니다. 과연 홈리스의 상태가 지속되는 현재 상황에서 우리는 평화를 어떻게 주장할 수 있을까요?

이동현 기본적으로 홈리스 상태는 평화가 깨진 상태잖아요. 그래서 홈리스 상태에 있는 이들에 대한 차별과 배제가 없어지는 것이 평화에 굉장히 중요합니다. 그렇게 되기 위해서는 정책적인 준비가 마땅히 뒷받침되어야 하겠죠. 홈리스 분들은 일상이 어그러져 있어요. 자기가 서 있는 자리에서 이동할 것을 계속 요구받는 거잖아요. 로즈마리 님이 2년 전에 집회에서 그런 발언을 하셨는데, 지인이 자신에게 요즘 어떻게 지내냐고 물어서, 한쪽 다리를 드셨대요. 그런데 이제 다른 쪽 다리마저 들어야 할 것 같다고 하시는 거예요. 홈리스들에게 자꾸 이리 저리로 가라고 합니다. 계속 퇴거시키는 거죠. 홈리스들을 퇴거시키는 것은 굉장히 중한 질병을 앓는 이들에게 아프지 말라고 강요하는 거랑 똑같아요. 자기가 할 수 있는 게 아니에요. 벗어나도록 정책을 잘 구비해야지, 회초리로 계속 내모는 방식의 정책은 해결책이 아닙니다. 그래서 우리가 같이 평화롭기 위해서는 홈리스 상태에 있는 분들에게 평화가 있어야 한다고 생각합니다.

홈리스 상태는 평화가 깨진
상태잖아요. 그래서 홈리스 상태에 있는
이들에 대한 차별과 배제가 없어지는 것이
평화에 굉장히 중요합니다

홈리스는 단지 평화가 깨진 모습이 아니에요. 홈리스는 어떤 형태로든 우리에게 다가옵니다. 우리의 평화가 사실은 홈리스 당사자분들의 평화와 맞닿아 있어요. 홈리스 상태에 대한 차별과 분리, 배제가 계속되고, 홈리스 상태를 벗어나도록 하는 제도가 이렇게 계속 후행할수록 우리 모두의 평화는 굉장히 멀어질 수밖에 없다는 말씀을 꼭 드리고 싶습니다.

마지막으로 로즈마리 님께서 《플랜P》 독자님들께 한마디 해 주세요.

로즈마리 모든 사람은 처음부터 그렇게 되지 않았어요. 병을 얻는다거나 가난하다거나 하는 것들은 누구에게라도 일어날 수 있는 일이에요. 제가 일본에 좀 살았는데요, 거기는 초등학교 때 노숙인 체험이 있다고 하더라고요. 학교마다 다를 수 있지만요. 애들이 처음엔 반대했는데, 나중에는 뭐 생기면 노숙인들에게 갖다주러 간다고 하더라고요. 그러니까 가깝게 느껴지는 거죠. 옛날에는 저런 사람은 더럽고, 냄새난다고 생각했는데, 자기들이 직접 겪어보니까 좀 다른 시선으로 다가가는 것이죠. 그래서 이 문제를 모두가 함께 풀어 갔으면 좋겠어요. 홈리스들에게 관심을 가지고 친구가 되어 주었으면 좋겠습니다. 홈리스를 우리의 이웃으로 생각하는 시선이 중요합니다.

홈리스행동의 활동은 삶의 현장이었다. 90분의 인터뷰는 순식간에 끝이 났다. 인터뷰 내내 이동현 활동가의 눈빛은 열의에 차 있었고, 로즈마리 활동가의 목소리는 침착하며 온화했다. 그들에게 빈곤의 문제는 앉아서 해결할 수 있는 성질의 것이 아니었다. 매일 싸우고 투쟁해도 사람들이 시선 한번 주지 않는 생존의 문제였다. 빈곤의 문제를 최전선에서 싸우고 있는 이들에게 홈리스는 평화가 깨어진 상태였다. 한가한 정책으로 평화는 달성될 수 없는 것이다. 이들은 홈리스들을 거리에서 내몰아 비적정 거처를 임시방편으로 제공하는 것을 넘어서는 근본적인 제도가 필요하다고 강조했다. 홈리스가 존재하는 한 우리의 일상은 불안전하며, 평화는 값싼 이데올로기일 뿐이기 때문이다. 인터뷰를 마치고 우리는 한참을 사무실에서 서성였다. 활동가들에게서 듣지 못한 많은 이야기가 못내 아쉬웠기 때문이리라. 우리는 다음을 기약했다. 2022년 12월 22일 서울역 광장, 홈리스 추모제에서 다시 만날 것을 말이다.

《플랜P》 10호 [인터뷰] (2022년 12월호)

인터뷰이 이동현, 로즈마리 홈리스행동 활동가
인터뷰어 강혁민 《플랜P》 편집위원
정리·글 강혁민
사진 김유승 《플랜P》 편집장, 홈리스행동 제공

“ 세상은 평범한 사람들의
생각과 관심으로 변한다고 생각해요 ”

불편하지만, 아무도 배제되지 않는 평화

〈어 커먼비트〉라는 시민 뮤지컬에 관한 기사를 접한 적이 있다. 독특하고 창의적인 공연기획이 무척이나 인상적이어서 기억에 남았는데, 당시 기획을 맡은 평화활동가를 인터뷰하게 되어서 무척이나 설레었다. 겨울 끝자락과 이른 봄이 만나는, 어느 오후에 그녀가 선선한 바람과 함께 《플랜P》 사무실에 도착했다. 이제 막 여의도에서 라디오 진행을 마치고 왔다는 그녀의 발간 얼굴에서도 겨울의 흔적과 새봄의 생동감이 느껴졌다. 재일동포로 다양한 활동가 이력을 가진 그녀가 풀어 줄 일상의 평화 이야기가 궁금하다.

간단한 자기소개를 부탁드립니다.

재일동포 3세이고 지금은 한국에 정착해서 살고 있어요. 주로 하는 일은 한국 뉴스를 일본어로 번역하는 일과 KBS 월드 라디오 일본어 방송 '금요스테이션'을 진행하는 일입니다.

조미수 선생님은 일본에서부터 다양한 평화 활동 이력을 가지고 계신 걸로 알고 있어요. 어떤 일을 해 오셨나요? 그리고 최근에 하고 계신 활동은 무엇인가요?

저는 일본에서 국제교류단체인 '피스보트Peace Boat' 활동가로 12년간 일했어요. 한국에 와서는 시민 뮤지컬 〈어 커먼비트A Common Beat〉 공연을 기획하는 비영리민간단체 풀울림 공동대표로 2019년까지 활동해 왔습니다. 지금 하는 일은, 사단법인 조각보에서 동포

여성들 관련한 활동과 '피스모모 평화/교육연구소 TEPI'에서의 연구 활동입니다.

그동안 해 오신 여정이 매우 궁금해집니다. 하나씩 여쭤보겠습니다. 선생님께서는 도쿄에서 태어나고 자라신 재일동포 3세인데, 일본에서 한국으로 오시게 된 과정과 평화에 관심을 가지게 되신 계기가 궁금합니다.

2013년, 대학원 과정에 입학하면서 한국에 유학을 왔어요. 1년 동안 공부하고 논문을 쓴 후에는 일본에 갈 계획이었으나 우연히 작은 조직에서 일하게 되었고, 한국에서 결혼하면서 정착하게 되었습니다. 저는 재일동포 3세로 중학교까지는 민족학교에 다녔고, 자연스럽게 조선인이라는 정체성으로 살았어요. 한국에 대해 잘 모르지만, 일본인도 아닌 다른 정체성으로 살았던 거죠. 일본엔 한국 국적을 가지고 살지만, 평생 한국에 대해서 잘 모르는 사람이 많아요. 재일동포 3세로 살면서 정체성에 대한 고민이 많았어요. 고민이 많던 대학 시절에, 언젠가는 해외에서 일하고 싶다는 막연한 생각을 했었죠. 그때 우연히 피스보트라는 국제 평화활동 단체를 만나게 되었어요. 평화활동을 해야겠다는 생각으로 피스보트에서 일하게 된 것은 아니에요. 경계인으로서의 정체성 고민이 자연스럽게 저를 평화영역으로 인도해 온 것 같아요.

이쪽도 저쪽도 아닌 경계인으로서의 정체성 고민이 선생님을 피스보트로 인도했군요. 피스보트는 어떤 곳인가요? 그곳에서 어떤 경험을 하고 무엇을 배우셨나요?

청년 시기, 피스보트는 저의 로망이었죠. 우연히 한 장의 세계 일주 크루즈 포스터를 보게 된 것이 계기였어요. 피스보트는 일본의 NGO 단체에서 진행하는 세계 일주 프로그램인데, 일반적 크루즈 여행과는 좀 달라요. 배 위에서 다양한 사람들이 모여 평화, 인권, 환경 등의 주제를 이야기하며 기항지에서 각국의 시민단체와 연대하여 교류하는 등 평화를 만들기 위한 특별한 항해를 해요. 참여해 보고 싶어서 자원봉사자로 지원한 것이 피스보트와의 인연이 되었죠.

피스보트에 대해 좀 더 자세히 이야기해 주세요.

1982년 일본 문부성에서 역사 교과서를 수정한 일이 있었어요. 문부성에서 '아시아 침략'을 '아시아 진출'로 표현을 바꾼 거예요. 그때 한국과 중국 등 여러 아시아 국가에서 일본 정부에 항의했어요. 당시 전쟁 경험도 없고, 학교에서 근현대사를 제대로 배우지 못한 몇몇 대학생들이 아시아 국가들의 항의에 대해 궁금해했어요. 일본에 항의하는 주변 아시아 국가에 가서 피해자의 목소리를 직접 들어 보자는 취지로 200여 명의 대학생이 배를 빌려 아시아 나라들을 방문하게 돼요. 그것이 피스보트의 첫 출항이었습니다.

사람들은 피스보트에 참여하면서 몰랐던 세계 역사도 알게 되고,

셈이죠.

피스보트와 한국 환경재단이 협업한 한일공동 크루즈 '피스 앤 그린 보트'

평화란 무엇인지 배우게 돼요. 베트남에 가게 되면 베트남전쟁에서 어떤 경험이 있었는지 직접 만나 보고 배워요. 저는 피스보트에서 기획을 맡아서 일했어요. 현지를 답사하는 세계 일주 프로그램에 참여하면서 넓은 세계와 역사를 배우고 평화롭지 않은 문제들에 대해 눈을 뜨게 되었어요. 항해는 3개월간 지속되는데, 그러다 보면 1년에 3개월 정도 일본에 있고 나머지는 세계를 돌아다니는 해도 있어요. 그렇게 지구를 여섯 바퀴 돌았던 것 같아요. 피스보트와 첫 인연을 맺은 때가 24살부터니까 피스보트에서 저의 젊음을 불태운 셈이죠.

피스보트에는 어떤 분들이 오시나요? 3개월 동안 여행하면서 갈등도 많을 것 같은데, 어떻게 해결해 가는지 궁금해요. 피스보트는 평화의 가치를 어떻게 실현해 가나요?

정말 다양한 800~1000여 명의 참여자가 와요. 연령, 정치적 성향, 참여 동기도 다 다르죠. 여행이 목적인 분들도 많고요. 처음부터 평화에 관심이 있어서 오시는 것은 아니에요. 피스보트가 가지고 있는 가치와 목적에 찬성하는 사람만 오는 것은 아니거든요. 그러니 피스보트에서 크고 작은 갈등이 당연히 발생해요. 너무 많은 일이 있었는데, 생각해 보면 갈등과 평화를 몸으로 체험한 것 같아요. 서로 다른 다양한 사람들이 피스보트의 메시지를 가지고 3개월 동안 세계 일주하다 보면, 인권이나 환경, 평화에 전혀 관심이 없었던 사람들도 자연스럽게 관심을 가지게 돼요. 그러면서 좀 더 넓은 평화를 배워 가는 것 같습니다.

평화를 몸으로 배우게 된다는 말씀이 인상적입니다. 선생님의 그 다음 여정인, '풀울림'은 어떤 단체인가요? 풀울림에서 공연해 온 지구시민 뮤지컬 〈어 커먼비트〉에 대해서도 소개해 주세요.

'풀울림'의 '풀'은 '시민'을 뜻해요. 풀 하나하나의 힘이 모여 더 큰 풀들의 울림을 만들어 간다는 의미입니다. 풀울림은 〈어 커먼비트〉라는 시민 뮤지컬 공연을 위해 만들어진 비영리단체입니다. 〈어 커먼비트〉는 미국에서 시작된 뮤지컬인데, 재일동포 한주선 씨가 미국에서 뮤지컬 경험을 쌓아 그것을 일본으로 가져와 100명의 시민이 함께 하는 뮤지컬을 만들어 냈어요. 이후 〈어 커먼비트〉는 15년 이상 일본에서 공연되었고, 지금은 일본에 잘 정착되었어요. 한일 수교 50주년을 맞이하는 2015년, 한국에 있는 몇몇 사람들에게 한주선 씨가 한일 양국의 시민들과 함께 이 뮤지컬을 만들어 보자고 제안해 왔어요. 저도 흔쾌히 동참했죠. 그렇게 평화교육, 문화교류, 국제 시민 활동가 몇몇이 힘을 합쳐 본격적으로 한일공동 프로젝트를 시작하게 되었고, 한국에 사는 시민 50명, 일본에 사는 시민 50명이 모여서 100일 동안 뮤지컬 연습을 하고 공연을 펼치게 되었습니다. 풀울림 단체를 통해 2015년부터 2018년까지 세 차례 한일 공동 프로젝트로 〈어 커먼비트〉가 공연되었고, 그 후 두 차례는 한국에서 '지구시민 뮤지컬'로서 더 다양한 사람들이 모여 진행되었습니다.

〈어 커먼비트〉 뮤지컬 공연에 전문 배우가 아닌 일반 시민이 중심이 되는 이유가 있을까요?

100명의 일반 시민이 참여하는 것은, 어떤 특별한 사람이 아닌 아주 평범한 '나'와 '너' 들이 각각 빛날 수 있는 사회를 만들자는 것이 뮤지컬의 취지이기 때문이에요. 뮤지컬을 통해 한 사람 한 사람이 우리 사회 주인공이라는 마음을 가질 수 있어요. 또 다른 '너'들도 주인공이라는 것을 서로 인정하고 함께 만들어 가는 거죠. 살아가는 삶 안에서 내가 주인공이 되는 것이 목적이에요. '빨간색도 좋고, 노란

색도 좋다. 다양한 색깔들이 어울려서 아름다운 세상이 된다.' 이런 내용이거든요. 어떤 기술을 가진 사람이 위에 있고, 그 기술이 없는 사람은 아래에 있는 것이 아니라, '각기 다른 개인이 모두 주인공으로 살 때 세상은 아름답다'라는 메시지를 담고 있어요.

〈어 커먼비트〉의 내용에 대해 좀 더 소개해 주세요.

뮤지컬의 세상엔 빨강, 파랑, 노랑, 초록 대륙에 사는 사람들이 등장해요. 서로의 문화에 대해 모르고, 자기 문화가 최고라고 생각하면서 살아요. 그러다 한 사람이 다른 대륙을 알게 돼요. 친해지고 싶은 사람과 경계하는 사람이 생기고, 대륙의 권력자들은 다른 대륙의 사람을 만나면 자신의 나라를 위협할 것으로 생각하면서 대륙 간의 교류를 금지합니다. 그러다 갈등이 점점 고조돼요. 결국 전쟁이 시작되고, 세상이 모두 폐허가 되어 버려요. 그때 '영혼' 같은 존재가 등장하면서 심장의 고동이 울려요. 그제야 각자 색깔은 다르지만, 우리 모두 똑같은 심장과 울림을 가지고 있다는 것을 발견하게 돼요. 심장 울림을 노래하면서, 새로운 생명을 소생시킵니다. 그래서 뮤지컬의 제목이 'A Common Beat, 하나의 울림'이에요.

이야기는 단순하지만, 우리 사회 모습을 압축해서 보여 줍니다. 어떻게 갈등이 전쟁으로 발전하는지, 소수의 권력자가 나라를 지킨다는 명목으로 사람들에게 무기를 들게 하는지를 잘 보여 주죠. 우리 일상에서도 낯선 사람에게 가까이 가고 싶지 않고 배제하고 싶은

한일 시민 100명이 함께 한 뮤지컬 '어 커먼비트'

마음이 쉽게 생길 수 있어요. 아파트 이웃 사이에서도 외국인에 대해 '말도 안 통하는데 왜 친해지려고 하느냐'는 식으로 말할 수도 있잖아요. 〈어 커먼비트〉의 이야기들은 우리 일상에서 일어나는 일들과 비슷해요. 〈어 커먼비트〉의 메시지를 일상에 적용한다면 '우리는 어떻게 행동할 수 있을까?'라는 질문을 우리에게 던지게 해요.

역사적으로 갈등과 긴장 관계에 있을 뿐 아니라 언어도 다른, 한일 시민 100명이 100일 동안 뮤지컬을 만들어 간다는 것이 매우 놀랍습니다. 작품 공연까지 서로의 다름과 차이로 갈등도 많았을 것 같아요. 참여한 분들은 어떻게 평화를 배우고 만들어 가게 되나요?

우선 시민 뮤지컬은 한일 간의 심각한 주제로 만나는 것이 아니라 모두가 좋아하는 음악과 춤으로 만난다는 것이 다른 점이에요. 그럼에도 언어의 장벽과 다양한 연령·직업·생각을 가진 분들이 모였기 때문에 갈등이 없을 수 없어요. 별거 아닌 것으로도 갈등이 생기죠.

돌아보자면, 시민 뮤지컬을 통해 평화를 사람들에게 전달하고자 했으나 우선은 평화를 전달하고자 하는 사람이 평화를 느끼는 것이 중요한 것 같아요. 노래를 부르고 춤을 연습하는 것도 중요하지만, 평화의 이슈에 대해 각자가 생각하는 시간이 중요하다고 생각했어요. 연습 사이사이 워크숍 등을 통해서 생각을 교환하는 시간을 가져요. 처음엔 서로 얼굴만 봐도 기분이 좋았지만, 중간중간 지치고 기분이 다운되면서 분위기가 힘들어지는 시기가 와요. 그러나 모든 연습이 끝나고 본공연을 앞두면서 한 사람씩 소감을 말하면, 지금까지 누구에게도 말할 수 없던 자신의 아픔을 토로하게 돼요. 그런 시간이 꼭 있었어요. 이것을 뭐라고 설명하기 어려운데, 이런 것이 가능했던 것은 서로 몸을 부딪치면서 만들어 왔던 과정에서 '이곳은 안심하고 말할 수 있는 공간이야'라는 믿음이 생긴 것 같아요.

다양함을 인정하자는 말은 아름답지만, 갈등과 다툼이 생기는 것은 당연한 거잖아요. 평화는 결코 그 기분이 깔끔하고 좋은 것만은 아니죠. 갈등을 함께 겪어 내는 과정에서 '나는 여기에 있어도 된다'라는 인정받는 체험을 하게 되면, 오히려 서로에게 자신을 있는 그대로 보여 주게 되는 것 같아요. "여러분! 다양함이 중요합니다"라고 말한다고 해서 평화가 전달되는 건 아닌 것 같아요. 정말 별거 아닌 일로 싸우기도 하지만, 일단 100일 동안은 다양한 남녀노소가 함께 만나고, 같이 연습하며 살아 내야 하는 공간이 있는 거잖아요. 어쩌면 지금 한국 사회에서 가장 부족한 것이, 이런 자리가 아닐까 하는 생각이 듭니다.

다양성으로 인해 갈등과 피로감을 느끼게 된다고 해서, 다양성을 포기하는 것이 아니라 그럴수록 서로 섞여서 몸으로 함께 살아가야 한다는 메시지로 들립니다. 시민 뮤지컬에 참여하신 분들은 평화에 대해 훨씬 깊어지셨을 것 같아요. 참여자들의 소감은 어땠나요?

사실 이 뮤지컬은 '평화를 이야기하자, 평화를 전달하자'라는 것을 목표로 하지 않았어요. 그리고 피스보트 경험도 비슷했던 것 같아요. 개인들의 참여 동기나 목적은 달라도 좋아요. 평생 안 해 본 노래를 해 보고 싶다고 찾아온 사람, 뮤지컬 배우 지망생으로 시민 뮤지컬에 참여해 보고 싶다는 친구들, 곧 입대를 앞둔 참여자, 평생 평화에 대해 한 번도 생각해 보지 않았던 사람들… 참여 동기도 다양했고, 하는 일이나 성향도 정말 다양한 분들이 모였어요. 돌아보면 '평화'라는 말로 대화를 나눈 경험은 별로 기억나지 않아요. 음… 느낌이나 행동으로 표현했던 것 같기는 해요. 어떤 청년은 "이 뮤지컬을 평화라고 불러야 하나요? 좀 그렇지 않나요?" 묻는 친구도 있었어요. 우리가 재미있는데, 어렵고 심각한 '평화'는 생각하지 말자고 하는 친구도 있었고요. 평화도 다양한 각도에서 볼 수 있잖아요.

세계 각지를 다녔던 피스보트
세계일주 항해, 이집트 피라미드에서

“평화를 원하거든 전쟁을 준비하라”를 믿는 사람도 있고, 평화 이야기만 시작되면 “당연히 우리나라 군대를 강화하는 것이 평화의 길이지!” 하는 사람도 있구요. 그런 의미에서 참여자들의 이념이나 지향성이 맞았던 것은 아니었어요. 시민 뮤지컬은 재밌기도 하지만, 평화에 대해 깊이 들어가서 이야기하기엔 어려운 부분이 있기도 했어요. 그래도 그 안에 생기는 다양한 경험은 그야말로 평화라고 할 수 있는 것들이었어요.

평화를 목적으로 드러내고 애쓰지 않았지만, 모든 과정과 다양한 경험이 평화였다는 말씀이 마음을 울립니다. 평화가 높은 가치라도 자꾸 강조하다 보면 한쪽으로 경도되고, 배제가 발생하는 것도 사실인 것 같아요. 선생님은 그동안 평화를 지향해 왔다기보다는 자연스러운 무언가를 살아오신 것 같습니다. 그런 의미에서 평화는 무엇이라고 생각하시나요?

저에게 평화는 혼돈이고, 다양한 것들이 정리되지 않은 상태예요. 그런데 아무리 다르고, 아무리 혼란스러워도 그 누구도 배제당하지 않는 것이 평화라고 생각해요. 그런데 최근 5년 동안 돌아보면 우리 사회에 다른 의견이나 다른 사람을 배제하고, 만나지 않으려 하고, 이해하려 하지 않는 분위기가 심해진 것 같아요. 저는 최근 위기감을 많이 느껴요. 이념이든 무엇이든 단정적이고 이분법적으로 보는 경향이 심해진 것 같아요, 예를 들어, 페미니스트냐 아니냐, 이 당을 지지하냐 지지하지 않느냐, 찬성하냐 반대하냐를 항상 따져요. 정치적으로 최악이라서 뭐라 말하기도 힘들지만, 정부 탓만은 아니라는 생각도 해요. 그렇다고 정권이 바뀌면 평화로워질까? 그것도 아닌 것 같아요. 무슨 원인으로 이렇게 됐는지 알아보는 것도 평화 연구의 하나가 될 것 같은데, 저는 그것까지 정리가 되지는 않았어요. 분단, 급격한 성장, 너무 빨리 흘러가는 사회 변화 등 다양한 원인이 있겠지만요.

우리가 사는 세상은 다양한 사람들이 혼잡하게 존재하고, 그래서 의사소통이 쉽지 않아 짜증이 날 수밖에 없는 세계예요. 그러나 그 안에서도 안심하고 살아갈 수 있는 사회, 그것이 평화라고 생각해요. 평화롭다는 말이 따뜻하고 기분이 좋고 안심되고… 이런 것과는 약간 달라요. 평화 그 자체는 굉장히 어렵고, 혼란스럽지만 여기에서는 아무도 배제당하지 않아요. 혼란이 있는 것은 혼란이 있는 대로, 답이 없는 것은 없는 대로 받아들이는 것이 아닐까.

평화는 누구도 배제하지 않고 수용하기 때문에 혼란스러울 수 있어요. 그런 세상에서 사는 것이 저 자신도 쉬운 일은 아니지만 인정해야죠. 분명한 것은, 갈등은 있어도 전쟁은 있어서는 안 된다는 거예요. 살다 보면 인정할 수 없는 사람이 있고, 정말 보고 싶지 않은 사람도 생겨요. 그러나 상대를 인정하고 싶지 않고 그의 의견이 나의 의견과 다르다고 해서, 상대의 존재 자체를 부정하거나 상대방의 말할 권리를 빼앗을 수는 없어요. 갈등은 자연스러운 것이지만, 전쟁으로 발전하는 것은 막아야 해요. 저는 이러한 것이 평화라고 생각합니다.

평화는 따뜻하고 기분이 좋고 안심되는 것과는 다르다는 말씀에 평화를 새롭게 보게 됩니다. 현재 활동하고 계신 '조각보'와 '상호이해 평화교육'에 대해 궁금해요. 조각보는 어떤 곳인가요? 하시는 일도 구체적으로 말씀해 주세요.

사단법인 조각보에서는 '동포 여성들의 삶이야기' 워크숍을 주로 해요. 동포 여성들이 자신들의 삶의 이야기를 통해 서로의 이해를 증진하는 프로그램입니다. 진행 방식은 여섯 명의 참여자, 즉 중국동포, 북한동포, 고려인동포 등 남한 외 지역에서 나고 자란 경험을 가진 동포 여성 3명과 '남한 동포' 즉 한국에서 나고 자란 한국 여성 3명이 30분 동안 삶의 이야기를 해요. 본인의 인생뿐만 아니라 부모님 또는 조부모님의 이야기를 포함해서, 지금까지 살아온 개인의 역사를 이야기해요. 한 사람이 이야기하는 동안 청취자들은 온전히 귀를 기울여야 해요. 듣는 사람은 의견이나 질문을 하고 싶어도 그 시간만큼은 가만히 경청합니다. 이야기가 끝난 후 남은 30분은 청취자들이 질문을 할 수 있어요. 하지만 거기서도 비판이나 조언은 삼가야 해요. 그런 방식으로 한 사람의 삶을 통해 우리의 역사를 알고, 다른 사람의 인생을 받아들이고 이해하는 대화 모임이에요. 예전에는 1박 2일 동안 충분한 시간을 가지고 했는데, 코로나 이후로는 1일 프로그램으로 진행하고 있어요.

'동포 여성들의 삶이야기'는 독일 통일 이후 동서독 사람들의 이해와 화해를 목적으로 시작된 '동·서독 주민들의 생애사 나누기' 프로그램을 주관한 단체 '동서포럼'의 괴델리츠 대표님으로부터 조각

동포 여성들이 강사가 되고 진행하는 '상호이해 평화교육'

보의 김숙임 대표님이 전수하여 2012년부터 시작했어요. 처음에는 남북의 갈등과 분단, 통일을 위해 상호이해를 높이는 것을 목표로 남북 여성들이 참여했는데, 통일이 남북 간의 문제만은 아니잖아요. 식민지와 분단의 역사를 거쳐 중국, 구소련 그리고 중앙아시아, 일본 등으로 흩어진 동포분들도 통일의 과정에 참여할 수 있어야 하지 않느냐는 문제 제기가 있었다고 해요. 그 이후로 중국동포, 고려인동포, 재일동포 등이 함께 참여하면서 범위가 넓어졌어요.

취지는 '통일된 사회에서 서로를 이해하며 살아가기'입니다. 저도 삶이야기에 참여했고, 지금은 프로그램 진행자 역할을 하고 있어요. 삶이야기는 안전한 공간을 위해 비공개로 이루어져요. 그동안 진행된 '동포 여성들의 삶이야기'가 2021년에 《Herstories, 다시 만난 코리안디아스포라 여성들의 삶이야기》라는 책으로 출판되었어요.

그리고 '동포 여성들의 삶이야기'를 많은 사람들과 나누면 좋겠다는 의견이 있어서 대중과 함께 하는 '상호이해 평화교육' 프로그램을 만들게 되었어요. 이 프로그램의 강사는 '동포 여성들의 삶이야기'에 여러 번 참여한 북한 동포, 중국동포, 고려인동포, 재일동포 다섯 명이 활동하고 있어요. 강의 내용은 주로 자기 삶의 이야기를 기반으로 동포들의 역사 그리고 남한으로 재이주한 현재의 이야기를 통해 다양함이 공존하는 한반도 사회를 모색하는 것이에요. 저도 이 프로그램의 강사로 참여하고 있습니다.

피스모모 평화/교육연구소TEPI에서 연구활동을 하고 계신데, 어떤 연구를 하고 계신가요?

TEPI에 참여하면서 제가 꾸준히 연구해 왔다고 말하기는 어려운데, 역시 동포와 평화와 관련한 이슈에 관심이 있어요. 동포 역사에 대해 알면서도 모르는 부분이 많고, 재일동포들의 삶과 평화가 어떻게 이어지는지 더 공부하고 싶다는 마음이 있어요. 이것이 어떤 연구가 될지는 모르겠지만, 다시 원점으로 돌아가 올해는 꼭 일본에 계신 저희 부모님께 이야기를 제대로 들어봐야겠다고 생각하고 있어요. TEPI에서 함께 답을 찾아보고 싶어요.

피스보트, 풀울림, 그리고 지금의 조각보와 TEPI 등 평화활동을 이어 오고 계시는데, 지금까지 선생님을 이끌어 왔던 힘은 무엇이라고 생각하시나요?

지금의 TEPI와 조각보, 그리고 피스보트나 풀울림에서나, 거창한 일을 한 것이 아니에요. 단체의 구성원으로서 제가 즐겁고 활기차게 할 수 있는 일을 해 왔어요. 돌아보면 저는 계속 마음이 이끄는 대로 사람들을 만나고, 생각을 나누며 함께 일을 해 왔던 것 같아요.

의무나 책무보다는 즐거움과 생동감을 불러오는 일들, 내면이 이끄는 일들을 해 오셨군요. "마음 깊은 곳에서의 기쁨과 세상의 절실한 요구가 만나는 것이 소명이다"라는 프레더릭 뷰크너Frederick

Buechner의 말이 떠오릅니다.

현재 안산에 살다 보니 세월호 관련 자원봉사를 하고 있어요. 세월호의 기억과 기록물들을 아카이브하는 4.16 기억저장소에서 도와드리고 있는데요. 별이 된 아이들의 추억을 더듬어 걸어가는 '기억과 약속의 길'을 함께 하는 등의 활동을 하고 있습니다. 이것은 어디까지나 자원봉사로서 작은 도움이 되고 싶다는 마음으로 하는 일이에요. 내 삶에 시간적 여유를 주고 조금 비워 두면, 도움이 필요한 뭔가에 보조자 역할을 할 수 있구나라고 생각했어요. 내 삶을 꽉꽉 채우지 말고 비워 두자, 그리고 세월호 가족분들 곁에서 할 수 있는 일들을 보조하자고 생각하고 있어요.

조미수 선생님이 삶에서 품고 계신 생각이나 질문이 있다면 어떤 것인가요?

저는 고집이 센 편이에요. 어떤 문제에 대해서는 제 의견을 관철하기 위해 논쟁도 불사해요. 의견을 관철하지 못하면 답답해요. 그런데 사실 저 자신에 대해서는 별로 확실한 답이 없어요. 이게 맞는 것일까? 항상 흔들려요. 이런 생각을 가지게 된 것은, 아마도 제가 한국과 일본, 어디에도 소속되어 있지 않다고 스스로 생각하는 저의 정체성 때문인 것 같아요. 여기도 아니고 저기도 아닌, 그러니까 이쪽에도 저쪽에도 약간 들어갈 수 있는 존재. 지금은 여기에 있지만, 어느 순간에는 저쪽에 있는…. 그런 식으로 제 입장이 계속 흔들려요.

예전에는 이런 점이 싫었어요. 흔들린다는 것은 별로 편한 것도 아니고 항상 고민하게 하니까, 하나의 답이 있으면 얼마나 편할까 바랐던 시기도 있었어요. 그런데 팔레스타인 태생의 미국 사상가인 에드워드 사이드Edward Said의 책에 인용된 "자신의 고국에만 애정을 느끼는 사람은 어린아이와 같다. 세계 모든 곳을 다 자기 고국처럼 느끼는 사람은 강한 사람이다. 그러나 세계 어디를 가도 타국처럼 느끼는 사람이야말로 성숙한 사람이다"라는 문장을 접했을 때, 그 말이 마음에 꽂혀서 많이 울었던 적이 있어요. '소속이 없는 사람을 성숙하다고 말해 주는구나' 생각하니, 그때부터 조금 편해졌어요. '내가 부족해서 소속이 없는 것이 아니다.' 사실 저는 여러 곳에 소속되어 있어요. 하지만 한 곳에 붙잡혀 있지 않는 소속감이 있어요. 나를 규정하는 뭔가가 항상 흔들리고 있는 느낌. 그런데 그것이 내 잘못이 아닌 거구나, 내가 미숙해서가 아니구나…. 에드워드 사이드의 인용구는 제게 용기를 주었어요.

팔레스타인 출신의 미국 사상가이자 경계인으로 살아온 에드워드 사이드의 고백이 선생님의 마음을 울렸군요. 어디에나 속하지만, 어디에도 속하지 않기 때문에 볼 수 있는 문제의식과 사고들이 지금의 조미수 선생님을 이끌어 온 것 같아요. 앞으로 관심을 두고 집중하고 싶은 것은 무엇인가요?

앞으로도 집중하고 싶은 주제는 한국과 일본 관계예요. 의식하지 않았지만, 저의 정체성 때문에 지금껏 한일 관계 일들을 해 온 것 같아요. 한일 시민들 사이의 징검다리 역할이 제가 할 수 있는 일인 것 같아요. 현재 하고 있는 뉴스 번역이나 KBS 월드 라디오 일본어 방송 진행도 그러한 맥락이라 할 수 있죠. 한일 시민을 연결하는 활동을 계속하고 싶어요. 더 나아가 남북 한반도와 일본 관련 활동을 할 수 있으면 더욱 좋고요.

《플랜P》 11호 주제가 'Power'입니다. 'Power'와 관련하여, 조미수 선생님은 일반 시민들이 가진 평화의 힘은 무엇이라고 생각하시나요?

세상은 평범한 사람들의 생각과 관심으로 변한다고 생각해요. 평화 활동을 하는 사람들이 자신이 있는 곳에서 조금의 힘을 보태는 역할을 하면 된다고 생각해요. 변화는 큰 힘에 의해서가 아니라 작은 일들이 촘촘하게 일어날 때 이루어집니다. 그 작고 촘촘한 일을 만들어 내는 것이 시민의 힘이라고 생각해요. 관심을 두고 눈길을 돌리는 것에서부터 변화를 불러올 수 있습니다.

그녀는 평화를 목표로 살아오지 않았다고 했다. 삶의 문제를 외면하지 않고 다양한 사람들과 몸으로 부딪치며 살다 보니 평화의 여정이 되었다고 했다. 그녀는 앞에서 깃발이 되어 주도하는 역할이 아니라 작은 힘들을 모아서 함께 움직임을 만들어 내는 일들을 해 왔다. 작은 힘들이 부딪치고 갈등할 때는, 서로 거리를 두고 갈라지는 것이 아니라 오히려 더 대화하고 더 함께 시간 보내면서 평화의 연금술을 만들어 냈다. 평화는 기분 좋고 따뜻한 것이라기보다 누구도 배제되지 않고 수용되기 때문에 혼란스럽고, 짜증이 나는 것이라고 한 그녀의 평화 인식이 우리의 막연한 평화에 대한 환상을 깨버린다. 역시 몸으로 살아온 평화활동가답다는 생각이 들었다.

무엇이 그녀를 이렇게 용기 있고, 대담한 삶을 살아가게 한 것일까? 아마도 일본에서 태어난 재일동포로서 이쪽저쪽에 속하면서도, 동시에 어디에도 속하지 않는 경계인이기 때문에, 다른 사람이 볼 수 없는 문제의식과 그 답을 찾고자 한 내면의 갈망이지 아니었을까 생각한다. 자신을 이방인이라고 고백했지만, 배제와 차별, 접점을 찾을 수 없는 양극화의 위기에 직면해 있는 한국 사회에서, 양쪽 모두를 수용할 수 있는 그녀와 같은 경계인의 시선이 어느 때보다 우리에게 필요한 것 같다. 그녀의 삶 속에서 평화로 가는 길의 답이 보이는 듯하다.

《플랜P》 11호 [인터뷰] (2023년 3월호)

인터뷰이 조미수 평화활동가
인터뷰어 박숙영 《플랜P》 편집위원
김유승 《플랜P》 편집장
정리·글 박숙영
사진 김유승

“ 지속적인 대화의 토대를 만드는 것이 전환이라고 생각합니다 ”

사회적 대화를 통해 갈등을 전환하다

갈등이 생기면 많은 사람이 '나와 너', '우리와 그들'로 편 가르기하고, 양극단으로 치닫기 쉽다. 그런데 누구나 불편해하고, 회피하는 '갈등'을 반기는 이가 있다. "많은 갈등 부탁드립니다"라고 신박하게 인사하는 그는 바로 '한국갈등전환센터'의 박지호 대표다. "대한민국은 갈등 공화국"이라 불리지만, 그는 많은 갈등이 문제가 아니라 갈등 관리 역량이 부족한 것이 안타까운 점이라고 말한다. 지자체는 물론 신고리 원자력발전소, 선거제도 개편 공론화 등 국가 차원의 사회적 대화를 다루고 있는 한국갈등전환센터의 분투 어린 여정을 만나 본다.

대표님은 어떤 계기로 갈등전환센터를 설립하고, 이 일을 하게 되셨나요?

미국에서 기자로 활동한 적이 있는데, 당시 분쟁 현장에 나가서 취재를 많이 했습니다. 아군과 적군으로 나눠서 소송전을 펼치는 모습이 참담했습니다. 기자로서 진실과 정의를 추구하기 위해 가장 먼저 하는 일이란 현장에서 사실관계를 정확히 확인하는 일인데, 그렇게 사실을 집요하게 파고 들어가면 문제가 해결될 줄 알았습니다. 하지만 취재도 어렵고, 나중에는 누가 옳고 그른지도 분간하지 못하는 상황에서 고민을 많이 하게 되었습니다.

그러던 중 우연히 '갈등전환학'이라는 학문이 있다는 것을 알게 되었어요. 사람들이 왜 이렇게 싸울까? 이런 방식밖에 없을까? 하는 궁금함이 있었고, 결국 운명적인 끌림처럼 하던 일을 그만두고 공부를 시작하게 됐습니다. 갈등을 다루는 연구는 갈등해결, 갈등관리로 접근하기도 하는데, 제가 공부한 학교는 '갈등전환'을 가르쳤어요.

공부를 마친 후 한국으로 들어와 존 폴 레더락Jouh Paul Lederach의 《갈등전환》이라는 책을 번역하게 되었고, 한국 사회의 갈등을 들여다보고 그것을 풀어내는 데 도움이 되고 싶다는 일종의 선언적 차원에서 '한국갈등전환센터'라는 이름을 짓고, 지금까지 활동해 왔습니다. 그러면서 고민도 많았습니다. 막상 책을 번역했으나 현장 경험이 많지 않을 때라 사안들을 어떻게 갈등전환의 관점에서 해석해야 하는가 고민하면서, 이번에는 이렇게, 다음번에는 저렇게 할 수 있는 부분에 조금씩 전환적 관점을 적용하고, 소개하며 지금까지 온 셈입니다.

'갈등전환'이라는 단어가 낯설기도 하고, 신박하기도 한데요. 보통은 '갈등해결'이 익숙하니까요. '갈등전환'이란 무엇인가요?

갈등전환이라는 단어는 제게도 낯설고, 잘 와닿지 않았습니다. 그래서 가능한 쉽게 설명하려고 노력하는데, 저도 실제로는 현장 경험을 통해서 가장 잘 이해했어요. 텍스트와 개념으로 떠다니던 것들이 현장 경험과 만나 명확해지면서 좀 더 쉽게 설명할 수 있게 되었죠. 그래서 지금은 갈등을 하나의 건설적인 전환을 만들어 내는 기회로 보는 관점에서 갈등전환을 소개합니다. 학문적으로는 단기적인 협상을 통해 서로의 요구를 수용할 수 있는 통합적 해결책을 강구할 수 없는, 즉 관계나 구조의 문제와 같은 난해한 갈등의 경우 전환적 관점을 적용한다고 설명하기도 합니다. 대중적으로는 갈등이라는 게 불편하고 힘드니까 빨리 봉합하고 해결하는 데만 초점을 맞추다 보니 실질적이며, 근본적인 변화를 놓치는 경우가 많기 때문에 갈등을 다층적인 변화가 필요하다는 신호로 보려는 시도로 보자고 쉽게 말합니다. 갈등전환이란 관계적인 측면, 문화적인 측면, 구조적인 측면의 건설적인 변화가 지속적으로 일어나도록 돕는 관점이자 변화를 끌어내는 과정으로 보자는 관점이기 때문입니다.

그동안 갈등전환 전문가로 활동해 오시면서, 가장 기억에 남는 사례가 있다면 어떤 것일까요?

2013년에 갈등전환센터를 구상하고 시작했으니, 이제 딱 10년이 됐네요. 가장 기억에 남는 사례 중 하나는 서울시 문화재 '딜쿠샤Dilkusha' 사례입니다. 딜쿠샤는 일제강점기에 건축된 2층 서양식 주택으로, 대한제국 및 일제강점기에 활동하던 미국의 기업인이자 기자이던 앨버트 와일더 테일러Albert Wilder Taylor와 아내 메리 린리 테일러Mary Linley Taylor가 살던 곳입니다. 그는 한국에 특파원으로 왔다가 3.1 운동 독립 선언문을 기사로 몰래 보도하여, 일본 정부로부터 추방을 당했습니다. 그가 추방되어 쫓겨나자 2층짜리 주택에 사

람들이 무단으로 들어와 살게 된 것이 벌써 70년이 지났습니다. 그 동안 거주하는 사람들이 임의로 사고팔고, 전세를 주는 식으로 살다 보니 그냥 자기 집처럼 살아왔는데, 3.1 운동 100주년을 기해서 서울시가 문화재로 복원하고자 그분들을 이주시켜야 하는 상황이 생기게 된 것입니다. 법적으로는 전혀 대화할 필요가 없는 사안일 수도 있었죠.

그런데 이때 서울시가 최대한 대화로 문제를 해결하기로 하면서, 우리 센터가 그 문제를 담당하게 되어 잊을 수 없는 첫 공공갈등 사례로 기록된 것이죠. 물론 이전에도 협업 차원에서 공공갈등 사례를 담당하기는 했지만, 우리 센터가 주도적으로 공공갈등 사례로 담당하게 된 첫 사례여서 정말로 열심히 했던 것 같습니다. 그 과정에서 딜쿠샤를 방문하여 사람들을 수십 번씩 만났습니다. 거주하는 분 중에는 환경이 매우 열악한 분도 계셨습니다. 다행히 서울시에서는 각 기관의 가용한 자원을 다 동원하여 각 사람이 선택할 수 있는 새로운 거주지를 마련해 주고자 했고, 이사가 가능하도록 지원하기도 했습니다. 그렇게 대화를 이끌어 간 것을 고맙게 여겨 지금까지도 가끔 연락을 주시는 분들도 계십니다. 생각해 보면 기술적인 측면이나 전문성은 지금보다 못했지만, 진짜 열심히 가슴으로 대화했던 사례로 기억합니다. 대화가 갈등에 처해 있는 사람이나 여러 가정을 살리는 힘이 될 수도 있다는 것을 배우게 됐습니다.

지금 딜쿠샤는 문화재로 복원되어 있는데, 그 앞에는 수십 차례에 걸친 만남, 수많은 대화가 "거주하던 주민들과 원만한 합의로 이주를 완료했다"라는 짧은 기록으로만 요약되어 있었습니다. 그러나 갈등 상황에서 대화란 그렇게 조용히 진행되는 것만은 아니잖아요. 울기도 하고, 싸우기도 하고 수많은 우여곡절의 과정이 있었지만, 그러한 모든 게 함축되어 한 줄로 기록된 걸 보면서 혼자 웃음을 짓기도 했습니다. 그간의 수고를 몰라준다는 서운함이 아니라 나만 아는 지난한 대화의 과정이 떠오른 것이죠. 얼마 전 다시 가 보니 복원이 아주 잘 되어 있더라고요.

갈등전환을 위해서는 당사자들과 촘촘히 직접적인 대화를 나눠야 하는 오랜 과정이 필요할 텐데, 대화 과정에서 가장 어려웠던 점은 무엇인가요?

어려웠던 점 중 하나는 누구와 대화한다는 것이 사안의 대표성을 확보할 수 있느냐는 점입니다. 대화를 위해서는 대표성이 잘 구성이 돼 있는지, 구성원들이 이 대표성을 제대로 이해했는지를 먼저 살펴봅니다. 예를 들어, 어디 가면 이장님이라는 지역의 대표가 있습니다. 그런데 실제 상황에서 보면 이장님은 형식적인 리더이고, 마을 청년회장이라든지 실질적인 리더가 따로 있는 경우가 많습니다. 그런 경우는 실질적인 리더와 동시에 대화하지 않으면 대표성을 확보하기 힘든 상황이 됩니다. 더불어 각자의 상황이 모두 다르기 때문에, 때에 따라서는 계속 대화를 거부하고 법적으로 나가려고 하는 경우도 발생합니다. 그래서 갈등전환의 저자인 존 폴 레더락 교수는 갈등 상황에서 무엇을 해야 하냐는 질문보다 '누구와 대화할 것인가?'란 질문을 가장 먼저 던진다고 하더군요. 전환은 "관계적 자원과 연결"하는 데서 비롯되기 때문입니다. 현장에서 지역의 행정적 리더보다, 실질적 리더를 찾는데, 더 공을 들이는 것도 이런 이유 때문입니다. 대화의 스펙트럼도 넓었지만, 대화하는 과정에서 시간이 가면 갈수록 지혜를 배우게 됐어요. "변화시킬 수 없는 것을 받아들일 수 있는 평온함과 변화시킬 수 있는 것을 변화해 갈 수 있는 용기를 주시고, 그 두 가지를 구분할 수 있는 지혜를 달라"는 어느 지혜자의 기도처럼, 대화를 계속하다 보면 법적 제도라든가 도저히 제가 어떻게 할 수 없는 부분이 있다는 사실을 받아들이는 법을 배우게 됩니다.

물론 현실을 받아들이는 과정까지도 대화가 필요하고, 어려운 상황에도 불구하고 가용한 자원을 동원해서 도움이 필요한 분들께 도움이 되는 방법을 찾아보자고 공무원들이나 관계자들을 독려하는 과정도 필요합니다. 이런 과정들은 저마다 상황도 다르고, 층위가 다르게 존재합니다.

딜쿠샤에 거주하던 분들에게는 오랫동안 살던 집을 떠나야 하는 생존의 문제였을 텐데, 열 가정이 넘는 분들과 대화하면서 가장 어려웠던 점은 무엇이었나요? 그러한 프로젝트나 사회적 대화마

다 어떤 전환이 일어나는 모멘트가 있었을 텐데, 어떤 것들이 있었는지 궁금합니다.

딜쿠샤 문제를 두고 대화하는 동안 예상치 못한 인간적인 관계 속에서 신뢰가 형성되어 대화가 풀리는 것을 경험했습니다. 주고받는 대화와 배려 속에서 인간적인 선의와 순수한 인간성이 만나 서로에 대한 신뢰가 생기는 경우라고 할 수 있는데, 그런 변화의 순간을 경험하게 한 딜쿠샤는 제게도 잊지 못할 기억입니다. 대화하다 보면 관계 패턴이 있습니다. 하나의 갈등 사건이 있으면 그 갈등 사건만 집중하는 게 아니라 그 사건이 발생하는 과정에서 과거로 거슬러가 이해 관계자들 간에 형성된 관계 패턴을 발견하게 됩니다. 이 관계 패턴을 유심히 살펴보면, 어제오늘의 문제가 아닌 갈등의 핵심적인 이슈들이 있습니다.

현재 고창군 프로젝트를 진행하고 있는데, 지역의 정체성과 잘 어울리지 않는 일자리 창출을 시도하다 좌절된 사례였습니다. 기업 유치를 둘러싼 갈등이 그동안 반복되어 왔다는 점에 주목했습니다. 장기적 관점에서 지역 거버넌스를 구축해 지속적인 논의를 하지 않으면 원만한 기업 유치와 일자리 창출이 어렵다고 결론을 내렸습니다. 분쟁이 격화됐을 때는 대화를 통해 풀어 가기가 어렵습니다. 감정적 대립이 생기기 때문에 협의체 구성조차 쉽지 않고요. 이것이 갈등이 발생하기 전에 다양한 주체가 신뢰를 쌓고 상시적 대화 채널을 구축하는 것이 중요한 이유입니다. 그래서 지자체를 설득해서

고창형 일자리 공론화 모델

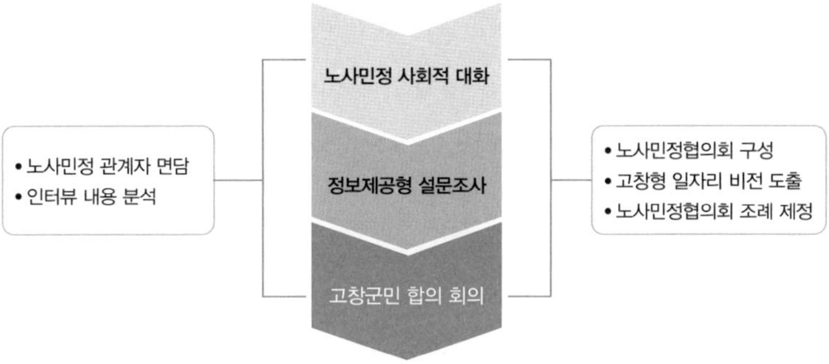

- 노사민정 관계자 면담
- 인터뷰 내용 분석

노사민정 사회적 대화

정보제공형 설문조사

고창군민 합의 회의

- 노사민정협의회 구성
- 고창형 일자리 비전 도출
- 노사민정협의회 조례 제정

공론화 절차

사전면담 및 분석	노사민정 사회적 대화	정보제공형 설문조사	일자리 비전 공론화
노사민정 주요 이해 관계자 심층 면담을 통한 고창군 상생형 일자리 비전 주요 쟁점 도출	노사민정 상호 인식 공유 및 고창군 일자리 비전과 노사민정협의회 구성을 위한 준비 모임	노사민정 사회적 대화에서 도출된 설문문항에 대해 고창군민 대상 설문 진행	고창군 일자리 비전 관련 도출된 쟁점과 설문 결과에 대한 숙의 과정을 통해 정책 권고안 도출
노사민정 대상	노사민정 대상	고창군민 대상	노사민정·군민 대상

처음부터 다시 대화를 시도하게 되었습니다. 지역에 기업도 들어와야 하고, 좋은 일자리도 필요한데, 서로의 입장과 기준이 다르다 보니 대화가 필요한 사안이었습니다.

이런 상황에서 중요한 것은 눈에 보이지 않는 문제입니다. 각 사람이 가지고 있는 좋은 일자리나 기업에 대한 의견이 무엇이며, 우리 지역에서 정말 중요한 게 무엇인지에 관해 대화를 지속하는 게 필요합니다. 그래서 저희가 노사민정 협의체도 만나고, 노사민정의

구성원들과도 따로 만나 인터뷰도 하고, 그것을 기반으로 지역 주민 500명을 대상으로 설문 조사한 자료를 바탕으로 공론화도 하다 보니, 가시화된 지역 주민들의 바람이 나타나, 새로운 방향으로 나아갈 수 있게 되었습니다. 이렇게 주민들과 처음부터 대화하면서 함께 기업도 찾아보고 구조를 만들어 나갈 때, 주민들로부터 그 모델이 정말 기대된다는 얘기를 들었습니다. 이러한 과정이 바로 갈등전환적 차원에서 토대를 만들어 가는 것이라 할 수 있겠습니다. 지역사회의 변화를 만드는 과정에서 갈등은 필연적으로 발생하지만, 그걸 다루어 나가는 게 소통이고 갈등전환의 핵심입니다.

> 이번 12호의 키워드가 'polarized(양극화된)'입니다. 양극화는 어제 오늘의 문제가 아니라 남북한의 물리적 분단으로부터 시작하여, 사회적 갈등과 심리적 갈등까지 전 영역에서 심각한 수준에 이르렀습니다. 한마디로 대화 부재의 상황이라 할 수 있는데, 대표님은 대화의 길을 잃어버린 사람들을 만날 때, 어떻게 대화를 시작하시는지요?

대화를 진행하다 보면 과연 이런 대화가 가능하냐는 질문을 받곤 하는데, 비록 대화 역량이 부족한 상황이더라도 최대한 상대방에 대한 공통의 이해와 존중이 확장되도록 대화의 틀을 만들고 그 안에서 대화를 이끄는 것이 중요합니다. 얼마 전 마무리된 대화를 예로 들면, 한 지자체에 미군 부대가 빠져나가고 난 뒤 생겨난 땅으로 인해 엄청난 갈등이 발생했습니다. 부지를 공원으로 활용하는 것을 놓고, 주민들과 지자체 간 격렬한 갈등이 생긴 것이죠. 작년 겨울부터 지금까지 총 16차례의 '경청회'를 개최했습니다. 현 제도권 안에서 최대한 숙의와 참여를 확보한 대화방식을 '경청회'라 이름 짓고, 대화를 진행했습니다. 보통 '설명회'는 공공갈등 상황에서 다소 일방적 행정 중심의 일회성 정보제공 자리인 경우가 많습니다. 미리 계획을 세워 두고 그것을 설명하고 설득하는 방식인 거죠. 그래서 설명회라고 하면, 기분 나빠합니다. "누가 우리에게 설명해 달라고 그랬어? 사업을 안 하면 설명할 일도 없잖아!"라는 식으로 쉽게 반응합니다. 그러나 '경청회'는 주민들의 목소리를 먼저 충분히 듣는 것입니다. 전문진행자의 중립적 진행을 통해 정보를 충분히 제공하고 숙의된 시민의 의견을 여러 차례 경청하도록 설계된 과정입니다. 그래서 참여한 사람들에게 먼저 '경청회란 지자체 행정가들이 여러분의 이야기를 듣기 위한 것이니 여러분에게 필요한 행정적인 기본 정보에 대한 간단한 설명을 들으신 후에 궁금한 것을 먼저 질문하라'고 부탁합니다.

왜 질문부터 하라고 하냐면 사안에 관한 숙의 과정, 즉 이해가 선행되어야 하기 때문입니다. 이렇게 초반에 한 20분을 질문하고 사례의 내용이 이해되면, 그때 의견을 말하고 다른 의견에 대해 경청하도록 안내합니다. 또 경청에 필요한 규칙 준수를 부탁하는데, 대화 중에 인신공격이나 욕설을 하면 안 되며 다른 사람이 말할 때는 중간에 끼어들거나 끊지 않는 등 아주 기본적인 대화 규칙을 안내합니다. 이렇게 규칙을 존중하면서 계속 대화를 진행하고, 필요한 사항을 안내도 하며 감정, 의견, 질문들을 표현하도록 합니다. 더불어 중간중간 지금까지의 대화 내용을 정리해 주면서, 의견은 의견대로 반영하도록 하고, 질문에는 담당자가 답하도록 부탁하는 것이 매우 중요합니다. 담당자가 답을 하고 나서도, 답변이 충분한지 확인하고, 아니면 좀 더 답을 하는 식으로 대화를 끌어 나갑니다. 그러면 듣는 사람도 만족스럽고, 공무원들이 자신의 이야기를 귀 기울여 듣는다는 사실을 알게 됩니다.

보통 우리는 대화에서 상대방의 이야기를 듣는 여유를 잘 갖지 못합니다. 그러다 보니 사실관계에만 민감하여 뭔가 사실이 아니면 반박하거나 공격하게 되고, 중간에 끼어들게 되는 경우가 허다합니다. 공론장에서는 진행자가 기회를 드리기 전까지 절대 얘기하지 말라고 사전에 안내하기 때문에, 전체 대화가 훨씬 더 안정적으로 진행됩니다. 사소한 사실관계로 논쟁하는 것이 사라지고, 대화의 흐름이 원활해진다는 것입니다. 의견은 의견으로 받아들이면 되는데, 사람들은 자기와 다른 의견에 대해 항상 맞다 틀리다 판단함으로써 대화를 이어 가기 어렵게 만듭니다. 다른 사람의 의견은 그냥 그 사람의 의견으로 받아들이면 되고, 질문이 있으면 거기에 답변하면 됩니다. 이러한 공론의 장, 대화의 장을 한 번만 하고 끝내는 것이 아니라 여러 번 진행하는 것이 필요합니다. 제주도에서는 행

제주형 행정체제 도입 등을 위한 도민 경청회

정 체제 개편이라는 큰 주제로 1년간 공론화를 진행했고, 4차례에 걸친 300명 도민토론회, 16개 권역을 48차례 순회하는 경청회를 진행했습니다.

양극화된 상황 속에서는 먼저 안정적인 환경을 조성하는 것이 필요합니다. 대화에 앞서 누군가의 도움을 받아서 서로 충분히 말하고 경청할 수 있도록 안정적인 환경을 만들고, 사안에 대해서 학습하고 숙고하는 기회를 갖게 하는 것이 중요합니다. 신고리 발전소 문제로 공론장을 진행할 때, 500명의 시민이 참여했습니다. 사람들은 결과에만 관심을 집중하는데, 사실 결과보다 과정이 중요하고 결과 후 사람들의 태도 변화를 주목할 필요가 있습니다.

예를 들어 내가 원하는 결과와 다른 결과가 도출되더라도 그 결과를 받아들이겠냐는 질문에 93%의 사람들이 설령 나랑 다른 의견이 결론으로 나오더라도 수용하겠다고 했습니다. 공론장에 참여했던 사람들이 2박 3일 동안 대화하는 과정에서 비록 서로가 방법은 달라도 나라를 사랑하고 미래를 생각하는 마음이 동일하다는 사실을 발견하고, 서로에 대한 이해가 넓어져서 혐오도 줄어드는 것을 경험하게 됩니다. 대화 현장의 어떤 순간만 보면 '왜 이런 걸 하나'라는 생각이 들 때도 있지만, 경청회 전후의 상황이 확연하게 변화되는 것이 드러날 때 '이것이 진정 대화의 힘이로구나'라는 것을 온몸으로 느끼게 됩니다. 결국 '양극화를 푸는 핵심은 대화밖에 없구나' 하는 생각이 듭니다.

그렇다고 무작정 '대화하자'면서 사람들을 모아 놓고 말하라고 하면 안 됩니다. 대화에는 디자인이 필요하고, 대화를 안정적으로 이끌어 갈 수 있도록 누군가가 돕고, 격려하고, 대화를 촉진하는 것들이 필요합니다. 설사 대화하려는 의도와 각 사람의 역량이 부족하더라도 편안하게 말하도록 공론장을 통하여 대화의 틀을 만들고 환경을 마련하면 안정적인 대화가 가능하게 됩니다. 지자체와 시민들과의 대화에서도 서로 반박하거나 비난하기보다는 서로 경청하면서 대화의 내용 중에 나온 이야기를 정리해 주고, 혹시 빠지거나 부족하거나 미심쩍은 게 있으면 확인해 주는 과정을 거치면 상호이해나 신뢰가 높아지고 서로의 진정성을 알게 되더라고요. 서로의 진정성이 확인되면, 서로 인사도 하고 얘기도 하면서 소위 말하는 서로의 휴머니티를 발견하여 관계가 형성되고, 초반의 불신과 반감이 줄어드는 모습을 보게 됩니다.

일상에서 경험하는 양극화에 대한 대안으로 사회적 대화, 공론장, 소시오크라시Sociocracy 등이 소개되고 있는데, 서로 어떤 차이나 공통점이 있나요?

사회적 대화와 공론장이라고 하는 것은 딱히 구분해서 쓰지는 않는 것 같아요. 중요한 것은 모두 전체 프로세스가 있다는 것입니다. 가령 지금 고창 같은 경우, 일자리 문제와 기업 유치에 대한 사회적 대화가 진행되고 있는데, 우선 다양한 방법을 통해 구성원들을 참여시키고, 그 도시만의 독특한 상황과 여건에 맞게 복합적으로 대화 과정을 준비합니다.

어떤 상황에서 어떤 것이 최선일지 기간을 두고 설계해야 합니다. 갈등영향 분석, 이해 관계자와의 대화 등 종합 진단을 통해 사회적 대화를 설계하는 것인데, 결국 공론화라는 것은 시민들의 합의를 통해 문제를 풀어 가는 방식이라고 볼 수 있습니다. 공론장에서는 시나리오 워크숍, 공론조사 방법, 시민배심원 구성 등 다양한 방법을 통해 참여적 의사결정을 해 나갑니다.

공론장은 여러 가지 갈등을 풀어 가는 방법 중 하나이고, 그게 아닐 때는 시민 조정 협의체 등을 구성하여 대화를 통해서 함께 답을 찾아가는 방법 등을 모색하기도 합니다. 따라서 사회적 대화는 좀 더 큰 틀의 프로세스라고 보면 되고, 공론장은 그 과정이 펼쳐지는 장으로 이해하시면 쉬울 것 같습니다.

> 이야기를 듣다 보니 '일상에서 겪게 되는 경제적인, 정치적인 양극화 문제도 대화로 풀어낼 수 있을까'라는 질문이 생기네요. 또한 연령, 계층, 이념, 정치 성향, 종교 등 다양한 영역에서 대화의 단절과 배타적인 태도가 많은데, 이에 대해 사회적으로 어떻게 이해하고 접근하면 좋을까요?

현장에서 활동하면서 갈수록 어렵게 다가오는 것이 있어요. 처음에는 대화하자고 모였을 때, 막 소리 지르거나 항의하는 모습이 힘들다고 생각했는데, 지금은 그렇게라도 표현해 주는 것이 오히려 고맙게 느껴집니다. 적어도 대화의 현장까지 와 줬으니까요. 대화에서 정작 어려운 것은 사람들을 대화의 자리로 나오도록 하는 것입니다. 실제로 굳이 대화할 필요가 없는 사람들과 대화하러 일부러 나와야 할 이유를 찾기란 쉽지 않습니다.

그러니까 일상생활에서 그렇게 서로 대화하도록 환경을 만드는 게 더 어렵다는 생각이 듭니다. 최근에 4~5년 사이에 증가된 이슈 중 하나가 세대 간 갈등입니다. 문제는 세대 간 갈등을 옳고 그름의 문제로 접근하는 시간이 많다는 점입니다. '꼰대'라고 표현하며 기성세대를 탓하거나, MZ세대를 '요즘 것들'이라 칭하며 이해할 수 없는 존재로 여기는 목소리가 이런 관점에 해당합니다. 세대 간 갈등의 문제를 옳고 그름으로 접근하게 되면, 피해자와 가해자의 관점으로 문제를 바라보게 되고 이는 결과적으로 '직장괴롭힘방지법'과 같은 사법적 방식으로 문제 해결을 시도하며 소모적인 결과를 초래하게 됩니다.

조직 내 세대 갈등은 잘잘못의 문제라기보다 문화의 충돌로 해석하는 관점이 문제에 상대적으로 공정하게 접근할 수 있는 근거가 될 것이라고 봅니다. 어느 세대가 일방적으로 잘못했다기보다, 문화의 다름에서 오는 충돌과 불편함으로 보자는 관점입니다. 이를 위해서는 상호문화역량inter-cultural competency이 필요한데, 다양한 문화적 환경에 효과적으로 적응하고 교류할 수 있는 능력으로 정의할 수 있습니다. 일반적으로 다문화권 사회에서는 타문화권, 즉 다른 나라나 인종과 관련해 주로 언급되지만, 단일민족이고 인종적 다양성이 많지 않은 한국적 상황이라도 세대 간 갈등이라는 주제에서 상호문화역량은 통찰력을 줄 수 있을 것으로 보입니다.

우리는 같은 언어를 쓰고 동일한 문화권에 살고 있다고 생각하지만, 실제로 우리 안에는 굉장히 다양한 문화가 충돌하고 있고, 또 세분화하는 중입니다. 다만 이러한 문화적 다양성과 세분화에 대한 인식이 부족한 것이지요. 내가 말하면 당연히 공감받을 것이라 기대했는데 그게 안 되다 보니, 서로 폭력으로 받아들이고 조직이나 공동체 내에서의 세대 간의 충돌이 발생하는 것이지요. 쉽지 않은 이야기지만 당장의 해법을 찾기보다는 지속 가능한 대화의 장을 계속 만들어 가면서 서로의 차이를 인식할 수 있도록 도울 필요가 있다고 봅니다. 태도 문제도 단순히 개인적인 사안으로만 볼 것이 아니라 사회·문화 속에서 다양하게 이해의 폭을 넓혀가야 합니다.

한국갈등전환센터의 프로젝트는 국가 혹은 지역사회(지자체)의 프로젝트가 많습니다. 가장 큰 프로젝트로 기억되는 것을 하나 소개해 주시고 이러한 큰 프로젝트가 어떻게 일상과 연결되어 있는지 소개해 주십시오.

우리 센터에서 진행한 프로젝트 중 하나가 고창 프로젝트인데, 가장 규모가 크기도 하지만 실제 지역 공동체의 다양한 삶의 문제와 연결되어 있기도 합니다. 지역사회의 변화는 단지 행정 기관에 의해 주도되는 것이 아니라, 시민들과 같이 만들어 가야 합니다. 문제는 정부의 정책들이 당사자들에게 하나도 와닿지 않는다는 점입니다. 이것은 행정에서 실제 당사자들과는 대화조차 하지 않고 정책을 내다 보니 쓸만한 정책이 없고, 그러한 현실이 반복되는 것이라고 볼 수 있습니다. 따라서 당사자들을 초대하여 대화의 접촉점을 만들고, 프로그램에 참여시키는 과정을 가져야 합니다. 노조, 기업, 시민단체 등 각각의 구성원이 원하고 바라는 것들을 표출하고 담아낼 필요가 있습니다. 예산을 세울 때, 시민을 참여시키고, 그에 대한 평가도 진행해서 민의를 반영하는 정책을 입안하고 시행할 필요가 있습니다.

최근에 마무리한 반려견 놀이터 문제를 예로 들고 싶은데요. 반려견 놀이터 설치를 놓고 한쪽 주민들은 반려견 놀이터가 필요하니 만들어 달라고 하고, 또 다른 한쪽은 놀이터를 설치하면 시끄럽고, 더럽고, 위험하니 싫다는 의견이 있었습니다. 둘 사이에서 행정주체가 다른 좋은 자리를 하나 발표했는데, 이번에는 그쪽 주민들이 또 반대해서 취소하는 일들이 있었습니다. 이런 상황에 저희가 초대되어 주민자치 활동을 열심히 하는 분들 중심으로 모임을 시작했습니다. 찬성과 반대하는 사람들이 모여서 두세 달 정도 같이 계속 대화하는 과정을 거친 뒤, 최종 합의안을 도출해 냈습니다. 대화를 통해 양측이 한자리에 모여 지금 상황이 어떤지, 지역사회에는 어떤 선택지가 있는지, 다양한 선택지 중에 도저히 실행할 수 없는 기준들은 무엇인지 등등을 하나하나 같이 확인해 나가다 보니, 결국 의견이 하나로 수렴되어 모두가 수용이 가능한 최종 합의안을 만들 수 있었습니다. 대화를 통해 실제 법으로 할 수 있는 것을 넘어 모두가 동의하는 만장일치를 끌어낼 수 있다는 것을 함께 경험한 것이지요.

여기서도 앞서 말씀드린 진행 규칙을 만들면서 합의의 기준에 따라 의사결정을 했습니다. 여기서 합의란 찬성, 반대만 나누는 게 아니라 '적극 찬성', '찬성', '동의하지 않으나 다수의 의견을 따름'으로 세분화하여, 큰 틀에서 전체 합의를 끌어낸 것입니다. 30% 정도는 동의하지 않았지만, 다수의 의견을 따르겠다고 표현함으로써 사회적인 합의를 경험했는데, 사실 지역사회의 누군가가 이러한 과정을 돕고 격려하면 얼마든지 긍정적인 진전을 만들어 낼 수 있다고 봅니다. 굳이 우리 센터나 전문기관에 의뢰하지 않아도 말이죠.

또 한 가지 인상적이었던 사례는 시골의 이장님이 농약병을 처리한 사안입니다. 시골에는 농약병 문제가 골치잖아요. 농약병을 아무 데나 버리다 보니, 깨져서 다치기도 하고 농약 물이 흘러서 오염되는 문제가 비일비재합니다. 아무리 얘기를 해도 해결이 잘 안 되는 문제입니다. 왜냐하면 그걸 지킬 이유가 없으니까요. 그런데 이 시골의 이장님이 사람들과 대화하며 고민한 끝에 가장 많이 다니는 마을 한가운데 공동 농약배합 시설을 만든 거예요. 대부분의 농약은 원액을 물에 희석을 시켜서 사용하는데, 이때 물이 필요하잖아요. 이전에는 각 농가에서 농약을 희석하여 사용했는데, 이장님이 마을 한가운데 아주 편리한 공동 농약배합 시설을 만들어 놓은 거예요. 물을 틀면 호수로 연결되어 바로 농약을 희석할 수 있게 해 놓으니, 주민들이 다 거기에 와서 농약을 희석하게 되고, 또 바로 옆에다 쓴 농약병을 담을 통도 만들어 놨지요. 농약병을 거기다가 버리니 굳이 잔소리하지 않아도 병이 모이고, 오염을 방지할 수 있었던 거지요.

이러한 사례는 거창한 갈등전환까지는 아니지만, 지역에 있는 문제를 어떻게 풀어낼 수 있는지 보여 주는 좋은 사례라고 봅니다. 잘잘못을 따지거나, 문제를 법적으로만 해결하려 하기보다 주민들과 같이 얘기하면서 변화를 끌어내는 노력이 중요합니다. 갈등을 변화가 필요하다는 신호로 받아들이고, 어떤 교육이 필요한지, 어떻게 구조를 변화시켜야 하는지, 함께 고민하다 보면 뭔가가 나오게 된다고 봅니다. 설령 좋은 결과가 나오지 않는다고 해도 대화의 과정 자체가 큰 의미가 있다고 봅니다.

갈등을 다룰 때, 흔히 갈등을 일으킨 한 사람만 사라지면 갈등이 해결될 거로 생각하는 경우가 많습니다. 그러나 갈등전환에서는 그 한 사람의 존재를 끌어안고 다루다 보면 성장이 생기고, 과정 자체가 배움이 된다는 사실을 알아차리게 됩니다. 결과보다 더 중요한 것은 대화의 과정을 통해 모두가 갈등에 대해 배우고 학습하는 것입니다. 그러기에 갈등전환의 개념을 통해 지역사회에서 반복해 왔던 갈등패턴, 갈등구조, 정체성, 관계적인 측면들을 살펴볼 필요가 있습니다.

말씀을 나누면서 배움이라는 단어가 다가왔습니다. 한국갈등전환센터에서 제공하는 커리큘럼이라든지, 워크숍 등을 소개해 주신다면요?

한국갈등전환센터는 이론도 제공하지만, 현장에서 적용이 가능하도록 실습하는 과정이 있습니다. 실제 현장의 문제를 같이 고민해 보는 것에 초점을 맞추고, 갈등을 풀어 가는 역량을 강화하고 있습니다. 아울러 교육을 진행할 때, 감정 단어에 초점을 맞추고 있습니다. 예전에 기자였을 때나 지금 센터에서 일할 때나 공통적인 활동 중 하나가 인터뷰인데, 기자와 퍼실리테이터facilitator로서 인터뷰할 때 큰 차이가 존재함을 알게 되었습니다. 기자에게는 팩트가 중요하지만, 갈등을 다루는 사람은 감정의 흐름에 집중하는 게 중요한 것 같습니다. 감정이 일종의 통로가 되어서 더 깊은 대화로 연결될 수 있기 때문입니다. 사실도 중요하고, 소통도 중요하지만 결국은 사람의 마음을 읽어 주는 게 중요하므로, 앞으로 이런 방향으로 교육을 진행하는 것이 좀 필요하지 않나 이런 생각이 들어요. 그러니까 내 감정을 읽고 상대방의 감정을 읽는 게 많이 서툴다는 생각이 듭니다. 그래서 집 냉장고에 감정 카드들을 붙여 놓고 수시로 들여다보며 마음을 잘 표현할 수 있도록 훈련하고 있습니다. 자녀들이 학교에서 국영수를 잘하는 것보다 공감 능력이 뛰어나다는 평가를 받는다면 더 감사한 일이 될 것입니다.

오늘 참 많은 이야기를 나누었습니다. 그동안도 많은 일을 해 오셨는데, 앞으로 꼭 해 보고 싶은 갈등전환 프로젝트가 있는지요?

해 보고 싶은 몇 가지 주제가 있는데, 긴 호흡으로 대화를 진행하며, 프로세스를 만들어 가는 것을 해 보고 싶습니다. 독일에는 '동서포럼'이란 게 있습니다. 10명의 동·서독 출신 시민들이 2박 3일간 함께 지내며 서로에 대한 이해를 확장하고 오해와 편견을 녹여 가는 시간입니다. 1994년 시작된 이 모임은 현재까지 계속되어 오고 있습니다. 저희도 한반도 평화 문제라든지, 혐오 문제라든지, 사회적 이슈와 문제를 지속적으로 이야기하는 장을 만드는 것이 필요하다고 생각하고, 센터 차원이든 다른 단체와 협력이든 특정한 주제를 가지고 계속 대화를 해 나가는 프로세스와 프로그램을 돕거나 진행해 보고 싶습니다.

마지막으로 《플랜P》 독자들에게 갈등전환에 관해 한 말씀 부탁드립니다.

존 폴 레더락 교수님이 "평화는 미스테리다"라고 말씀하신 적이 있는데, 처음에는 그것이 무슨 말인지 이해가 되지 않았어요. 우리가 늘 경험하고 익히 들어서 알고 있는 폭력은 명백하지만, 평화는 어렴풋한 지향점만 있지 그 과정을 체험하기 어렵습니다. '장님 코끼리 만지기'라는 말처럼 평화는 마치 알 수 없는 코끼리 모습을 함께 만지고 찾아가는 과정이라는 생각이 듭니다. 그러니 평화의 사람들은 일단 무엇인가를 틀렸다고 얘기하기 전에 큰 그림들을 충분히 들여다보고 함께 퍼즐을 맞춰 나가는 태도와 여유가 필요합니다. 미지의 평화라고 하는 코끼리를 함께 찾아 나가는 데 있어, 불완전함을 인정하면서 채워 가려면 어쩔 수 없이 저쪽 다른 구성원들하고 대화할 수밖에 없다는 생각이 들게 마련입니다. 전환이란, 시점과 관점을 넓혀 가며 크고 작은 변화들이 계속 일어나도록 도와주는 것입니다. 대화하는 과정에서 서로의 휴머니티를 발견하는 것, 오늘 문제를 해결했다고 관계가 끝나는 게 아니라 사안이 끝나더라도 협의체를 만들어 가는 등 지속적인 대화의 토대를 만드는 것이 전환이라 생각합니다. 평화와 관련된 문제는 그렇게 단번에 해결할 수 있는 게 아니다 보니 갈등전환이 나오고, 또 강조하게 된 것 같습니다. 그런 의미에서 갈등전환이라는 단어 자체가 던져 주는 의미가 크다는 생각이 듭니다. 갈등 상황이라고 해서 우리가 무조건 대화해야 하는 게 아니라 평화적인 측면에서 어떤 경우는 좀 더 갈등을 부추겨야 하는 때도 있다고 봅니다. 힘의 불균형이 심할 때는 힘의 균형을 맞출 수 있도록 오히려 갈등을 증폭하는 것도 갈등전환에서는 의미가 있습니다.

이 짧은 인터뷰에 다 담지 못할 만큼 제주-고창-군산-논산-용인-과천-가평-인제 등 여러 도시를 오가는 그의 벅찬 일정이 염려된다. 지난 10년 동안 강의 끝에 "많은 갈등 부탁드립니다"라고 하던 인사가 요즘에는 "적당한 갈등 부탁드립니다"로 바뀔 만큼 일이 많아졌단다. 떠나가는 그의 뒷모습에 왠지 모를 든든함과 찡한 감동이 함께 밀려오는 것은 왜일까?

갈등을 변화의 청신호로 받아들이면 좋겠다는 그의 말처럼 갈등

공화국이라는 대한민국이 그리고 그 안의 지자체와 단체, 개인들이 부디 갈등을 밑거름 삼아 창조적이고 변혁적인 선택을 해 나가길, 그가 말하는 경청회도 여기저기에서 더욱 꽃을 피우길 바라 본다.

《플랜P》 12호 [인터뷰] (2023년 6월호)

인터뷰이 박지호 한국갈등전환센터 대표
인터뷰어 김복기 《플랜P》 발행인
김유승 《플랜P》 편집장
정리·글 김복기
사진 김유승

❝ 다양한 생각과 선택이 차별과 배제 없이
오롯이 존중되면 좋겠어요 ❞

누구나 당사자의 목소리를 내는 세상을 위해

정치하는엄마들

'정치'라는 단어를 '일상'과 연결하는 것은 쉽지 않다. 우리 삶의 많은 활동이 정치와 밀접한데도 말이다. 대다수 사람이 정치를 불신하면서도, 정작 목소리를 내는 일에는 부담을 갖고 터부시하기도 한다. '정치하는엄마들' 이라는 이름을 처음 들었을 때, 굉장히 새롭고도 낯설게 다가온 것은 그런 이유 때문일 것이다. 그들의 이야기를 듣기 위해, 제주에서 장하나 사무국장을 만났다.

'정치하는엄마들'이라는 단체는 언제, 어떻게 시작됐나요?

2017년 4월 22일에 첫 오프라인 모임이 있었고, 6월 11일에 창립총회가 있었어요. 서로 모르는 사람들이 만나서 단체를 이룬 것으로 보자면 아주 빨리 진행된 것이죠. 제가 19대 국회의원(더불어민주당)

으로 일하고 있을 당시, 아이를 임신하고 출산했어요. 이 시기에 워킹맘의 삶을 처음 경험했는데, 여성 양육자에 대해 사회적 차별과 혐오가 심각하다는 것을 실감했습니다. 모성권이나 엄마라는 주제는 정치 영역에서 그리고 여성운동에서도 거의 다뤄지지 않더라고요. 여성단체들은 공적 돌봄을 확대하는 데 중점을 두고 있었고, 정부 정책도 그 방향으로 흘렀죠. 물론, 공적 돌봄을 확대하고 '안전'이라든가 돌봄의 질을 확보해야 하지만 직접 돌봄을 주고받을 수 있는 권리에 관한 이야기들도 필요하다는 생각이 들었고, 당사자 운동의 필요성을 느꼈어요. "나는 직접 아이를 양육하고 싶어." 혹은 "나는 아이를 어린이집에 보내고 빨리 복귀하고 싶어." 돌봄에 대한 다양한 생각과 선택이 차별과 배제 없이 오롯이 존중되면 좋겠다고 생각했어요. 아직은 양육자가 되어 차별받는 것이 엄마(여성)인 경우가 대부분이잖아요. 엄밀히 말하면 여성은 일할 권리를 빼앗기고, 남성은 돌볼 권리를 빼앗기는 것이지만요.

일하는 엄마에게는 직장에서도 양육자라는 티를 안 내고, 엄마가 되기 전과 후에 동일하게 일 처리를 해야 한다는 무언의 압박이 존재합니다. 일하는 아빠가 그렇듯이요. 저도 임기 중에 임신하고 일을 하게 되어 보니, 권리를 주장하고 찾기보다는 어떻게든 티를 안 내고 다른 동료들에게 피해를 주지 않으려고 애를 쓰게 되더라고요. 제 주변에도 결혼해서 자녀를 둘, 셋 낳은 친구들이 있는데, 여러 직업군에 종사하던 친구들이 전업주부가 된 일들을 떠올리며,

'자발적인 선택이 아니었겠구나. 선택의 여지가 없었겠구나' 그런 깨달음이 뒤늦게 찾아왔어요. 제가 겪기 전엔 몰랐던 세계였죠.

그래서 《한겨레》 신문에 칼럼을 쓰겠다고 제안했어요. 엄마가 되면서 일상적으로 겪는 여러 가지 문제들이 왜 정치적인 문제인지 이야기하겠다고 했죠. 제가 글을 쓰는 목적은 단지 문제를 드러내는 게 아니라, 같은 생각을 가진 엄마들과 만나서 당사자 운동을 하는 것이라고 밝혔습니다. 그래서 연재 글에 엄마들의 정치세력화에 관심 있는 분들은 함께 모여 보자는 광고도 싣게 되었죠. 연재 도중에 오프라인 모임 공지를 했는데, 전국 각지에서 30여 명이 모였어요. 그때 함께 시작한 분 중 대부분이 지금까지 활동하고 계십니다. 그렇게 만나서 1년 만에 비영리 민간단체로 등록했고, 지금까지 이어오고 있습니다. 단체 설립이 빠르게 진행된 것은 참여한 사람들의 갈증과 분노가 그만큼 컸다는 방증이기도 하죠.

현재 모임은 어떻게 운영되고 있으며, 회원은 몇 명 정도인가요? 구성원은 어떻게 되는지도 궁금해요.

현재 2000여 명의 회원이 있어요. 그중 정기적으로 회비를 내는 후원회원이 600명 정도 됩니다. 나머지 참여 회원은 저희를 지지하고 함께 해 주시는 분들이에요. 특히 정치인들에게 문자 행동을 할 때 큰 힘이 돼 주고 계십니다. 상근 활동가는 세 명이고, 재정에 한계가 있어 주 30시간으로 활동 시간을 조정해서 일하고 있습니다.[1]

전체 회원 중에서 적극적으로 활동하는 회원은 50명 정도로 '활동가'라고 부릅니다. 활동가 중 10% 정도는 남성이고요. 10% 정도는 비혼 회원입니다. 어린이 활동가도 10명 정도 됩니다. 최근에는 어린이 활동가들의 참여가 활발한데, 기자회견이나 토론회 때 발언하며 주로 환경이나 기후 위기 문제에 관심이 많습니다. 노키즈존 등 아동 차별 사안에 목소리를 내기도 하고요. 어린이 활동가들을 보면 환경 문제에 대해 특유의 민감한 감수성이 있어요. 아무래도 어른들은 좀 무디지 않나 하는 생각도 듭니다. 어린이 활동가들의 참여에 대해 '시켜서 한다', '아이들 팔아 장사한다' 그런 반응들, 혐오 댓글이 너무 많아요. 근데 요즘 어린이들이 시킨다고 하나요? (웃음) 오히려 기후 환경 문제에 대해서는 어린이 활동가들이 더 적극적이고 자발적입니다. 노키즈존 이슈도 본인들 문제이기 때문에 부당함과 억울함을 토로하고 싶어 하고요.

여러 사회문제를 다루고 있는 것 같은데, 활동 이슈 선정은 어떻게 하시는지 궁금해요. 중점적으로 활동하고자 하는 분야가 있을까요?

다양한 이슈가 그때그때 결정되는 형태지만, 사무국이나 운영위원회 중심으로 결정하는 방식은 아닙니다. 누군가 의제를 제시하면

1 인터뷰 당시 주 30시간이었고, 2024년 현재 주 15시간이다.

정치하는엄마들 정관 전문

사람은 삶의 어느 기간 혹은 모든 기간 동안 자신의 생명 유지를 위해 반드시 타인에게 의존하게 된다. 즉 사람은 생존을 위해 돌봄과 살림을 필요로 하고, 서로 돌봄과 살림을 주고받는 존재다.

이렇듯 돌봄과 살림은 인간 사회를 유지하는 데 있어 가장 근본적이고 가치 있는 일임에도 불구하고, 한국 사회는 이를 사사로운 일로 치부하며 사회적·국가적 책임을 인정하지 않았다. 게다가 출산과 육아, 자녀의 교육, 일상적인 가사노동, 간호 등 돌봄과 살림의 영역에서 벌어지는 모든 일을 단지 '집안일'이라는 말로 폄하하며, 그 책임을 오로지 '엄마'에게 전가해 왔다. '모성'과 '모성애'라는 이름 아래 많은 여성들이 희생과 헌신을 강요받았고, 정치경제적 주체로서 자립할 기회를 박탈당했으며, 아줌마와 맘충이라 불리는 혐오와 비하의 대상이 되었다. 그러나 무릇 사람을 낳고 기르고 살리는 돌봄과 살림은 우리 사회의 현재뿐 아니라 미래가 달린 일로서 엄마·여성·개인에게 그 책임을 전가해서는 안 되며, 가족 공동체·지역 공동체·국가 공동체가 서로 함께 책임져야 할 영역이다.

이제 모성은 생식적 어머니와 분리하여 돌봄과 살림을 수행하는 모든 주체의 역할을 가리키는 개념이 되어야 하고, 우리 사회는 집단 모성·사회적 모성을 추구해야 한다. 나아가 혈연을 넘어서 돌봄과 살림의 관계를 기준으로 다양한 형태의 가족을 포용해야 하며, 가족구성원 간의 성평등한 관계를 법제도적으로 보장해야 한다. 우리는 사회적 모성을 바탕으로 모든 아동과 그 아동을 돌보는 모든 사람들의 권리를 옹호하고, 그들이 처한 정치적·경제적·사회문화적 모순을 해결해 나감으로써 더 나은 공동체를 만들 수 있다고 믿는다.

이에 우리는 직접적인 정치참여를 통해 이러한 목표들을 실현하고자 모인 구성원들의 뜻을 모아 '정치하는엄마들'을 창립한다.

그 의제를 중심으로 관심 있는 사람들이 모여서 프로젝트를 진행하는 방식이에요. 즉, 활동가들의 플랫폼이라고 할 수 있죠. 때로는 직접 찾아오셔서 연대의 도움을 요청하시는 분들도 있습니다. 우리가 가지고 있는 동력에 비해 활발한 활동이 이루어지는 것은 자발적으로 활동가들이 참여하기 때문이에요. 연속으로 지속되는 사업들도 있습니다. 단시간에 해결되는 문제가 아니다 보니 한 프로젝트가 진행되는 기간이 긴 경우가 많아요. 몇 년씩 소송으로 가는 경우도 꽤 있고요. 프로젝트는 주로 언론 인터뷰나 토론회, 기자회견, 법적 대응, 국회를 통한 대응(국정감사 등)으로 진행됩니다.

중점적인 분야가 정해져 있지는 않아요. 다방면으로 시기에 따라 일어나는 모든 일이 활동 범위가 됩니다. 기후나 환경에 주목하는 활동가들도 있고, 소아응급의료 공백 문제에 관심이 있는 활동가들, 미디어 감시팀도 정말 열심히 하고 있어요. 온라인상 혐오 댓글을 포함해서 방송에서의 혐오 표현을 모니터링하고, 언론사에 수정을 요청하는 팀[2]도 있고요. 우리 단체의 모든 프로젝트는 전적으로

2 팀 이름과 활동 이력은 아래와 같다.
〈혐오차별 미디어 아카이빙 프로젝트 핑크노모어Pink No More Archived〉
(1) 유아들이 흔히 보는 만화 속 '성역할 고정관념'에 주목하던 중 1주일에 3일 이상 TV를 보는 2~5살 유아가 70%에 달한다는 연구 결과를 접함.
(2) 이에 정치하는엄마들은 최근 3년간 EBS에서 방영된 만화 시리즈 35개 중 23개 시리즈(65%)에 남녀 성역할에 관한 고정관념을 심어 줄 수 있는 표현과 설정을 확인함.
(3) 이어 혐오와 차별을 조장하는 나쁜 미디어를 퇴출하고자 시민들의 집단 지성의 힘으로 자료를 모으는 아카이빙 프로젝트 〈핑크노모어〉 운동을 시작함.

활동가들에 달려 있지만, 최근 몇 년 동안 괄목하게 관심이 늘어난 분야가 있다면 기후 환경 문제인 것 같습니다.

'정치하는엄마들'에서는 '모두가 엄마다'라는 의미에서 '사회적 모성'을 이야기하는데, 그것이 함의하는 정치적 의미는 무엇인가요?

아직 대한민국에서는 '엄마'라고 하면 우리 엄마, 내 자식, 그런 이미지가 큰 것 같아요. 양육자가 스스로 깨달아야 하겠지만, 내 아이만 잘사는 세상은 없잖아요. 사회가 탈정치화되어 있고, 개인화되어 있어요. 최근에 여러 참사를 겪으면서도, 한 사람 한 사람의 고귀한 삶을 이렇게 운에 맡겨야 하는 건가, 그런 생각이 많이 들었어요. 경쟁 사회가 경쟁 교육을 만들고, 각개전투, 각자도생해야 하는 이 사회에 경종을 울리고 싶어요. '모두가 엄마다'라는 것은 그런 의미입니다. 우리 사회가 어린이를 돌보는 것에 있어 '엄마'에게 많은 역할을 전가해 왔잖아요. 그러나 어린이를 키우는 것은 지역 공동체, 국가 공동체가 다 함께 해야 할 일이라는 의미에서도 '모두가 엄마'라는 것이죠. 즉, 자녀를 양육하는 것은 국가 차원의 일이 되어야 한다는 겁니다. 오래전에는 '대를 잇는다'라는 말이 있을 만큼 자녀를 출

(4) 핑크노모어 웹사이트(www.pinknomore.org)'를 열어 혐오·차별 콘텐츠 제보를 받고 매달 최악의 혐오·차별 콘텐츠를 발표함.
(5) EBS, KBS, MBC 등 공영방송사에 BBC와 같은 '혐오·차별 금지 가이드라인' 제정을 촉구함.

산하고 양육하는 것이 가족구성원의, 특히 여성들의 당연한 책임이었어요. 그런 의무가 사라진 것은 너무 다행인 일이죠. 그러나, 한편으로는 나의 선택으로 출산했지만, 출생률이 낮아질수록 출산과 육아가 점점 더 개인의 문제로 치부되는 것 같아요. 공동체가 사라지고, 네가 원해서 낳았으니 스스로 책임지고 남에게 폐 끼치지 말아야 한다는 그런 분위기가 심해졌습니다. 소수의 행동을 일반화해서 맘충이나 진상 학부모 등 집단의 문제로 비화하는 일도 많고요. 최근에 저희는 한국 사회에서는 반려동물보다 어린이들이 존중과 사랑을 받지 못하고 있다는 이야기도 해요. 내 아이만 잘살면 되는 게 아니라 대한민국의 모든 아동 청소년이 행복하게 살아야만, 나의 아이도 행복할 수 있다는 게 우리의 결론입니다. 이것이 '사회적 모성'인 것이죠.

엄마들이 온라인 정기모임 참여 등의 '작고 가벼운 참여'에서부터 보다 적극적인 방식의 참여로 나아가는 계기나 그 과정에 대해 듣고 싶습니다.

모두가 다르겠지만, 본인의 문제의식을 함께 공감하는 사람이 있을 때, 그것을 표출하고 목소리를 내는 경험이 큰 계기가 되는 것 같아요. 내 의견이 세상으로 표출되고 목소리가 들려지는 것이지요. 시민 운동 안에서도 목소리를 갖는 사람과 그렇지 않은 사람이 구별되는 경우가 종종 있습니다. 어떻게 하면 활동가들이 수평적인 관계 속에 다양한 목소리를 낼 수 있을까에 대한 고민이 늘 있어요. 우리 단체는 기자회견이거나 토론회, 언론 인터뷰를 할 때, 그런 기회를 최대한 구성원들과 골고루 나누고자 합니다. 대표나 사무국장만 목소리를 내는 게 아니라 누구나 발언할 기회를 얻는 것이죠. 한두 명의 목소리로 운동이 장악되는 것에 대한 문제의식을 늘 가지고 있어요. 여러 사람의 경험과 상황을 공유할 때 내용이 풍부해지니까요. 정치하는엄마들에서 본인의 이름으로 발언하는 목소리를 갖는 것이 구성원들에게 많은 동기부여가 되는 것 같아요. 저희가 회비가 많지 않고, 어려운 상황에서도 이만큼 올 수 있었던 것은 그런 의

사 구조 덕분입니다. 익명성의 사회에서 우리는 모두 익명으로 평생 살아가잖아요. 우리 단체는 그 많은 사람 중에서 세상을 바꾸고자 하는 소수의 사람이 모인 곳이에요. 게다가 구성원 대부분이 내재한 에너지와 뜨거운 열정이 많은 사람이고요. 그것만으로도 참 귀하고 소중하다고 생각해요. 목소리를 낼 수 있는 장만 열어 줄 수 있다면, 우리 사회를 위한 그들의 몫을 충분히 할 수 있습니다. 개인이 의제를 냈을 때, 의원실을 연결하거나 기자 섭외를 하는 등 지면을 열어 주기만 하면 진행이 되더라고요. 실제로 회원 중의 두세 분 정도가 기초의원이 되셨어요.

가장 기억에 남거나 소개하고 싶은 활동이 있다면요?

기억에 남는 활동이 몇 가지 있는데요. 2018년에 시작된 '스쿨미투'[3]가 아직도 진행 중이에요. 2018년도에 학생들이 스쿨미투를 시

3 스쿨미투는 학교에서 일어난 아동 성폭력을 아동 청소년들 스스로 고발하며 공론화의 주체가 된 인권운동이다. 2018년 4월 용화여고 졸업생들이 재학 중에 겪었던 학교 성폭력을 공론화하자, 재학생들이 교실 창문에 포스트잇으로 #METOO #WITHYOU 모양으로 붙여 화답하며, 한국의 고질적인 학교 성폭력 실태 고발이 들불처럼 이어졌다. 이에 정치하는엄마들은 피해 당사자들이 하루빨리 일상으로 복귀하길 바라는 마음으로 무료 법률지원을 시작했다. 2018년 2월부터 스쿨미투를 공론화한 전국 79개교 중 연락 가능한 49개교 트위터 계정에 안내를 시작으로 피해 당사자들이 학교, 교육청, 경찰 등과 겪고 있는 갈등 조정을 이어가고 있다. 더불어 대한민국의 교육 현장에서 오랫동안 자행되어 왔던 아동 인권 침해의 벽을 뚫고 나온, 아동 청소년들의 절박하고 용기 있는 목소리들을 바탕으로 스쿨미투 전국 지도를 제작하여 온라인상에 공개하고 있다.

작했고, 2019년에 저희가 합류하여 행정소송을 몇 년째 진행하고 있어요. 계속 승소하고 있지만, 활동이 길어지다 보니 그때 목소리를 낸 학생들이 피해를 보는 상황이 있습니다. 무료 변론 같은 것을 찾기도 쉽지 않고요. 가해자 측은 대개 변호사 선임에 비용을 아끼지 않고 교단에 속속 돌아오니, 용기를 낸 학생들에게 무력감을 주는 것이 아닌가 하는 염려도 있어요. 스쿨미투 사태가 학생·청년들에게 "목소리를 내 봤자 세상은 바뀌지 않는다"는 학습효과를 남기는 것이 무엇보다 두렵습니다. 오래 걸리더라도 스쿨미투 소송을 포기하지 않는 이유는 "사회 부조리에 목소리를 내는 것이 너무나 가치 있고, 우리 모두 스쿨미투에 빚졌다. 경의를 표한다"라는 뜻을 전달하고 싶어요.

또, 기억나는 것은 '유치원 3법'[4]을 통과시킨 일이에요. 사립유치

4 (1) 정치하는엄마들은 2018년 3월 전국 17개 시도교육청 및 국무조정실에 감사적발한 비리유치원 명단을 정보공개 청구하고, 5월 행정소송을 제기하여 승소하고 공론화함.
(2) 이어서 박용진 의원이 2018년 국정감사에 비리유치원 현황을 폭로하고, 10월 23일 유치원3법(유아교육법·사립학교법·학교급식법)을 발의함.
(3) 2019년 3월 한국유치원총연합회가 국가관리회계시스템(에듀파인) 도입 등에 반발하며 개학 연기를 선언했고, 이에 정치하는엄마들이 '공정거래법, 유아교육법, 아동복지법을 위반한 불법행위'를 들어 검찰에 한유총을 고발함.
(4) 유치원3법의 20대 국회 통과를 위해 기자회견을 열고, 해당 국회의원에게 법안 통과 촉구 독려문자를 회원들이 지속적으로 보냄.
(5) 2020년 1월 13일 유치원3법이 국회 본회의를 통과함.
(6) 21대 총선에 앞서 유치원3법 통과 과정에서 막말 및 법안심사과정에 비협조적인 국회의원 후보를 공개 발표함.

원 비리를 폭로하고 규제하는 입법을 촉구한 활동이었어요. 맥도날드 햄버거병 관련한 사안도 기억에 남아요. '용혈성요독증후군'이라고 덜 익은 음식을 먹으면 생길 수 있는 증상인데, 균이 죽을 때 독소가 나와서 신장을 망가뜨리는 심각한 질병입니다. 신장질환은 평생 지속되고, 심하면 신장이식이 필요하죠. 한국에서 맥도날드 햄버거를 먹고 이 병에 걸린 어린이가 여럿 있었는데, 그중 한 가정이 맥도날드를 상대로 싸웠습니다. 다윗과 골리앗의 싸움이죠. 맥도날드에 패티를 독점 납품하는 맥도날드의 자회사에서 대장균이 검출된 패티를 유통한 것이죠. 피해 어린이의 엄마가 단체로 찾아왔고, 우리가 같이 힘을 모았죠. 한국맥도날드의 식품위생법 위반 소송이 진행되는 과정에서 피해 가족이 합의하는 바람에 법적 책임을 끝까지 묻진 못했지만, 책임을 회피하던 본사를 끌어냈고 햄버거병 문제를 두루 알릴 수 있어서 기억에 남습니다.

더불어 '어린이생명안전법안'인 '민식이법, 하준이법, 태호유찬이법, 해인이법'[5] 네 가지 법을 통과시킨 일도 기억에 남아요. 교통사

5 (1) 20대 국회에 발의된 어린이생명안전법안(민식이법, 해인이법, 한음이법, 하준이법, 태호·유찬이법) 통과를 위해 법안 이름의 사고 아동 부모들과 법안 통과 촉구 운동을 함.
(2) 20대 국회의원 296명의 각 의원실을 찾아가 법안 통과 동의서를 요청했으나 전체 국회의원 중 32%만 동의.
(3) 수차례 법안 통과 촉구 기자회견 및 방송 출연을 했으나 국회에 계류 상태가 이어져, 국회 법안심사소위조차 열리지 않는 것을 규탄하며 전화문자 행동 및 행정안전위원회 회의실을 찾아가 법안 통과를 촉구함.

고로 자녀를 떠나보내고, 재발 방지를 위해 자녀들의 이름을 딴 법안이 발의되었지만, 막상 국회에서는 심의도 되지 않고 있었어요. 어린이 교통안전 같은 이슈들은 국회에서 무관심한 영역이거든요. 처음엔 고 최하준 어린이의 어머니께서 우리 단체에 찾아오셨고, 관련 기사를 보시고 다른 부모님들도 하나둘 모이게 되었습니다. 다 같이 통과시키자 해서 모두 발의되었죠. 물론 혐오 댓글이나 그런 것에 많이 시달리긴 했습니다.

마지막으로 어린이집 급·간식비 인상 캠페인도 기억에 남아요. 점심 급식비에 오전·오후 간식비를 더한 급·간식비 하한 기준이 1745원으로 22년 동안 동결이 되어 있었죠. 1년을 캠페인 한 결과 매년 1100억 정도 예산을 증액시켰어요. 어린이 기준으로 하루에 500원 정도 급·간식비가 증액된 거죠. 더 확보해야 하는 상태긴 합니다.

활동하시면서 느끼는 크고 작은 변화가 있을까요?

사실 단체가 구성되고 많은 시간이 흘렀지만, 저희가 해결하고 싶

(4) 어린이생명안전법안 통과를 볼모로 당시 자유한국당이 필리버스터를 신청하여 정치하는엄마들은 국회 정문 앞에서 '자유한국당이 필리버스터를 철회할 때까지' 7일간 필리버스킹(필리버스터+버스킹)을 진행함. (2019년 12월 3일~12월 9일까지)

(5) 지속적인 법안 통과 촉구 운동으로 하준이법과 민식이법이 2019년 12월 10일 국회 본회의를 통과함.

(6) 해인이법과 태호유찬이법이 2020년 4월 29일 국회 본회의를 통과함.

던 문제들은 그대로인 것도 같아요. 여전히 여성 고용 단절의 문제는 해결의 기미가 없고, 오히려 아동과 엄마에 대한 혐오는 더 심해진 것 같습니다. 출생률이 오르지 않는 것도 어린이와 청소년들이 살기 힘들어진 결과라고 생각해요. 점점 경쟁과 양극화가 심화하고 태어나자마자 대진표에 이름을 올려야 하는 사회에서 행복한 유년 시절을 찾긴 힘들죠. 늘어나는 청소년 자살률을 보면 괴롭습니다. 기후 문제나 후쿠시마 핵 오염수 사태를 보면서 활동가로서 느끼는 무력감도 큽니다. 그래도 혼자 이런 고민하는 것이 아니라 정치하는엄마들과 함께하기 때문에 힘이 되고, 정치하는엄마들을 만나서 제 삶도 많이 바뀌었습니다. 각자의 생활 영역에서는 우리가 모두 소수자니까요. 경쟁 대신 공존을 꿈꾸는 사람들은 주변 학부모나 가족들 사이에서도 대부분 소수자거든요. 아이들 학업만 해도 사교육이나 대학 진학보다 '함께 잘 살아가는 삶'에 대한 관심을 가지고 이야기를 나눌 사람을 주변에서 찾기 힘든데, 그런 공감대를 가진 사람들이 모여 있다는 것만으로도 큰 힘이 되는 것 같아요. 특히 기후 문제는 경쟁이라는 생존방식의 한계를 극명하게 드러낸다고 생각합니다. 기후 재난 앞에 경쟁은 공멸의 지름길일 뿐입니다.

단체를 운영하면서 가장 힘든 부분은 무엇인가요?

시민단체들이 언론을 통해서 대중들에게 메시지를 전하는 이유는 궁극적으로 정부나 정치권이 법과 제도 개선을 통해서 사회의 변화를 일으키고 싶은 것이 목적이죠. 그런데 정치 자체가 제대로 기능하지 못하니까, 이름에 '정치'가 붙어 있는 단체로서 요즘 너무 힘이 듭니다. "정치 혐오하지 말자! 엘리트 정치 말고 당사자가 정치하자!" 그런 메시지를 주기 위해 정치하는엄마들이 나섰는데, 정치를 혐오하지 않기가 힘들 정도로 한국의 정치 상황이 극악합니다. 시민 사회운동을 하는 사람들이 법과 정책을 바꾸고, 예산을 확보하려면 결국 의회를 통해서 해야 합니다. 그러니 정치가 최소한의 정상성이라도 회복했으면 좋겠어요.

정치하는엄마들이 저희의 이름이잖아요. 저희는 "정치는 엄마(아

'함께 잘 살아가는 삶'에 대한
관심을 가지고 이야기를 나눌 사람을
주변에서 찾기 힘든데, 그런 공감대를
가진 사람들이 모여 있다는 것만으로도
큰 힘이 되는 것 같아요

줌마)가 해야 해!"라고 이야기합니다. 소위 '아줌마'라고 하면 사람들이 낮춰 보는 계층이고, 한국 사회가 돌봄 노동과 돌봄 노동자를 폄하하죠. 그래서 "나는 슈퍼우먼이 되겠어"가 아닙니다. 저희는 돌봄 노동이 아주 가치 있는 것이고, 돌봄 노동을 함으로써 존중받고자 하고, 돌봄 노동자라는 이유로 차별받지 않겠다고 선언하는 것입니다. 그래서 정치하는 여성들이 아닌 '엄마들'인 거죠. 정치권에 돌봄 노동을 해 본 여성이나 남성이 거의 없습니다. 그래서 정치인들은 돌봄이 국민 개개인의 삶의 질을 좌우한다는 사실을 잘 모르는 사람들이죠. 돌봄에는 가사 노동뿐 아니라 교육, 복지, 의료 같은 것들이 다 포함되죠. 21대 국회의원 평균 재산이 34억입니다. 전 국민의 돌봄을 대변할 정치가 없어요. 국회의원 300명이 전부 엄마일 필요는 없지만, 반드시 엄마가 있어야 합니다. 적어도 상임위마다 한 명씩은 있어야 합니다. 누군가는 이것이 중요하다는 것을 대변해야 하니까요.

현재 정치의 가장 문제점은 무엇이라고 생각하세요?

사람들이 정치에 대한 기대가 없는 것이요. 정치 수준이 떨어지면 사람들은 정치를 외면하게 되죠. 그런데, 감시하고 비판하는 목소리가 없으면 정치인들은 정치를 더 마음대로 하게 됩니다. 이러한 악순환으로 정치 수준은 더 빠른 속도로 떨어지는 것이고요. 그러다 보면 각자의 팬덤 같은 것에 더 휩쓸리게 됩니다. 그런 것이 반복되다 보니 중도층, 무당층이라는 사람들도 정치에서 멀어지지 않았을까 싶어요. 저는 모든 문제가 어릴 때부터 경쟁을 강조하는 것에서 시작한다고 생각합니다. 사람들이 탈정치화되어 있는 것도 결국 경쟁에서 출발하는 것 같아요. 그나마 저는 IMF 세대라 그 전후를 다 보았는데, 그 이후 세대들은 경쟁을 너무 당연하게 생각합니다. 제 어린 시절은 아빠가 택시 운전하고 엄마가 전업주부여도, 소시민으로서 4인 가족이 먹고살면서 저축하고 집을 살 수 있는 시대였죠. 제가 50대를 바라보는 지금도 여전히 끊이지 않는 산업재해와 참사 소식을 듣고 있노라면, 세계 최고의 자살률을 보면, 목숨을 담보로 내놓고 살아야 하는 사회, 누군가 죽어 가면서 유지되는 대한민국 자본주의는 옳지 않다는 생각입니다. 어찌 보면, 돈이 오히려 자유롭고 사람이 자유를 속박받는 것 같아요. 불만, 분노, 혐오 같은 감정도 어쩌면 당연한 것이 아닌가 싶고요. 이런 사회에서 서로가 서로를 혐오하지 않는다는 것이 더 불가능한 것이 아닐까요?

경쟁 아닌 공존을 하면 어떨지 늘 고민합니다. 나 하나 잘사는 것에 정치는 필요하지 않을지 모릅니다. 하지만 우리는 공동체에서 자유로울 수 없고, 그래서 정치가 필요한 것이죠.

이번 호 키워드는 '참여'입니다. 시민의 정치참여가 필요한 이유는 무엇일까요?

우리의 이야기를 해야 합니다. 2021년에 〈정치하는엄마들〉 정관을 개정했는데, 엄마들의 정치세력화에서 "아동과 '엄마들'"로 바꾸었어요.[6] 우리만 하는 것이 아니라 어린이들이 사회에 참여하고 목소리를 내야 한다고 생각했어요. 지금 시대는 뭔가 하나를 바꾼다고 확 바뀌는 시대가 아니니 조급성을 버려야 한다고 생각합니다. 미래세대의 중요한 문제들을 그들이 직접 이야기하고 고민하는 장을 만드는 것이 우리 단체의 큰 과제 중 하나예요. 공교육에서 민주시

6 1장 제3조(사업)
1. 성평등 실현하기 위한 법·제도 개선 및 교육·홍보 사업
2. 아동과 '엄마들'의 권리를 보장하기 위한 성평등, 노동, 복지, 환경, 교육, 안전, 평화 등 제 분야의 연구 및 정책 개발 사업
3. 아동과 '엄마들'의 정치세력화를 위한 조직 사업
4. 아동과 '엄마들'의 정치참여를 제고하기 위한 법·제도 개선 및 교육·홍보 사업
5. 기타 정치하는엄마들의 목적을 달성하기 위해 필요한 사업 및 국내외 연대 활동

민교육을 말하지만 잘 이루어지지 않고 있어서, 외부 영역에서라도 해야 한다고 생각하여 아동의 정치세력화를 정관에 담았어요.

교육이 중요하다고 생각합니다. 저도 20대 후반에 헌법을 처음 접했어요. 헌법을 읽어 본 분 중 대부분이 공무원 시험이나 자격시험에 필요해서 읽은 경우고, 접해 보지 못한 분들이 태반이죠. 사실 10살 정도만 되어도 헌법을 읽고 이야기 나눌 수 있어요. 거기서부터가 출발이라고 생각합니다. 이런 이야기를 하면 어린이들에게 정치참여, 사회참여를 강요한다는 이야기를 듣습니다. 하지만 저는 자녀에게 국·영·수 사교육을 일찍부터 시키는 것과 뭐가 다르냐고 이야기하고 싶어요. 사실 정치교육이 훨씬 필요한 것이 아닐까요? 어른이 될 때까지 정치를 전혀 안 가르치다가 갑자기 투표하라는 것이 더 말이 안 된다고 생각해요. 어린이들도 어느 세대든 공동체 안에서 정치적인 의견을 내야 합니다.

시민들이 정치에 관심을 가져야 하는 이유는, 아까도 언급한 것처럼, 외면하면 정치가 퇴보하기 때문입니다. 정치가 퇴보할 때, 그 피해로부터 자유로울 수 있는 사람은 없어요. 모두가 영향을 받습니다. 공기가 아무리 나쁘다고 해도 숨을 안 쉴 수 없잖아요. 공기청정기를 돌리거나 방독면을 쓰는 것처럼, 정치도 그렇다고 생각해요. 외면할수록 피해가 커지죠. 그래서 권력자들은 항상 언론을 장악하려고 하고 시민들의 눈을 가리고 귀를 막으려고 하는 것이죠. 각자의 목소리를 내는 시민 운동은 너무 중요합니다. 탈정치하면

안 된다, 관심을 가지고, 참여해야 한다고 이야기하고 싶습니다.

단체에서 최근에 주목하고 있는 것이 무엇인지 궁금합니다.

아무래도 기후 문제입니다. 표면적으로는 기후 문제를 내세울지 몰라도 진심으로 관심 가지고 있는 정치인은 너무 극소수예요. 지구 온난화를 억제하는 것은 지금 상태에서는 가능성이 적다고 생각해요. 오히려, 앞으로 닥칠 기후 범죄나 기후 전쟁을 최대한 막는 방향에서 평화운동이 절실한 때인 것 같아요. 기후 난민이나 전쟁 문제들을 생각하면 얼마나 많은 사람이 서로를 죽어야 하나 걱정됩니다.

〈매드맥스〉나 〈워킹데드〉 같은 영화 속 이야기가 멀리 있지 않다고 느껴져요. 온난화의 진행 속도도 너무 빠릅니다. 올해 6월에 지구 온난화 저지를 위해 설정한 온도, 즉 산업화 시대 평균기온 대비 상승 제한 온도인 1.5℃가 깨졌어요.[7] 기후 범죄, 기후 난민, 기후 전쟁에 대비하는 평화운동이 필요합니다. 기후 재앙의 문제뿐 아니라 거기서 파생될 여러 문제(집이나 영토를 잃게 될 사람들, 식량과 자원

7 "기후위기가 인류 공통의 문제라는 인식 아래 지구 평균기온 상승을 산업화 이전 대비 최대 섭씨 1.5도로 제한하기 위한 국제사회의 노력에 적극 동참하고, 개발도상국의 환경과 사회정의를 저해하지 아니하며, 기후위기 대응을 지원하기 위한 협력을 강화한다." 2015년 파리, 2018년 인천에서 제안됐던 1.5℃ 제한 목표는 우리나라에서도 본격적으로 2050 탄소중립 논의가 뜨겁게 타올랐던 2021년 여름을 지나며, 결국 당해 연도 9월 24일에 제정된 〈기후위기 대응을 위한 탄소중립 녹색성장 기본법〉 제3조 제8항에 담기게 됐다. (《교수신문》, 2022.9.30.)

을 차지하기 위한 내전 혹은 나라 간 전쟁에 따른 난민들)에 우리가 어떻게 대비해야 할 것인가를 생각해야 합니다. 결국, 모든 것이 이어져 있으니까요.

경쟁 사회에서 피해의식이 발동하고 거기서 혐오의 대상들이 생기듯이, 기후 위기로 경쟁이 더 심화하면 사람들이 혐오를 내재화하고 범죄나 전쟁을 일상적으로 수용하게 될까 봐 너무 두려워요. 기후 위기를 막는 것이 불가능하기에 기후에서 파생된 인간 간의 갈등을 어떻게 줄이고 어떻게 공존할 것이냐가 제일 큰 고민입니다. 평화운동이 필요한 것은 확실한 데, 사실 저는 평화운동이 추상적이라고 느낍니다. 강정마을에서 해군기지 반대 운동을 할 때의 저 자신이 다른 운동을 할 때에 비해 가장 피상적으로 임하지 않았나 싶어서 반성합니다. 평화운동에서 지금처럼 문제를 공유하는 노력도 중요하겠지만, 구체성을 띠는 것이 반드시 필요하다고 생각해요. 그런 면에서 저 자신이 공부해야 할 필요성을 느낍니다.

10년 안에 '정치하는엄마들'이 이루고 싶은 것이 있다면요?

저는 우리 단체가 "엄마들이 행복한 세상을 만들자" 이런 이야기를 하는 단체가 아니라서 너무 좋아요. 세상을 온전하게 만들어서 자녀에게 주고 싶다는 그런 큰 꿈을 처음에 가졌는데, 활동하면서 아이가 크는 속도는 너무 빠르고, 세상을 변화시키는 것은 너무 힘들다는 것을 알게 되었습니다. 하지만 자녀가 있다는 것은, 아이를 생각해서라도 쉽게 포기하지 않는 장점이 있더라고요. 저희가 스스로 활동가가 되었듯이 자녀들이 사회의 문제를 본인의 문제로 자각하고 그것을 바꾸려고 활동하는 사람으로 키우는 것, 그것이 지금 우리가 할 수 있는 현실적인 일이라고 생각해요. 엄마들의 이런 활동 모습을 보고 자라는 것만으로도 아이들에겐 좋은 유산이 아닐지 생각합니다. 그래서 가장 중요한 것은 새로운 세대로의 연결인데, 그것이 너무 어려워요. 10년 후에도 단체가 없어지지 않고 계속 존재할 수 있으면 좋겠어요. 경쟁이 상식인 이 시대에서, 10년 정도 후에는, 사람들이 경쟁과 공존 중 무얼 선택할지 고민할 수 있을 정도로 공정에 대한 담론을 키우고 싶습니다. 지금은 너무 소수의 이야기니까요.

인터뷰하는 내내 고개가 끄덕여졌다. 정치 활동은 특별한 것이 아니라, 당사자가 불편한 것에 직접 목소리를 내는 일이라는 그들의 이야기는 명료하다. 그 목소리가 모든 사람에게 닿는 날까지, '정치하는엄마들'이 계속 건재할 수 있기를 응원한다.

《플랜P》 13호 [인터뷰] (2023년 9월호)

인터뷰이 **장하나** 정치하는엄마들 사무국장
인터뷰어 **장인희** 《플랜P》 편집위원
정리·글 **장인희**
사진 **장하나** 제공

“ 조금 더 평화롭게 행복해지기 위해
할 수 있는 선택을 하는 게 중요해요 ”

마을에 뿌리 내린 평화

부산어린이어깨동무

《플랜P》의 마지막 인터뷰를 장식할 단체는 '부산어린이어깨동무'다. 남북의 어린이들이 서로 어깨동무하며 맞이할 평화로운 세상을 위해, 지역에서 한 걸음 한 걸음 뚝심 있게 평화 문화를 일궈 온 부산어린이어깨동무는 올해 설립 20년 주년을 맞이했다. 2004년에 서울 소재 '어린이어깨동무'의 자매단체이자 독립 법인으로 시작되어 초기에는 북한 어린이를 돕기 위한 의료 및 의류, 학용품 지원과 소아병동 건립 등 대북지원 사업에 힘을 쏟았고, 점차로 지역에서의 평화교육과 평화문화를 육성해 나가는 데에 관심과 역량을 집중해 왔다. 현재 부산어린이어깨동무는 부산의 원도심인 중구의 영주동과 보수동에 위치한 두 개의 작은 도서관[1]을 구청으로부터 위탁 운영하며 도서관을 거점으로 다양한 교육과 문화 사업을 펼쳐 가는 동시에, 올해로 15회를 맞이한 '부산평화영화제'를 통해 독립영화의 발전에도 이바지하고 있다.

부산평화영화제 개막으로 활기가 넘치던 2023년 10월의 마지막 주, 바쁜 와중에도 시간을 내어 촘촘한 인터뷰 일정에 응해 주신 덕분에 영주동과 보수동, 영화제 현장을 오가며 여러 활동가가 전하는 웃음과 눈물 가득한 감동적인 이야기를 온전히 들을 수 있었다.

인터뷰 내용은 독자의 이해를 위해 시간과 장소의 경계를 넘어 대화의 주제와 맥락에 따라 편집되었음을 미리 알린다.

부산어린이어깨동무의 연혁을 보니, 2004년에 시작한 이래 2010년을 기점으로 큰 변화가 눈에 띄더군요. 대북 지원 사업에서 평화교육으로 전환되는 시점이라고 할까요. 정윤주 사무국장님과 이지원 간사님께서는 언제, 어떤 계기로 부산어린이어깨동무와 함께하시게 되었는지 궁금합니다.

정윤주 저는 2011년부터 함께했고요. 처음은 우연한 기회였어요. 취업을 준비하며 다양한 고민을 하던 때에 부산어린이어깨동무에서 활동하던 간사님께서 같이 일해 보면 어떻겠냐고 제안을 하셨어요. 그런데 이야기를 나누는 과정에서 저의 성향상 강력한 의지를

1 부산어린이어깨동무는 2011년에 '고맙습니다.글마루작은도서관' 위탁 운영(영주동), 2014년에 '보수동책방골목 어린이도서관' 위탁 운영(보수동)을 시작했다.

가지고 운동을 이끌어 갈 수 있는가 하는 부분에 의문이 생겨서 잠정 보류인 상태로 있다가 부산어린이어깨동무에서 영주동의 '고맙습니다. 글마루작은도서관'을 구청으로부터 위탁 운영하게 되면서 정식으로 합류하게 됐습니다. 당시에 제가 동화를 쓰며, 출판사를 준비하고 있었기 때문에 도서관 위탁 운영에 적임자로 여겨진 것이죠. 그렇게 도서관 운영을 시작으로 부산어린이어깨동무 활동을 하게 됐어요. 그래서 평화에 대해서는 단체에 들어와서 하나씩 배우고 접하면서 제 나름의 역할과 소명을 조금씩 알아 가고 쌓아 왔던 것 같아요. 어쩌면 잘 모르기 때문에 시행착오를 겪으며, 더 잘해 보고 싶은 욕심들이 오기처럼 지금까지 이어져서 온 것이 아닌가 하는 생각도 들고요. 저뿐만 아니라 다른 선생님들도 비슷한 상황에서 현재의 사회상은 어떠하며, 우리가 추구해야 할 가치가 무엇인지 함께 공부하면서 평화란 이런 게 아닐까 저런 게 아닐까, 정말 우당탕거리며 하나씩 배워 왔다고 할 수 있죠.

이지원 저는 2018년 8월에 부산평화영화제 스태프로 들어왔다가 계약이 끝날 때쯤 사무국에 정규직 자리가 나서 그때부터 정식으로 부산어린이어깨동무에서 일을 하게 되었고요. 처음에는 회원 사업이나 문화 사업 쪽 일을 담당하다가 작년부터 평화교육 파트를 맡게 됐는데, 저도 대학에서 영화를 전공한 사람이라 평화교육을 잘 모르다 보니 책을 통해서 많이 배우면서 해 왔던 것 같습니다. 작년 한 해는 사무국 안에서 한 달에 한 번씩 평화교육에 관한 고전서로 함께 연구하면서, 제가 좀 더 주도적으로 하려고 했고요. 올해는 월별로 주제를 정해서 사무국 직원이 돌아가면서 총 7가지 주제로 발제를 진행했는데, 결국 그렇게 책을 읽으며 공부했던 게 제일 큰 힘이 되더라고요.

함께 공부하면서 평화를 배워 가는 과정 자체가 풀뿌리 평화운동이었다는 생각이 드네요. 현재 사무국에 여섯 분이 계시는데, 그분들이 도서관 운영, 평화교육, 평화영화제 등 여러 영역에서 많은 일을 감당하고 계셔서 조금 놀랐습니다. 여섯 분의 케미는 어떤지, 일하시면서 어려운 점은 없는지요?

이지원 2011년에 도서관 위탁 운영을 시작하면서 직원이 6명으로 늘어났는데, 그전에는 1인 간사로 단체 활동을 했다고 들었습니다. 지금은 제가 평화교육을 맡고 있고, 도서관 업무와 평화영화제를 각각 두 분이 담당하시고, 사무국장님은 회계 업무와 사업 전반을 총괄하십니다. 모두 모이는 운영회의는 보통 한 달에 한 번 하는데, 주로 보수동책방골목 어린이도서관에서 모입니다. 아직은 6명이 크게 구멍 나는 일 없이 하고 있는데, 각자의 하중이라든지 고민 지점은 다 가지고 있는 것 같아요. 여러 업무를 같이 하다 보니 하나에 집중할 수 없는 구조이고, 참여해야 할 모임도 많고요. 지금은 활동가로서의 정체성을 고민하면서 각자가 헤쳐 가는 중인 것 같아요.

정윤주 제 생각엔 우선 직원 수가 적다 보니 의지할 데가 우리밖에

위 보수동책방골목 어린이도서관 1층
아래 고맙습니다.글마루작은도서관 1층

없다는 감각이 서로에게 있었던 것 같아요. 부산에 평화활동이나 평화교육을 하는 단체가 많지 않기 때문에 스스로가 중심을 잡고 만들어 가야 한다는 생각이 은연중에 있었고, 한편으로는 우리가 어떤 활동을 하는지 알려야겠다, 보여 줘야겠다는 생각에 더 열심히 한 부분도 있었고요. 지자체의 위탁을 받아 도서관을 운영하다 보니 구청과의 관계 등 구청에 종속된 형태로 일하고 있는 것처럼 보이는 부분이 있어서 시민단체가 이런 공간을 위탁받아서 운영한다는 것 자체가 오히려 운동성을 떨어뜨린다거나 혹은 원래의 목적 사업을 제대로 추진하지 못하는 장애 요인이 되지 않겠냐는 우려의 목소리도 컸던 것이 사실입니다.

하지만 부산어린이어깨동무가 그림책을 위주로 한 어린이 교육 활동을 그전에도 이미 하고 있었고, 또 이런 공간 거점을 가짐으로써 지역 주민분들과도 사람 대 사람으로 훨씬 더 가깝게 만날 수 있을 뿐 아니라, 우리의 활동도 보다 명확하게 알릴 수 있으리라는 믿음이 있었기 때문에 '조금 힘들어도 해 나가자, 우리가 잘 해낼 수 있다는 것을 보여 주자'라는 마음이었죠. 어떻게 보면 그래서 너무 많은 것을 해 오지 않았나, 스스로나 서로에게 그렇게 요구해 오지 않았나 하는 생각도 들어요.

그래서 한 2~3년 전부터는 많은 활동을 이어 가는 게 육체적으로나 정서적으로 부치는 부분이 있다고들 느끼고 있습니다. 특히 시민단체 활동가들이 해 나가야 하는 일이나 자리라는 게 인풋과 아웃풋을 정확하게 교환받는 위치가 아니기 때문에 '내가 어떤 보상과 어떤 도전을 받을 수 있을까'라고 고민하는 지점들이 생겨나고, 그런 점에서 내가 이 일을 지속할 수 있겠느냐는 고민을 하게 되고요. 낮은 급여에 주 5일 40시간씩 사무실에 출퇴근하면서 다른 한편으로는 활동가로서의 운동성과 기동성도 가져야 한다는 다양한 요구가 있어서, 그런 것에 어려움을 느끼는 직원들의 이직이나 퇴사가 최근 2~3년 사이에 사실 조금 있었고요. 그동안은 우리를 보여 주고 알리기 위해서 애써 왔다고 하면, 이제는 어떤 새로운 전환을 해야 할 시점이라는 내부적인 각성이 있기는 해요. 해 왔던 활동을 좀 선별해서 우리의 결은 살리되 좀 더 내실을 갖추고, 더 오래 버틸 수 있도록 필요한 작업을 해야 할 시기가 된 것이죠.

현재 영주동의 '고맙습니다.글마루작은도서관'과 '보수동책방골목어린이도서관'을 위탁 운영하고 계신 데, 두 도서관은 어떤 차이가 있나요?

정윤주 기획이나 전략적으로 두 도서관의 차이를 의도적으로 두지는 않았고요. 입지와 조건이 다르다 보니까 자연스럽게 오시는 지역 주민분들의 성향이라든지 환경도 달랐어요. 그래서 공통의 결은 유지하되 각각의 상황에 맞춰 다르게 진행되는 부분이 있기는 합니다. 영주동의 글마루작은도서관은 터널을 지나서 산복도로가 시작되는 지점이다 보니 동네 주민이 아닌 경우 접근하기가 쉽지 않아

정윤주 사무국장

요. 그래서 대부분은 가까이 사시는 주민분들이 주로 이용하는 공간이고, 예전에는 밤 10시까지 운영하면서 주민들의 사랑방이자 동네 아이들의 공부방, 돌봄 공간으로 사용되었죠. 저녁 먹고 내복 바람으로 도서관에 와서 숙제하고 공부하고 놀다가 가는, 진짜 말 그대로 집에서 보내는 일상을 여기서 확장해서 보낸다는 느낌으로 도서관을 활용해 주셨던 거예요. 그런데 10년이 지나가면서 교육 환경 문제로 아이들이 다른 곳으로 많이 이탈해 가고, 장년층과 노인층 인구 중심으로 채워지게 되어 지금은 장년층과 어르신들을 대상으로 하는 프로그램들도 글마루도서관에서 진행하고 있어요. 그리고 인근의 초등학교 아이들이 학교 도서관 외에 작은 도서관으로 이용할 수 있도록 어린이 회원을 중심으로 한 모임도 꾸준히 하고 있고요.

이지원 글마루작은도서관의 고민은 어떻게 하면 좀 더 많은 사람이 이 공간을 문턱 없이 드나들게 할 수 있을까 하는 것입니다. 허허

벌판에 도서관이 있어서 오시는 분들이 오래 체류하시는 편이에요. 하루 종일 책을 읽거나 공부하고 가시고, 어르신들은 오셔서 신문 읽으시다 피곤하면 주무시기도 하는 그런 공간이죠. 청소년들에게는 시험 기간에 공부방이 되기도 하고, 부모님의 눈을 피해 폰이나 PC 게임을 하는 곳이기도 하고요. 기억에 남는 것은 몇 해 전 독서 모임을 처음 시작했을 때, 어떤 주부님이 오셨는데 "둘째가 초등학교에 들어가게 되어 드디어 내 시간이 생겼다"고 하시는 거예요. 첫 애가 13살 정도니 10년 넘게 독박육아를 하다가 드디어 자기 시간이 생겨서 찾아오신 곳이 글마루도서관이더라고요. 주부님들이 오전 시간에 프로그램에 참여하러 많이 오시는데, 육아나 가사로 지쳐 있는 어머님들이 아이들을 학교에 보내 놓고, 여기에 와서 함께 얘기도 나누고 커뮤니티를 이루어 애들을 데리고 같이 놀러 가기도 하시고요.

정윤주 반면 보수동책방골목 도서관의 경우는 보수동이 부산의 역

이지원 평화교육 담당 간사

사, 문화 자원의 중심인 원도심 지역이기도 하고, 국제시장, 부평시장 등이 있는 관광지이기도 해서, 동네 주민보다는 관광객이 지나가는 자리라 할 수 있어요. 관광객이 하루에 150명에서 200명씩 오셨는데, 그렇게 지나간 분들을 다시 만날 수가 없는 거예요. 그래서 초반에는 여행객의 쉼터로서 기능을 해내느라 좀 쉽지 않았죠. 그래서 보수동 중복도로 거주지에 사는 주민분들과 초등학교 아이들이 도서관으로 내려와 함께 할 수 있도록 애를 많이 썼습니다. 우리 동네 탐험하기, 우리 동네 지도 만들기 같은 활동을 하면서 동네 아이들과 직접적으로 연결될 수 있도록 했죠. 재밌는 사실은 동네 아이들이 아닌 국제시장, 부평시장 등 가까운 시장 상인분들의 자녀들이 부모님과 함께 출퇴근하면서 도서관에 오는 경우가 많았던 거예요. 그래서 실거주지는 여기가 아니지만, 우리와 함께 할 수 있는 아이들을 대상으로 원도심의 역사, 문화를 연결해서 교육 활동을 꾸려온 덕분에 지금은 관광객도 오시지만, 주민분들이 더 많이 찾아 주십니다.

지역을 중심으로 활동이 이뤄지다 보니 예상치 못한 도전과 그에 맞선 응전이 변화무쌍하게 이루어져 나가는 모습이 마치 살아 움직이는 생물처럼 느껴지기도 하네요.

정윤주 네, 마을과 계속 유기적으로 맞춰 가는 거죠. 저희가 설정한 목표도 있지만, 지역에서 생겨나는 담론과 의제에 맞춰 가야 하는 부분도 생기고, 그에 따라 저희의 프로그램이나 사업들도 전환되어 가고요. 만나는 아이들이 매년 달라진다는 것을 체감하면서, 저희의 고민도 계속 갱신되고 있어요.

도서관이 단체 활동에 있어 중요한 거점이 되고 있는데, 평화운동에 있어서는 어떤 매개체가 되고 있는지요?

정윤주 이 질문은 저희가 매번 숙제처럼 받는 질문이기도 하고, 스스로에 던지는 질문이기도 해요. 저희의 장점이기도 하고, 잘하고 있다고 생각하는 부분은 작은 도서관이 가지는 '친밀한 거리감'인 것 같아요. 저희는 도서관 책을 대출해 주고, 반납해 주는 어떤 기능적인 존재가 아니라 이웃들과 일상을 나누고, 시시콜콜한 이야기도 함께 할 수 있는 존재로서 거리감을 좁혀 소통하려고 애쓰고 있어요. 프로그램을 기획할 때도 먼저 주민들에게 어떤 프로그램이 필요한지 묻고 저희가 할 수 있는 일은 무엇인지, 또 기존에 해 왔던 방식이 아니라 새롭게 할 수 있는 방식이 무엇인지를 고민해서 프로그램을 만들고, 저희가 직접 참여하여 거기서 나오는 이야기들도 같이 나누면서 소통합니다. 그러다 보니 도서관에 오시는 분들도 도서관을 내가 서비스를 받는 곳이 아닌 이야기들을 함께 나누는 사람이 있는 곳으로 인식해 주시는 것 같아요. 그래서 학교나 가정에서 어떤 사건, 사고들이 있었는지 그런 소식이 다 도서관으로 흘러들어오게 되고, 일상의 수다나 프로그램을 통해 서로 이야기 나누는 자리에서 그러한 문제들을 어떻게 해석하고 어떤 선택을 해야 하는지, 선생님들이 도울 수 있는 일은 무엇인지 함께 고민하게 되는데, 그러한 과정이 바로 일상에서 평화의 가치를 추구하는 과정이 아닌가 생각합니다. 그냥 수다 떨면서 보내는 시간이라고 생각할 수도 있지만, 조금 더 들여다보면 일상의 고민이라는 게 결국 평화라는 가치가 내 일상의 문제로 내려왔을 때 만나는 것들이에요. 그런 이야기들을 나누고, 공감하고, 협력할 수 있는 장이 여기라고 했을 때, 도서관이 지역에서 평화의 매개체로서 어떤 역할을 하고 있다고 볼 수 있지 않을까 생각합니다.

평화적 해석과 선택이라는 맥락이 마음에 와닿네요. 그러한 과정에 대한 실제적인 예가 있나요?

정윤주 예를 들어 여기는 동네 놀이터가 없는 게 고질적인 문제예요. 그러다 보니 아이들이 길가에서 와이파이를 잡아서 게임을 하곤 하는데, 도서관에서 와이파이를 쓸 수 있다는 걸 알고서는 이제는 도서관으로 와서 게임을 많이 합니다. 그런데 도서관에서 게임을 하면 그 공간의 분위기라는 게 있잖아요. 소리를 죽여서 게임을 해도 약간의 욕설이라든지 비속어가 나오기도 하고, 무리를 지어서 게임을 하는 아이들이 있다는 것만으로도 어른들이 불편해하시거나 혹은 책을 읽는 아이들이 불편해할 수 있죠. 그러면 도서관에서는 게임을 하는 아이들을 어떻게 해야 할까요? 사실 어른들의 답은 어느 정도 정해져 있어요. 도서관이니까 당연히 게임을 하지 않고, 책을 읽어야 한다는 것이죠. 하지만 당사자인 아이들도 그렇게 생각할까요? 이 문제에 대해 아이들과 어른들이 같이 이야기를 나눠 보자고 해서 아예 3~4달 정도 기간을 잡고 설문, 투표, 인터뷰 그리고 마지막에 토론회까지 작업을 해 봤어요.

결과적으로는 첨예한 의견 대립 속에 일단 보류 상태로 마무리가 되기는 했는데, 그 과정에서 아이들은 경험적으로 우리의 이야기를 할 수 있고, 누군가가 내 이야기를 들어준다, 그리고 내가 이런 행동을 했을 때 다른 사람들은 어떤 생각과 느낌이 드는지 배우게 됐어요. 어른들도 아이들이 갈 데가 없는 현실을 이해하게 되고, 그럼에도 함께 쓰는 공간이니 게임을 하되 이런 규칙은 지켜 주면 어떨까를 제안하기도 하고요. 또 어떤 어머님들은 아이들이 왜 그런 게임을 할 수밖에 없는지 디지털 네이티브인 아이들을 이해하기 위한 작업을 시작하시기도 하고, 나아가 미디어 리터러시에 관한 공부도 해 보자고 하시고요. 명확한 결론을 내지는 못했지만, 서로의 행동이 조금씩 바뀌는 거예요. 아이들은 게임을 조금 자제한다든지, 친구들한테 괜찮냐 안 괜찮냐 이런 것을 물어 가면서 게임을 한다든지, 어른들도 아이들에게 왜 게임을 하냐 안 하냐 이런 것을 다그치기보다는 좀 더 이해를 해 주고, 혹은 애들이 하는 게임이 어떤 건지 한번 들여다보고 그 게임에 대해서도 같이 이야기해 보고, 그렇게 다양한 방식으로 선택들이 펼쳐졌던 것이 기억납니다.

그리고 언젠가는 도서관을 이용하는 어머님 중 한 분이 “여기 와서 선생님들과 같이 책 읽고, 평화교육 수업을 안 했으면, 지금 바로 학교 가서 뒤집었을 건데, 이제 그렇게 하지 못하게 됐다”라고 하시면서 “단계를 설정해서 절차를 밟아 가겠다”라고 이야기하시는 거예요. 그래서 저희가 엄청 웃으면서 듣기는 했는데, 그렇게 각자 생활에서 배운 것들을 실제로 적용하고 계시니 감사하더군요.

부산어린이어깨동무는 평화단체 중에서도 어린이들을 대상으로 평화교육을 진행하고 있다는 점이 특별한데, 평화교육에 있어 ‘어린이회원 모임’을 도입하게 된 계기와 전체 교육 과정도 소개해 주세요.

정윤주 부산어린이어깨동무는 처음에는 북녘 어린이들을 인도적으로 지원하며 원산과 부산을 연결하는 활동으로 시작되었다가 북한과의 관계나 정책 등의 변화로 그런 사업들이 원활하지 못하게 되면서 문화와 교육 사업으로 전환하게 됩니다. 어린이회원 모임은 제가 오기 전에 계시던 간사님이 시작하셨어요. 초기에는 명색이 부산어린이어깨동무인데, 정작 어린이가 없었다고 해요. 어린이를 돕는다고 하면서 사업이나 후원 모든 게 어른을 중심으로 이뤄지고 있어서 구체적인 대상으로서 어린이들을 만나고 이해하는 게 필요할 뿐 아니라 장래에 북녘의 어린이들을 만났을 때 그들과 대화할 이들도 어른이 아니라 바로 어린이여야 한다고 생각하셨다고 합니

11기 어린이회원

연간 일정

○ 기간 : 3월~11월
○ 일시 : 매월 둘째주 토요일, 14-16시
○ 장소 : 글마루작은도서관 외 다수
(부산 중구 동영로87-1)
○ 연회비 : 10만원 (후원회원 50% 할인)

회차	날짜	주제
1	3월 11일	오리엔테이션
2	3월 18일 (or 25일)	통일 딸기 따기 체험
3	4월 8일	어린이평화큰잔치 준비 및 기획
4	5월 5일	어린이평화큰잔치 참여
5	5월 13일	군산 평화박물관 탐방
6	6월 10일	국립일제강제동원역사관 탐방
7	7월 8일	도서관 1박 2일 캠프 or 노근리 평화공원 탐방
8	8월 12일	부산평화영화제 준비 및 기획
9	9월 9일	숲 체험 & 놀이
10	10월 28일	부산평화영화제 참여
11	11월 11일	수료식

부산어린이어깨동무 어린이회원 모임
연간 일정

다. 어린이회원제는 처음에 짧은 평화교육으로 시작하여 나중에는 연간 교육으로 이뤄지는 과정으로 발전해 지금까지 이어 오고 있습니다.

이지원 어린이회원 모임은 2021년도부터는 제가 맡아서 진행하고 있는데, 저희가 민간단체이다 보니 특강이나 문화 행사 외에 아이들을 지속해서 만날 기회가 제한되어 있어 정해진 아이들을 정기적으로 만나면서 평화 감수성 교육을 하자는 취지에서 진행하고 있고, 월 1회 모여 탐방, 체험, 놀이, 토론 등 다양한 매체를 활용하여 교육하고 있습니다. 특히 상반기에는 5월의 어린이 평화큰잔치, 하반기에는 10월의 부산평화영화제에 어린이들이 직접 행사를 기획하고 진행하기도 합니다. 예를 들어 '어린이 평화큰잔치'에서는 어린이들이 화가가 되어 관람객들의 얼굴을 그려 주고 그 수익금을 기부하는 행사를 진행하기도 했고, 부산평화영화제 기간에 어린이들이 직접 상영작을 골라 도서관에서 '시끌벅적 가족영화 상영회'를 진행하기도 합니다.

그럼, 어린이들은 한 기수를 마치고, 다음 기수에도 다시 교육받을 수 있나요?

이지원 네, 꾸준히 참여해 온 아이들이 자라서 작년에 처음으로 '청청清聽 활동가'라는 청소년 모임이 생기게 되었어요. 평화의 소리를 잘 듣고 전하는 청소년 활동가라는 의미이고, 어린이 회원 모임에서 보조교사로 참여하고 있어요. 또 어린이 교육을 돕는 청년 활동가들도 있어서, 어린이회원 모임에는 어린이, 청소년, 청년들이 다 같이 한자리에 모이게 됩니다. 어린이 회원과 청소년, 청년 활동가는 연초에 함께 모집해서 운영하고 있고요.

남과 북의 어린이들이 평화로운 한반도에서 더불어 살아가는 세상을 만들어 가는 것이 부산어린이어깨동무의 설립 취지이기도 한데요, 통일 시대를 준비하며 교육적으로 특별히 관심을 두거나 신경 쓰는 부분이 있나요?

정윤주 저희가 지금으로선 직접적인 통일교육을 지향하고 있지는 않아요. 통일이라고 하는 어떤 답을 내는 교육이 현장에서 보면 아이들에게 거리감이나 반발감까지도 느끼게 하는 분위기가 있어서 정치 체제적으로 꼭 결합해야 한다는 어떤 답을 내기보다는 우리가 조금 더 평화롭게 행복해지기 위해 할 수 있는 선택은 어떤 것이 있는지, 또한 사람들은 아주 다양한 방식으로 존재할 수 있다는 사실에 대한 조금 더 상상력을 줄 수 있는 그런 교육과 활동을 더 많이 하는 것 같고요. 최근 들어 더욱 사회적 이슈가 되고 있는 혐오와 차별의 문제를 넘어설 수 있도록, 문화적으로 나와 다른 사람들을 만났을 때 내가 가져야 할 태도라든지 방향성이 차별과 배제, 혐오가 아니라 포용과 연대로 함께 살아갈 수 있는 선택이 되도록 상상력을 키우는 포괄적인 형태의 다양성 교육이나 감수성 교육을 하려고 노력하고 있습니다. 결국에는 사회구성원이자 시민으로서의 나의 역할을 이해하고 좋은 시민이 되기 위해서 무엇을 할 것인가 대한 시민성 교육이 중요한 것이 아닌가 생각합니다.

이지원 작년부터는 교육 주제로 '갈등'을 주로 다루고 있는데, 그 이유는 폭력이 발생할 수 있는 중요한 시발점이 갈등이기 때문이에요. 갈등을 마주했을 때 어떤 선택을 하느냐는 우리의 몫이기 때문에 좀 더 평화로운 선택을 할 수 있도록, 특히 관계 맺기에 대한 부분을 신경 쓰고 있어요. 사실은 통일, 분단이라고 했을 때 그것은 너무 큰 담론이고, 내 일상이나 삶의 문제로 가지고 오기가 쉽지 않기 때문에, 내 옆 사람과 잘 지내는 것이 우리가 당장 시작할 수 있는 첫 번째 단계라고 봐요. 그런 맥락에서 어린이 평화 수업 때 강사의 어린 시절 사진으로 인사를 시작합니다. 그것의 취지는 '내가 지금 여러분 앞에 어른으로 왔지만, 사실은 나도 어린이였고 여러분도 크면 또 어른이 된다. 우리가 겉으로는 다르게 보여도 사실 비슷한 시간을 사는 사람이다'라는 것을 전달하려는 거예요. 그렇게 관계 맺기로 수업을 시작하는데, 어린이회원 모임 때도 보면 어린이, 청소년, 청년이라는 서로 다른 세대가 같이 만나 관계를 맺으면서 자연스러운 서로 배움이 생기더라고요. 1년 전에 어린이였던 친구가 이제 청소년이 되어 어린이들에게 모범을 보이려고 노력하게 되고, 청년들도 사회에 나가면 사회초년생으로서 어디 가든 어른 대우받기 어려운데, 어린이와 청소년들을 마주하면서 자신이 어른임을 자각됩니다. 그런 식으로 서로 다른 세대가 만나 관계를 맺는 과정을 보면 결국 그것이 미래에 북녘 어린이를 만날 때에도 기본으로 깔려야 되는 어떤 사고방식이 아닌가라는 생각이 들어서 관계 맺기에 조금 더 특별한 의미를 부여하고 있어요.

여러 세대가 관계를 맺는 교육 과정은 굉장히 건강한 방식인 것 같아요. 어린이 교육 외에도 장년과 시니어를 위한 교육도 진행하고 있다고 하셨는데, 간단히 소개해 주신다면요?

이지원 성인 교육은 상반기에 3개월 동안 12회 차로 진행하는 '평

위 어린이회원 모임, 노근리평화공원탐방
아래 2023년 어린이 평화큰잔치, 무장애 체험

화교사 양성과정'이 있고, 이 과정을 수료하신 분들이 하반기에 '평화교육강사단 울리미'라는 이름으로 평화교육연구 모임에 참여하십니다. 연구 모임에서는 출강을 위해 수업 연습도 하시고, 평화교육 관련해서 자료 조사도 하시고요. 시니어 모임은 도서관 프로그램으로 진행하는 것인데, '영주 학당'이라는 시니어 학습 공동체예요. 동네 어르신들께서 함께 시도 쓰시고 나들이도 가면서 배움을 이어 가고 계세요.

5월 5일 어린이날 행사인 '어린이 평화큰잔치'는 다른 단체들과 연대해서 진행하시는 건가요?

이지원 '어린이 평화큰잔치'는 10.4 남북공동선언을 기념하기 위해 2007년에 시작되어 올해 17회를 맞이했어요. 원래는 행사 시기가 10월이었는데, 부산평화영화제가 10월에 있기도 하고, 가깝게 지내는 유관 기관인 부산민주항쟁기념사업회가 부산민주공원에서 어린이날 행사를 크게 하고 있었던 터라 저희가 협업하여 '어린이 평화큰잔치' 사업으로 참여하고 있어요. 어린이날 행사는 민주공원, 부산어린이어깨동무, 그리고 평화단체인 포피스FORPEACE, 이렇게 세 단체가 오랫동안 협업해서 같이 진행하고 있어요. 행사는 보통은 3000명 정도 참여하는데, 작년에는 코로나가 완화되어 6000명 정도가 왔고, 올해는 비가 와서 1000명 정도가 왔어요.

프로그램 기획은 그때그때 마다 의미 있는 기획을 하려고 노력하는 편이에요. 코로나 때는 사회적으로 중국인에 대한 혐오가 심해서 다문화 놀이 체험을 넣어서 기획했고, 올해는 무장애체험이라고 시각장애인도 참여할 수 있는 촉감 패턴 공예 체험을 넣었어요. 작년에 초등학교 수업을 들어갔는데, 제가 생각한 것보다 장애 어린이가 많아서 놀랐어요. 장애 유형도 정말 다양해졌고요. 그런데 한국사회는 거리에서 장애인을 마주하기가 쉽지 않은 사회잖아요. 평화교육을 하면서도 어린이 장애를 한 번도 고려하지 못했다는 게 너무 부끄러웠죠. 그것을 계기로 대중 행사에서 전혀 고려하지 못한 사회적 소수자나 약자를 고려하면서 나아간다는 게 저한테는 배움이 컸던 것 같아요.

부산에 이렇게 좋은 어린이 행사가 있다는 것이 참 부럽습니다. 어린이 행사 말고도 '부산평화영화제'도 정말 부러운 행사 중의 하나인데요. 영화제가 생각보다 오래되고 규모가 커서 놀랐어요. 14회를 맞이한 '부산평화영화제'는 어떤 영화제인가요?

박지연 평화라는 키워드를 중심에 놓고 관련된 반전, 반폭력, 기후, 생태와 같은 주제를 담은 독립영화를 선정해서 시민들과 함께 나누는 작은 축제라고 생각하시면 됩니다. 지역마다 여러 독립영화제가 있지만, 주제를 가진 독립영화제는 여성영화제, 인권영화제 정도가 다이고, 평화라는 키워드를 담아내는 영화제가 없기 때문에 부산평화영화제는 색채와 정체성이 강렬한 영화제라 할 수 있죠.

제14회 부산평화영화제 포스터

황예지 우리 단체가 남북 어린이를 돕는 단체로 발족했기 때문에 남북 관계를 다루는 영화들도 상영하지만, 평화라는 주제의 바운더리가 넓어서 다양한 주제를 평화영화제라는 이름으로 포용적으로 다룰 수 있다는 장점이 있습니다. 올해에도 난민과 관련된 작품이나 민간인 학살과 관련된 다큐 등 다양한 작품을 선정해서 상영하고 있습니다.

출품되는 작품 수가 굉장한데, 그만큼 평화영화제가 자리를 잡아가고 있다는 의미로 읽어도 될까요?

박홍원 2010년에 영화제를 처음 시작했을 때는 주제에 맞는 기성 영화들을 추천받아 상영했고, 공모전을 시작한 것은 2014년입니다. 공모전 첫해부터 출품작이 700편이 넘었어요. 출품작이 1000편 넘은 적도 있었고요. 출품작이 너무 많아 예심하는데, 어려움을 겪고 있어서 작품 수를 제한해야 하는 것이 아닌가 이야기할 정도로 공모전은 완전히 정착됐다고 할 수 있습니다. 그리고 처음에는 저희가 자비로 영화제를 진행했는데, 지금은 꾸준히 영화제를 이어 온 공로를 인정해 주는 분위기가 형성되어 부산시나 영화진흥위원회의 지원을 받는 영화제가 됐습니다. 영화인들 사이에서도 평화영화제의 존재는 이제 잘 알려져 있다고 볼 수 있죠. 다만 일반 시민들은 아직 잘 모르는 것 같아 조금 안타깝지요.

박지연 저는 시민들도 알아가는 단계라고 생각해요. 저희가 특별히 관객 동원을 하지 않는데도 매년 꾸준하게 관객이 늘어나고 있어요. 지금은 평일 아침 상영에도 관객이 거의 다 차거든요. 사실 이 정도면 영화계나 시민들에게도 명실상부하게 중요한 영화제가 돼 가고 있다고 말할 수 있습니다.

매년 새로운 주제가 제시되는데, 주제 선정 과정은 어떻게 되나요?

황예지 영화제 집행위원장님과 프로그래머님 그리고 또 사무국의 영화제 담당 직원들이 한 달에 한 번 주기적으로 회의하면서, 올해 슬로건을 어떻게 정할 것인가를 고민합니다. 국내뿐 아니라 국제

정세를 고려하면서 좀 더 집중해서 다뤄야 할 주제가 무엇인지 논의하고, 국제 분쟁 등의 사안이나 상황에 어떻게 연대할 수 있는지 서로 아이디어를 공유합니다.

이번 14회의 "벼랑, 끝!"이라는 주제는 어떤 의미이며, 올해는 어떤 작품들이 선정되었나요?

박홍원 전 세계인이 평화로운 환경에서 살아가야 한다는 것은 우리가 꿈꾸는 이상이죠. 세상의 모든 존재자가 자기 자신의 고유한 삶을 인정받을 수 있는 그런 평화로운 환경을 만들어 나가자는 것이 평화영화제의 근본적인 취지이기도 하고요. 그런데 지금 전 지구적인 평화의 상황이 벼랑 끝에 몰려 있습니다. 그래서 이 벼랑을 그대로 두고 볼 수 없으니, 우리가 끝내자, 시민들이 힘을 합쳐서 평화가 몰려 있는 풍전등화의 벼랑을 끝을 내자는 생각에서 "벼랑, 끝!"이라는 주제를 정하게 됐어요

14회 부산평화영화제 경쟁작 대담

'벼랑 끝'이라는 의미와 '벼랑을 끝내자'는 의미가 중의적으로 다 들어간 거네요.

박홍원 그렇죠. 벼랑 끝에 몰려 있는 지구의 평화적 조건, 그다음에 이 벼랑을 우리가 끝내자는 그런 두 가지 의미를 같이 담은 거지요.

박지연 벼랑 끝이라고 하니 너무 우울한 거예요. 그래서 우리가 처해 있는 위기 상황만이 아니라 우리가 앞으로 헤쳐 나갈 방향에 관해서도 이야기하기 위해 벼랑을 끝내자는 의미로 그렇게 정하게 됐어요.

박홍원 이번에 기획전으로 팔레스타인 고등학생들의 삶과 현실을 다룬 〈깃발〉이라는 영화를 준비했는데, 공교롭게도 이스라엘과 팔레스타인 전쟁이 터져서 급하게 팔레스타인 연대 활동가 덩야핑 님을 모시고 팔레스타인 상황에 관해 이야기를 듣는 시간을 가졌습니다. 우리가 흔히 대중매체에서 접하는 팔레스타인 문제는 사실 이스라엘과 미국의 관점에서 보도되는 경우가 많은데, 활동가님을 통해 그것과는 다른 팔레스타인의 실상에 대해 많은 이야기를 들을 수 있었습니다. 그리고 개막작으로는 내전으로 유럽 국경을 넘나드는 난민 어린이들의 이야기를 담은 〈그림자놀이〉를 상영했어요. 우리나라가 난민에 대해 참 인색한 나라잖아요. 일본과 함께 난민 신청 기각률이 세계에서 가장 높은 나라이기도 해서 난민 문제에 대해 좀 더 관용을 가질 필요가 있다는 이야기를 하고 싶었죠.

박지연 그 밖에도 심사위원이 추천하는 영화 섹션에서, 이번에 심사위원장을 맡은 달시 파켓Darcy Paquet이 추천한 영화 〈나의 집은 어디인가〉도 상영됩니다. 이 영화는 아프카니스탄에서 탈출한 난민 이야기예요. 개막작의 내용이 난민들의 살벌한 실생활을 보여 주는 다큐라면 이 영화는 애니메이션과 실사가 섞인 극영화로 난민의 탈출 과정을 통해 그들이 어떤 대접을 받고 있는지, 왜 그들이 난민으로 인정되어야 하는지 잘 알 수 있게 해 주는 작품입니다. 의도한 건 아니지만, 수미쌍관을 이루듯이 개막작과 마지막 상영작으로 난민의 이야기를 다루게 됐습니다.

이번 부산평화영화제에는 기획전 외에도 경쟁 부문 공모전에 장편 52편, 단편 670편 이렇게 총 722편이 출품되어, 그중 장편 6편과 단편 11편이 상영작으로 선정되었고, 최종 4편이 우수상과 관객상, 대상을 차지했다. 대상작인 평화상은 임승현 감독의 〈물비늘〉이 수상했다.

영화제 현장에서 만난 박홍원 부산평화영화제 집행위원장은 영화제의 시작과 관련한 부산어린이 어깨동무의 궁금했던 초기 역사에 대해 상세한 이야기도 전해 주었다. 어린이어깨동무는 남북한 어린이들이 서로 그림 편지를 주고받으며 친구 맺기 하는 '안녕, 친구야'라는 캠페인으로 처음 시작했다고 한다. 그런 캠페인을 벌이게 된 것은 남북한 어린이들이 어깨동무 친구로 자라야 장래 평화통일의 가능성이 훨씬 더 커진다고 생각했기 때문이다. 그런데 북한 어

영화제 현장에서 만난 황예지 간사와 박홍원 부산평화영화제집행위원장

린이들의 영양 상태가 좋지 못해 당시 7살 어린이 기준으로 남북 어린이들의 키가 약 13cm 정도 차이가 나는, 한마디로 남북 어린이들이 서로 어깨동무하기 어려워진 상황에서 어린이어깨동무의 주력 사업은 북한 어린이 건강 영양 지원 사업으로 바뀌게 된다. 통일부와 대기업의 도움이 받아 어린이 병원도 여러 개 짓고, 우유, 두유 등 영양 식품과 의류, 학용품 등을 지원했다.

하지만 이명박 정부 이후 남북한 민간 교류가 점점 어려워지다 거의 중단된 상태가 되자 부산어린이어깨동무의 주력 사업은 어린이들과 시민들을 상대로 한 평화교육, 평화 문화 사업으로 전환된다. 교육과 더불어 평화 문화 사업으로서 평화의 가치를 가장 널리 알리는 방법이 무엇인지 고민하다 영화 매체를 활용하자는 생각에 평화영화제를 기획하게 된 것이 바로 '부산평화영화제'였다. 무모하다 싶을 정도로 쉽지 않은 도전이었으나, 부산평화영화제는 어느덧 14회를 맞이하며, 이제는 어엿하게 영화인들이 주목하는 영화제로 자리 잡았다.

지금까지 많은 시간을 지나오면서 가장 보람 있었던 순간이나 기억에 남는 장면은 무엇인가요?

정윤주 이 질문이 생각보다 답하기가 어려워요. 수많은 장면 가운데 무엇이 나에게 가장 중요한 포인트가 된 순간일지 꼽기가 쉽지 않네요. 그래서 어떤 순간이 이 활동을 계속 이어 갈 수 있게 해 주었나 생각했을 때 떠오르는 기억이 하나 있어요. 제가 글마루작은 도서관 근무를 시작한 지 얼마 지나지 않은 때였는데, 도서관에 자주 오던 한 어린이의 어머니가 저녁 8시가 넘어 큰 쟁반에다 밥을 한 상 차려 상보를 덮어서 이 산복도로를 넘어 직접 가지고 오셨어요. 당시 저희가 밤 10시까지 일하는 것을 아시고, 저녁이나 챙겨 먹었겠나 싶어서 밥을 차려서 오셨다는 거예요. 그때 내가 크게 뭘 한 게 없는데, 이 밥상을 받아도 되나 하는 생각에 마음이 되게 이상했어요. 왜냐하면 가족 말고 저에게 그렇게 밥을 차려 주는 사람이 없었단 말이죠. 그리고 자주 봤던 분이 아니라 친밀한 관계도 아니었는데, 고마운 마음을 표현하고 싶으셔서 본인이 가장 잘할 수 있는 것인 밥상을 손수 차려 오셔서 나중에 찾아가겠다고 하시면서 놓고 가셨어요.

도서관에 밥 먹을 수 있는 공간이 따로 없어 열람실 한편에서 혼자 밥을 먹는데, 눈물이 너무 많이 나는 거예요. 막연한 호의일 수도 있지만, 울면서 밥을 먹고 나니 도서관을 바라보는 제 시선 자체가 완전히 달라져 버렸어요. 여기에 오는 아이들과 부모님들이 도서관을 이용하는 대상자가 아니라 나한테 밥 차려 주는 사람이 되어 버렸으니까요. 제 마음의 거리감이 완전히 무너져 버리더라고요. 그때가 이웃 주민들을 도서관 서비스 이용자가 아닌 함께 삶을 나누는 이들로 바라보게 되는 사고 전환의 계기였던 것 같아요.

그리고 제가 오기 전에 계시던 간사님께 가장 기억에 남는 순간이 언제였는지 여쭤보니 들려주신 이야기가 있어요. 단체의 설립 초기라 도서관이라는 거점 공간이 없을 때, 지역아동센터라든가 여성회라든가, 공동육아를 하는 모임이라든가 여러 모임을 찾아가서 아이들을 만나고 평화에 관해 이야기하는 형태로 활동하고 계셨는데, 과연 이런 활동이 효과가 있을까 하는 의구심이 늘 드셨대요. 그러던 중 당시 만나는 아이들이 주로 저소득 계층이나 소외계층의 아이들이어서 캠프나 여행 경험이 없다는 것을 아시고, 아이들과 함께 2박 3일 캠프를 가기로 하신 거예요. 그런데 한 어머님이 전화를 주셔서 우리 아이는 자폐가 있어서 그런 캠프를 한 번도 가 본 적이 없는 데 같이 갈 수 있는지 문의하셨대요. 그래서 당연히 같이 가도 된다고 하니까 그 어머님께서 사실은 그 어디에서도 늘 함께 가기 어렵다는 답변만 들어 왔다고 하셨대요. 그러면서 만약에 상황이 여의찮으면 데리러 갈 테니, 바로 전화를 달라고 신신당부하시더래요. 뭐 큰 문제가 있겠나 하는 생각에 함께 데리고 갔는데, 생각보다 쉽지 않았던 거죠. 씻는 것도 거부하고, 식사도 밥은 안 먹고 한 가지 반찬만 먹고, 폭력적인 성향도 드러내서 통제가 어려운 상황이라 어쩔 수 없이 어머님께 전화하려고 했는데, 아이들이 "선생님, 저희 1년 동안 선생님이랑 평화교육 배웠잖아요. 저희 함께 하는 것들에 대해 배웠잖아요. 저희 이번에 해 볼 수 있어요"라고 하면서 씻는 팀, 식사팀 등 조를 짜서 아이들이 직접 도와가며 그렇게 2박 3일의 시간을 보낸 거예요. 그리고 캠프 마지막 날에 아이들이 본인들의 경험을 작은 연극으로 만들어 장기 자랑도 했대요.

그때 내가 하는 활동이 정말 유의미한 결과로 이어질 수 있을까 하는 의심이 그럴 수 있다는 확신으로 변하는 순간을 체감하신 거죠. 원래 그 아이들이 착했을 수도 있지만, 함께 하는 시간을 통해 쌓아 왔던 것들이 어떤 계기를 만났을 때 그렇게 발휘될 수 있다는 것을 보면서, 내가 하는 활동이 당장에 아무런 변화를 가져오지 않는 것 같더라도 언젠가 아이들의 삶 속에서 좋은 선택을 하는 계기가 될 수 있다면 지금 내가 하는 활동은 충분히 의미가 있다고 생각하셨대요. 그래서 아이들한테 오히려 더 많이 배우고 스스로 가진

어린이회원 모임의 평화운동회

의문도 불식시킬 수 있었다고 합니다.

이지원 평화교육을 지금까지 3~4년 해 오면서, 아이들의 성장을 바라보는 즐거움이 꽤 있는 것 같아요. 아이들 커 가는 모습도 그렇고, 아무리 해도 변할 것 같지 않던 친구가 변해 가는 모습은 아주 희망적이죠. 마초적인 중학교 남학생이 있는데, 최근에 노근리 평화공원 탐방에 가서 해설사님의 강의를 아주 몰입해서 듣더라고요. 이어서 평화 워크숍을 진행했는데, 자기표현을 잘 안 하던 그 학생이 진지하게 참여하는 것을 보면서 진심이 느껴졌어요. 말이 안 통할 것 같다가도 오며 가며 얼굴 본 게 한 3~4년 되다 보니, 조금씩 소통이 열려 가는 것을 체감하게 되고, 어떤 변화가 느껴지는 지점을 발견할 때 희망이 보여요.

결과가 눈에 보이지 않는 지난하고 외로운 시간을 지날 때는 어떻게 마음을 다잡으셨나요?

이지원 많이 흔들려서 이직하고 싶은 순간도 많았어요. 그럴 때 다른 활동가님들과의 만남이 큰 도움이 되었어요. 지난 8월에 어린이어깨동무 주최로 평화·통일 관련 NGO 단체의 청년 활동가들이 캠프를 함께 했는데, 다들 비슷한 고민을 하고 있더라고요. 사실 젠더나 기후 같은 이슈는 굉장히 트렌디하잖아요. 그런데 남북평화통일이라는 분야는 청년들의 관심도 적고, 실제로 청년 활동가도 거의 없다 보니 다음 세대로 이어질 것인가 하는 실존적인 고민도 많이 하게 되는데, 같은 고민을 하는 분들을 만나니 힘이 많이 됐어요.

그리고 작년에 통일 콘텐츠 만드는 수업 첫 강의가 정주진 선생님의 수업이었는데, "정권이 바뀌어도 국민은 바뀌지 않는다"는 말씀을 해 주셨어요. 그때 내가 할 수 있는 일이 무엇일까라는 질문 앞에 '지금 내가 하고 있는 이 일을 계속하는 것이 답이지 않나'라는 생각을 하게 됐어요. 또, 요즘 좀 지치는 타이밍이었는데, 《플랜P》에서 취재를 오시고, 많은 격려를 해 주셔서 정말 리프레시가 됐어요. 지금까지 일하면서 이런 일이 거의 처음인 데다 외부인의 눈에 우리의 활동이 어떻게 느껴지는지 피드백을 받으니, 힘이 납니다.

정윤주 우선 저희 6명이 있기도 하고, 부산 지역에서 함께 활동하는 포피스나 저희 자매 단체인 어린이어깨동무와 간간이 연대 사업을 해 나가는 게 저희한테는 강력한 도움과 지지가 되는 것 같아요. 특히 청년 선생님들께는 함께 고민을 나누고 연대할 수 있는 그런 동료에 대한 필요가 확실히 있고요. 그래서 선생님들께 또래 활동가들의 연대를 찾아서 네트워크를 구축해 드리고, 거기서 시너지가 날 수 있도록 지지해 주는 게 제 일이라는 생각도 듭니다.

그리고 사실 제 경우에는 그런 힘든 시간이 조금 넘어와진 것도 같아요. 도서관에 오는 아이들과 동네 주민분들과 이야기 나누면서 제 일상이 채워진다는 것만으로도 어느 정도 해갈이 되는 부분이 있어요.

"넘어와졌다"는 표현이 의미심장하네요. 선생님들은 처음에 평화에 대해 잘 모르고 활동을 시작했다고 하셨는데, 그동안 일해 오시면서 평화에 얼마나 더 가까이 다가가게 되셨나요?

정윤주 처음에는 모든 걸 머리로 이해한 것 같아요. 내가 공부하고 준비한 것들을 도서관에서 만나는 아이들에게 잘 전달해야 한다는 마음이 컸다면, 10년쯤 지나오면서 그동안 쌓여 온 것들이 머리에서 몸으로 내려와 체화되었다고 할까요. 일상에서 일어나는 우리의 사소한 선택들이 모여 우리 동네의 선택이 되고, 부산의 선택이 되고, 한반도의 선택이 될 수 있기에, 일상에서 누군가는 머리에 있는 것들이 몸으로 내려와 실천될 수 있도록 옆에서 계속 얘기해 주어야 하지 않을까 생각합니다. 대의를 위한 나의 소명까지는 여전히 잘 모르겠지만, '내가 그 이야기를 일상에서 계속하는 스피커다'라는 생각이 들어요. 이 일을 10년 넘게 하다 보니 제 주변에서 이제 다른 일을 해 보면 어떠냐는 제안이 들어오기도 하는데, 물론 다른 일도 다 의미가 있겠지만 내가 여기서 하는 일상의 스피커 역할이 왠지 내가 아니면 안 될 것 같다는 생각이 드는 거예요. 이것이 사실 이전과 비교를 했을 때 크게 달라진 점인 것 같아요. 반드시 내가 아니면 안 된다는 것은 아니지만, 내가 이 일을 꼭 해야 한다는 마음은 분명히 있어서, 그게 제 사명이라면 사명일 수도 있겠다 싶어요.

이지원 저도 서두에 말씀드린 것처럼 영화를 전공했고, 특별한 대외활동이나 봉사활동을 거의 못 해 본 상태에서 NGO 활동을 시작해서, 처음에는 직장인 개념으로 루틴 업무를 하면서 2~3년 보냈어요. 그리고 조금 더 본격적으로 평화활동을 시작하게 되면서도 내가 왜 이 일을 하는지 잘 몰랐어요. 그런데 작년부터 평화에 대해 같이 공부하기 시작하면서 제가 하는 활동의 의미와 가치를 알겠더라고요. 저의 정체성이 정리가 되면서 퍼즐이 맞춰지는 것 같았죠. 그리고 작은 도서관에서 많은 사람을 만나면서 이 공간의 가치도 알게 됐어요. 그래서 지금은 이 분야에서 조금 더 전문성을 쌓고 싶다는 생각도 하고 있어요.

최근에 주목하고 있는 이슈나 앞으로 주요한 과제는 무엇인가요?

정윤주 우리 단체가 내년이면 20주년이에요. 그동안 많은 일을 해 왔지만, 제 생각에 그중 제일 잘한 일은 지금까지 20년을 버텨왔다는 사실이에요. 그래서 지금까지 해 온 일을 건강하게 잘 이어 가는 일이 저희의 제일 중요한 과제라는 생각이 들어요. 일상에서 평화를 만들어 왔다는 자부심을 유지하면서도 너무 힘에 부치지 않게 꾸준하게 해 가는 게 중요할 것 같아요. 우리의 역할을 해 나가면서도 활동가의 건강도 지켜 갈 수 있도록 조직의 지속가능성을 만들어 가는 것이 가장 먼저 해결해야 할 과제라고 봅니다.

마지막으로 남북 어린이들이 평화롭게 살아갈 미래를 위해 지금 우리가 관심을 두고 실천해 나가야 할 것은 무엇인지 《플랜P》 독자들에게 한 말씀 부탁드립니다.

정윤주 무엇보다 우리 사회에 갈등이 계속 높아져 가고 있다는 사실을 체감하게 됩니다. 도서관에서 만나는 아이들의 언어가 달라져 가고 또 오시는 분들의 이야기에서 자신의 손해와 손실에 대해 더 민감해하고, 경제적 셈을 더 많이 하게 됐다는 것을 느낄 수 있어요. 차별과 배제의 논리도 체화되어 가고 있고요. 그래서 혐오와 차별에 대항하고, 존중과 이해라는 다양성의 가치를 이해하며 실천할 수 있게 하는 일이 필요하다고 봐요. 그렇게 하려면 결국 다양한 구성원이 모인 사회 속에서 한 개인의 역할과 참여가 얼마나 중요한지를 깨닫고, 공동의 가치를 실현하기 위해 내가 할 수 있는 일이 무엇인지 고민해야 해요. 어떤 거창한 문제라도 그것이 현실로 내려왔을 때는 일상의 사소한 것에서 중요한 결정이 난다고 생각하기 때문에, 동네에서 만나는 이웃들에게 따듯한 말 한마디 건네는 일상의 작은 실천부터 해 나가자고 말씀드리고 싶어요.

장소를 옮겨가며, 장장 5시간에 걸친 인터뷰를 진행했다. 그럼에도 끝나지 않는 이야기와 끝내고 싶지 않은 마음이 발길을 붙들었다. 이들과의 인터뷰는 그동안 수고했다고 누군가 내 등을 토닥이는 위로이자 예기치 않은 선물 같았다. 좀처럼 손에 잡히지 않던 평화가 하나의 실체로 다가왔다. 평화라는 크고도 모호한 개념을 배우고, 살아내고, 전달하고자 고군분투해 온 이들의 시간은 마을로 흘러가 사람들의 일상을 풍요롭게 하는 살가운 말로, 따듯한 눈빛으로, 더 나은 선택으로, 다양한 목소리로, 배려의 행동으로, 더불어 살아가는 순간이 되었다. 제일 잘한 일이 버텨 온 것이고, 앞으로 할 일도 이 일을 지속하는 것이라는 이들의 고백에는 수많은 고개를 넘어 제 길을 찾은 이의 평화가 깃들어 있다.

그동안 쉽지 않았고, 앞으로도 쉽지 않을 것이다. 그러나 평화란 그런 것이다. 혼란스럽고 시끄러운 가운데 조심스레 한 발 한 발 내디뎌 발자국을 찍는 일, 모호하던 것을 구체화하는 그런 일상의 작은 선택과 실천들이 눈으로 보고, 만지고, 느낄 수 있는 것으로 향유

되는 실체적 평화를 우리에게 가져올 것이다. 던져진 씨앗들이 우리가 모르는 사이에 여기저기서 자라나고 있다.

《플랜P》 14호 [인터뷰] (2023년 12월호)

인터뷰이 **정윤주** 사무국장
이지원 평화교육 담당 간사
황예지 영화제 담당 간사
박홍원 부산평화영화제집행위원장
박지연 부산평화영화제 프로그래머
인터뷰어 **김유승** 《플랜P》 편집장
정리·글 **김유승**
사진 **김유승, 부산어린이어깨동무** 제공

평화저널 《플랜P》가 톺아본 평화의 피워드

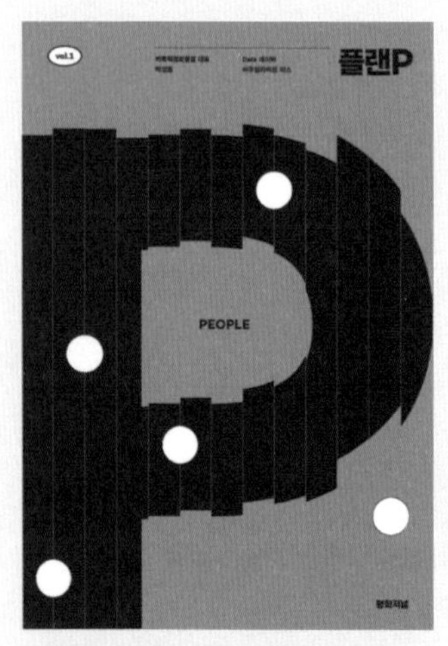

vol.1
People

vol.2
Pause

vol.3
Path

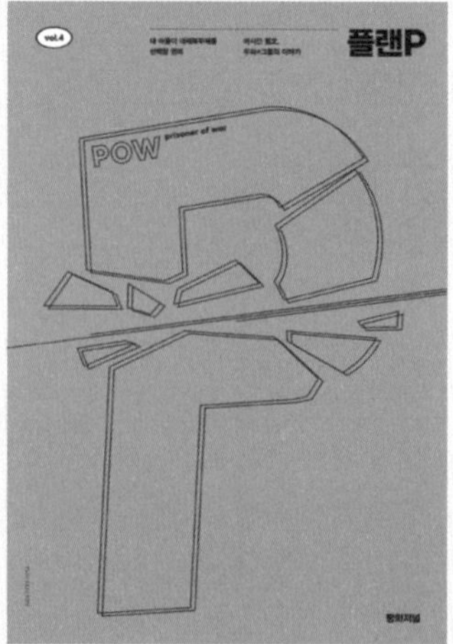

vol.4
POW
(Prisoner of War)

vol.5
Post 9.11

vol.6
Press

vol.7
Public

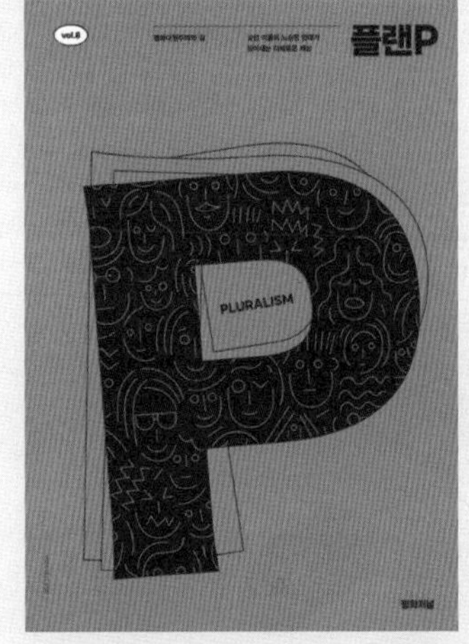

vol.8
Pluralism

vol.9
Place

vol.10
Poverty

vol.11
Power

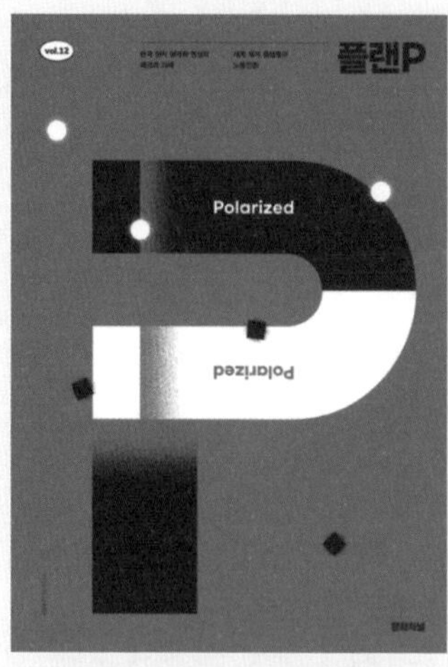

vol.12
polarized

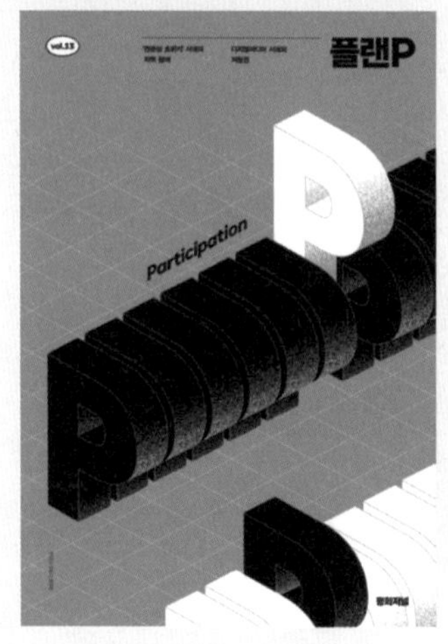

vol.13
Participation

vol.14
Pax Koreana

평화저널 《플랜P》는 1호부터 14호까지
P로 시작하는 단어를 키워드로 평화의 다양한 모습을 조명하였다.
더 많은 P-word가 가능하지만, 앞으로 펼쳐질
평화는 이제 독자들의 몫이다.

"평화를 원하거든 평화를 준비하라"

플랜P